"教育质量与评价"丛书

湖南省教育评价改革现状的调查研究

余小波　张欢欢 ◎ 著

湖南大学出版社

·长沙·

图书在版编目（CIP）数据

湖南省教育评价改革现状的调查研究/余小波，张欢欢著. —长沙：湖南大学出版社，2023.9
ISBN 978-7-5667-3115-9

Ⅰ.①湖…　Ⅱ.①余…②张…　Ⅲ.①教育评估—教育改革—调查研究—湖南　Ⅳ.①G527.64

中国国家版本馆 CIP 数据核字（2023）第 128155 号

湖南省教育评价改革现状的调查研究
HUNAN SHENG JIAOYU PINGJIA GAIGE XIANZHUANG DE DIAOCHA YANJIU

著　　者：余小波　张欢欢
丛书策划：吴海燕
责任编辑：吴海燕　申飞艳
印　　装：长沙创峰印务有限公司
开　　本：710 mm×1000 mm　1/16　　印　　张：17.25　　字　　数：283 千字
版　　次：2023 年 9 月第 1 版　　　　　印　　次：2023 年 9 月第 1 次印刷
书　　号：ISBN 978-7-5667-3115-9
定　　价：68.00 元

出 版 人：李文邦
出版发行：湖南大学出版社
社　　址：湖南·长沙·岳麓山　　　　　邮　　编：410082
电　　话：0731-88822559（营销部），88649149（编辑室），88821006（出版部）
传　　真：0731-88822264（总编室）
网　　址：http://www.hnupress.com
电子邮箱：934868581@qq.com

"教育质量与评价" 丛书总序

在我国，教育评价活动的发展由来已久，延续 1300 多年的科举考试制度不仅深刻地影响着中国人的心理和文化，也对世界教育发展和人才选拔产生了广泛而深远的影响。新中国成立后，特别是改革开放以来，随着教育事业的蓬勃发展，我国教育评价成效明显，在制度化、体系化和专业化建设等方面取得巨大成绩。但我国教育评价也存在诸多问题，评价的管理主义色彩浓厚，评价标准存在严重偏差，评价中的"迎评""备考"现象严重，特别是"唯分数""唯升学""唯文凭""唯论文""唯帽子"等问题突出，无法适应新时代教育改革发展的需要，难以促进立德树人根本任务的有效实现。

教育评价是教育活动的"指挥棒"，事关教育发展方向，有什么样的评价指挥棒，就有什么样的办学导向。教育评价"评什么"，在一定程度上决定了老师"教什么"、学生"学什么"、社会"用什么"。为深入贯彻落实习近平总书记关于教育的重要论述和全国教育大会精神，完善立德树人体制机制，扭转不科学的教育评价导向，坚决克服"唯分数""唯升学""唯文凭""唯论文""唯帽子"的顽瘴痼疾，提高教育治理能力和水平，加快推进教育现代化，建设教育强国，办好人民满意的教育，中共中央、国务院于 2020 年 10 月正式印发《深化新时代教育评价改革总体方案》。这是我国第一个关于教育评价系统性改革的文件。该方案以立德树人为主线，以破"五唯"为导向，以五类主体为抓手，坚持整体谋划、系统推进，针对党和政府、学校、教师、学生、社会不同主体，充分考虑基础教育、职业教育、高等教育不同教育领域和大中小幼不同学段特点，分类分层研究教育评价改革思路、提出改革措施、明确实施路径，增强改革的系统性、整体性、协同性。

《深化新时代教育评价改革总体方案》明确要求，经过5至10年努力，各级党委和政府科学履行职责水平明显提高，各级各类学校立德树人落实机制更加完善，引导教师潜心育人的评价制度更加健全，促进学生全面发展的评价办法更加多元，社会选人用人方式更加科学。到2035年，基本形成富有时代特征、彰显中国特色、体现世界水平的教育评价体系。这是一场艰巨的战役，是教育领域的"龙头之战""最硬的一仗"，需要全社会的通力配合和积极参与，也迫切需要教育理论工作者的不懈努力和全心投入。当前，我国教育评价的改革发展正在深入持续推进，急切需要相关理论的提炼、总结和引导，这正是我们组织编写这套"教育质量与评价"丛书的本意和初心。

我们曾于2013年组织编写过"高等教育质量与评价"系列丛书，当时共出版八部专著，取得了良好的社会效益和影响。这些年来随着教育评价研究的不断深入，特别是2020年我们成功申报了国家社科基金重点项目"提升教育治理能力的教育评价制度改革研究"（课题编号：AFA200009）后，组织编写第二套系列丛书即成为摆在我们研究团队面前的重要任务之一。本套丛书将承续"高等教育质量与评价"丛书的编写要求，秉持"前沿性、专业性、应用性"的原则，努力反映当代最新教育质量与评价的理论、国际教育质量与评价的成功经验，注重典型性、可读性、实用性和可借鉴性，引领教育质量与评价的改革发展。不同的是本套丛书将突破上套丛书只关注高等教育领域的局限，向全教育领域拓展，而且更加聚焦在教育评价方面。希望通过我们的努力，能够为教育评价的改革发展和高质量教育体系建设，尽一点微薄之力。

余小波

2022年10月3日

前　言

2020 年 10 月，党中央、国务院印发《深化新时代教育评价改革总体方案》，要求各地区各部门结合实际认真贯彻落实。湖南省作为全国教育评价改革六个试点省份之一，各地区在省委省政府的统一领导下，广泛开展教育评价改革探索实践。为全面了解湖南省教育评价改革实际情况，总结提炼典型经验，发现并解决评价改革过程中存在的困惑与问题，全面提升下一阶段我省教育评价改革的科学性和有效性，并为全国教育评价改革的深入推进提供"湖南方案"，推出"湖南经验"，受湖南省教育厅委托，湖南大学教育评价改革研究基地课题组于 2022 年 9 月中旬至 10 月上旬，成立"湖南省教育评价改革现状调研组"，赴全省各地，对我省教育评价改革试点现状进行了一次广泛而深入的专题调查研究。

本次调研采取点面结合、实地考察与文献调研相结合的工作方法，坚持实事求是、问题导向、目标导向原则，综合运用集中座谈、个别访谈、实地考察、查阅资料等多种调研方式灵活开展。在省委教育工作领导小组秘书组和省教育厅领导的大力支持和各调研单位的积极配合下，调研组实地考察了 5 个市、13 个县（市、区）、10 所高校，共计 28 个调研单位，累计召开专题座谈会 60 余次、深度访谈 140 余人次、实地考察 80 多个调研点、收集典型案例 103 个、回收有效问卷 6 万余份，在广泛调研的基础上，形成了一批有分量、有内容、有价值的调研成果，包括：湖南省教育评价改革现状调研总报告，以及党委与政府教育工作评价改革、幼儿园教育评价改革、中小学教育评价改革、职业教育评价改革、高等教育评价改革、教师评价改革、学生评价改革、社会用人评价改革等涉及各级各类教育评价改革主体的 8 份专题调研报告。本次调研也受到了《光明日报》、《湖南日报》、红网等社会媒体的广泛关注，累计收到各级各类媒体推送报道 30 余次。其中，《光明日报》以"湖南：评估教育改革推出'湖南方案'"为专题对调研进行了报道，《湖南日报》以"深化改革，推动教育事业高质量发展"为专题对调研进行了报道。

　　湖南省作为全国教育评价改革试点省之一，改革试点推行以来取得了一定成效，积累了一定经验。为扩大改革辐射面和受益面，及时总结、宣传、推广教育评价改革典型经验，我们将本次调研撰写的九个调研报告结集出版，以营造积极探索、开拓创新的改革氛围，推动下一阶段教育评价改革各项工作的走深走实。

目　录

湖南省教育评价改革现状调研总报告 ·········· 1

　引　言 ·········· 2

　一、落实成效 ·········· 4

　二、问题分析 ·········· 22

　三、政策建议 ·········· 44

　四、总结思考 ·········· 53

党委与政府教育工作评价改革分报告 ·········· 57

　引　言 ·········· 58

　一、改革成效 ·········· 59

　二、查摆问题 ·········· 65

　三、建议举措 ·········· 72

幼儿园教育评价改革分报告 ·········· 79

　引　言 ·········· 80

　一、进展与成效 ·········· 81

　二、问题与分析 ·········· 99

　三、对策及建议 ·········· 110

　结　语 ·········· 116

中小学教育评价改革分报告 ·· 117

  引　言 ·· 118

  一、整体推进落实 ·· 119

  二、具体举措成效 ·· 121

  三、存在问题分析 ·· 128

  四、相关政策建议 ·· 134

职业教育评价改革分报告 ·· 139

  引　言 ·· 140

  一、推进情况 ·· 141

  二、举措及成效 ·· 146

  三、问题及成因 ·· 153

  四、对策建议 ·· 161

高等教育评价改革分报告 ·· 169

  引　言 ·· 170

  一、推进情况 ·· 170

  二、举措成效 ·· 175

  三、问题分析 ·· 182

  四、政策建议 ·· 190

  结　语 ·· 195

教师评价改革分报告 ·· 197

  引　言 ·· 198

  一、推进及成效 ·· 198

  二、问题及分析 ·· 208

  三、对策及建议 ·· 212

学生评价改革分报告 ·· 219

　　引　言 ··· 220

　　一、推进情况 ··· 221

　　二、取得的成效 ··· 223

　　三、问题及成因分析 ······································ 232

　　四、政策建议 ··· 239

社会用人评价改革分报告 ·· 243

　　引　言 ··· 244

　　一、进展情况 ··· 245

　　二、问题分析 ··· 254

　　三、对策建议 ··· 259

　　结　语 ··· 264

后　记 ·· 265

湖南省教育评价改革现状调研总报告

引　言

（一）调研内容

围绕国家《深化新时代教育评价改革总体方案》以及《湖南省深化新时代教育评价改革实施方案》和《湖南省教育评价改革试点工作方案》涉及的五类改革主体、22 项改革任务，从改革进展情况，改革措施是否有力、保障是否到位、成效是否明显，对改革过程中出现的新情况、新问题是否进行研究，对改革实践中出现的新思路、新方法、新举措是否予以论证和推广，改革试点项目经费使用情况等方面展开调研。

（二）调研范围

本次调研采取点面结合、实地考察与文献调研相结合的方式进行。调研组实地考察范围包括：长沙市、常德市、怀化市、湘潭市、益阳市等 5 个市；常德市临澧县、衡阳市衡南县、郴州市嘉禾县、永州市冷水滩区、邵阳市邵东市、娄底市新化县、株洲市芦淞区、株洲市渌口区、怀化市芷江侗族自治县、湘西土家族苗族自治州泸溪县、张家界市武陵源区、岳阳市平江县、益阳市赫山区等 13 个县（市、区）；湖南幼儿师范高等专科学校、湖南现代物流职业技术学院、湖南工商大学、湖南女子学院、长沙学院、湖南铁路科技职业技术学院、长沙理工大学、长沙南方职业学院、长沙民政职业技术学院、湖南师范大学等 10 所高校，共计 28 个调研单位。

（三）调研方法

1. 文本分析

全面学习领会国家及湖南省教育评价改革精神，深入研读各试点地区及试点项目的教育评价改革论证方案和总结材料，全面了解湖南省各试点地区和试点项目的教育评价改革总体情况和典型特征。

2. 问卷调查

分通用卷和分类卷两类问卷调查（技术上结合问卷星网上问卷和实地调研时发放纸质问卷两种方式）。通用卷旨在了解湖南省教育评价改革试点基本情况，在 18 个地区和 10 所高校调研座谈会之前发放；分类卷旨在有针对性地了解基础教育、职业教育和高等教育的评价改革专门情况，主要委托被调研地区/高校协助完成。

3. 座谈访谈

实地调研期间每个调研对象单位组织召开 10—15 人的调研座谈会，从五类主体中推选熟悉了解情况的代表参会；然后选留 3—5 人做个别深入访谈。

4. 实地考察

调研期间除查阅相关材料外（发布的相关改革文件、改革进展情况总结、典型案例材料等），重点实地考察教育评价改革中涌现出来的典型经验和成功案例。

（四）调研进度

第一阶段（2022 年 8 月 30 日以前）：前期准备。全面收集相关研究材料，熟悉教育评价改革基本情况，理清调研思路，细化实地调研方案，为调研做好一切必要准备（方案设计、组织人员、条件保障等）。

第二阶段（2022 年 9 月 1 日至 15 日）：方案调试。选择常德市、临澧县、湖南幼儿师范高等专科学校为预调研对象，对方案进行模拟调研调试，修正调研中的不合理环节和不适当内容，为下阶段的正式调研积累经验。

第三阶段（2022 年 9 月 18 日至 30 日）：实地调研。调研前一周正式函告被调研对象单位做好相应准备（商定实地调研时间、地点及对象，准备典型案例等材料，调研过程中严守相关纪律）。

第四阶段（2022 年 10 月 1 日至 31 日）：撰写调研报告。全面清理汇总调研材料，充分交流交换信息，深入分析研究调研资料，撰写调研分报告和调研总报告。

（五）人员组织

为有序推进本次调研工作，组建隶属于湖南省教育工作领导小组秘书组办公室的临时性调研工作组，具体负责本次调研工作的实施，工作组下设三个调研小组，一个调研小组专题调研高校情况，其余两个小组具体负责地区及高校的调研工作。

（六）调研结果

调研期间，通过多种途径广泛收集了与各地教育评价改革工作相关的文献资料。据统计，调研组累计召开专题座谈会 60 余次；深度访谈 140 余人次；实地考察 80 多个调研点；同时收集各地典型案例 103 个；回收通用问卷 399 份，通过线上平台问卷星回收各级各类学校有效问卷 63035 份，其中高校教师卷 1154 份，高校学生卷 11977 份，中职教师卷 1370 份，中职学生卷 7122 份，中小学教师卷 3806 份，中小学家长卷 15250 份，幼儿园教师卷 2798 份，幼儿园家长卷 19558 份。

通过本次调研，工作组掌握了关于全省教育评价改革较为翔实的第一手资料，对教育评价改革整体的推进实施现状有了一个大致全面的了解。我们听到了各地从教一线的教育工作者对评价改革的反馈意见，看到了他们从实践层面对教育评价改革的各种积极探索和尝试，其中不乏值得借鉴的经验，也确实有一些值得反思的问题和亟待解决的困难。无论是总结推广经验还是反思和改进问题，对当前和今后教育评价改革的推进都十分重要。

一、落实成效

根据中共中央、国务院印发的《深化新时代教育评价改革总体方案》（以下简称《总体方案》），2020 年以来，在省委、省政府的坚强领导下，全省各地党委、政府按照《总体方案》和《湖南省深化新时代教育评价改革实施方案》（以下简称《实施方案》）具体要求，推动全省教育评价改革各项改革任务稳步实施，取得了一定的改革成效。

（一）聚焦科学履职关键力量，党委、政府教育工作评价改革抓实干

党委、政府是深化教育评价改革的关键推动力量。《实施方案》从 3 个方面明确了党委、政府教育工作评价改革的任务要求。根据通用问卷调研结果，399 位受访者中超过三分之二认为各级党委、政府抓住党政领导重教履职这一关键，党对教育工作全面领导的体制机制逐步健全，政府履行教育职责评价功能充分发挥，履职科学高效，片面追求升学率和"名校"录取率的倾向得到纠正。从各调研单位提交的阶段性总结材料及实地调研座谈访谈结果来看，各地区、各高校在执行党委、政府教育工作的明确要求上行动迅速，落实高效。

1. 党政重教的共识业已达成

教育评价改革推行以来，各级党委、政府抓住党政领导重教履职这一关键，"为官一任、兴教一方"的责任感进一步加强，优先发展教育的自觉性、认识度和行动力明显提高，充分发挥把方向、管大局、保落实的职责，让教育评价与发展有一个好的"指挥棒"；不少地方党委、政府主要领导亲自抓教育，亲自为师生讲时事政治、上思政课。重视教育、关心教育、直接推动教育改革发展，成为许多党政领导干部的自觉意识和具体行动。如，2021 年益阳市委书记瞿海带头到益阳职业技术学院和湖南工艺美术职业学院给师生讲授思政课；株洲市渌口区由区委书记带头的 25 名区领导干部兼任 33 所学校的"第一校长"，积极探索实践"第一校长"制度，有效压实了党委统一领导、党政齐抓共管、部门各负其责的教育领导体制。

2. 分级教育督导机制建立健全

各级党委、政府常态开展履行教育职责督导评估，高站位、多层次、全领域推动教育评价改革工作落地落实。如，常德、湘潭、益阳等地级市均出台相关文件，加强对县（市、区）党委、政府履行教育职责的督导，督查结果纳入对县（市、区）年度绩效考核指标体系，并作为县级党政主要领导干部履行教育职责评价结果的重要依据，持续优化县级人民政府履行教育职责督导评估制度。常德市还把教育评价改革写进政府工作报告，作为全市重点改革任务，纳入对县（市、区）真抓实干督查激励范围。衡山县的"双线三级"教育工

作责任制与责任追究制和芷江侗族自治县教育优先发展的"54321"工作机制，同样是对督促党委、政府及县直部门依法履职的有益探索。

3. 负面清单事项立查立改

根据《总体方案》"三不得一严禁"的负面清单，各地区、各学校对照《总体方案》要求，从开展文件清理、落实负面清单、反复自查整改等方面着力整治炒作中高考升学率、提前签约、违规争抢优质生源的行为，进一步净化招考环境；排查并纠治包括人才招聘、高考奖励和教职工绩效工资分配等方面涉及负面清单的事项，清除政策障碍，严防发生违反负面清单的事项，教育、组织、编制、财政和人社、国资等部门在公务员招录、事业单位和国有企业人员招聘以及优秀教育人才引进过程中基本废除了学历方面的限制性条件，"唯名校""唯学历"的用人导向及人才高消费等现象得到有效遏制。

（二）坚持立德树人根本任务，学校评价改革出实招

学校是落实教师和学生评价改革的第一责任主体。教育评价改革推行以来，各级各类学校围绕学校评价改革各项工作要求，开展了一系列卓有成效的探索与实践。

1. 立足思政课教学改革，完善思政教育体系

湖南师范大学、湖南女子学院等高校积极推进思政课程与课程思政"双线同行"课程改革，湖南师范大学涌现了全国高校思政理论课教学展示特等奖等一批优质思政课程，"青马"工程、"红色论坛"等精品思想引领项目多次被《人民日报》《光明日报》报道；长沙南方职业学院创新党建工作模式和思想政治教育模式，多维度实施"三全育人"，全部专业课程融入思政元素；长沙学院分批建设 50 门左右校级"课程思政"示范课程，设立 19 项省课程思政建设研究项目，以点带面推动各类课程与思政课程同向同行；怀化立足本土文化资源推出"'做一粒好种子'——讲好隆平故事 厚植种子文化"思政大讲堂，获湖南教育电视台"我是接班人"网络大课堂市州专题课首播，全市中小学生连续两年将其作为"开学第一课"集中收看。

2. 立足整体谋全局，统筹推进系统性评价改革

株洲市芦淞区以整体部署、以点带面的思路，遴选 8 所评价改革试点校，分别承担学生评价改革和教师评价改革任务，一盘棋布局，一体化推进学校、

教师、学生评价改革，并以目标化管理考核机制为依托，在尊重校本差异的前提下，区片校以目标为联结点，三级联动，以目标达成度综合评估学校办学水平，评价机制具有前瞻性；益阳市赫山区着力构建"成长导向"的"督导评改"一体化评价机制，建立以学生核心素养发展为内核，教师综合发展、学校和谐发展的套筒式学校评价体系，进一步明确"服务成长，评价立人"的改革核心理念；衡阳市衡南县实施"三三五"校联体改革，组建联合学校，试点推行中小学教职工"县管校聘"，将教育评价改革与家校共育、推进城乡教育均衡发展统筹谋划；湖南师范大学把办好师范教育作为第一职责，从学校层面对二级学院教学、科研、社会服务等各方面工作开展一体化综合考核等，湖南现代物流职业技术学院通过构建"2 个抓手""3 项工程""3 项考核""1 项内部质量管理平台""3 段工作机制"五位一体的"23313"内部质量保证体系，实现学校评价改革的全员参与、全方位改进、全过程控制，推动了学校整体内部质量的提升。

3. 立足起点看变化，积极探索增值性评价

长沙市积极构建教师、学生、学校三位一体理论体系，探索"从入口看出口、从起点看变化"的增值评价，将初一平行分班考试成绩、中考成绩分别作为初中入口、出口成绩，将中考成绩、高考成绩分别作为高中入口、出口成绩，进行分析比对发展增值，着力解决因起点不同带来评价不公的难题，让不同学校体验办学成功感、不同教师体验教学成就感；常德市积极构建"从入口看出口、从起点看变化"的学校增量评价机制和"五育并举"评价体系，出台了义务教育、普通高中教育、中职学校教育、市直学校教育质量评价实施办法和《中小学违规办学行为处理实施细则》等，为学校评价提供有力依据；邵东市把绩效考核指标分为共性指标和个性指标，各学校依据自身增值情况自定目标、自设标准、自构体系，体现"一校一方案"。

4. 立足实际设目标，分类实施差异性评价

益阳市创新推动全市省级示范性普通高中、非省级示范性普通高中、中等职业学校、市级示范性幼儿园进行四年一轮的分类评估，引导各学校进一步规范办学行为，明确发展目标，提高整体办学水平；新化县根据教育质量现状，将全县各初中学校分为"城区组""乡镇中心学校本部组""乡镇管区中学组"，开展分组比拼，全面激发学校竞争活力；平江县全县义务教育阶段学校，根据地域、人数、资源等因素分为城区学校、农村初中学校、县直小学（含乡镇中心小学）、农村一般完小等，让所有中小学校都站到相对公平的起跑线上，让每一所学校都有目标、都能进步。

5. 立足优质资源共享，以强带弱助力城乡义务教育均衡

株洲市芦淞区组建了覆盖 24 所中小学的 11 个教育发展共同体，承载农村学校提质增效重任，以"教师柔性流动、城乡课程共建、信息资源共享、管理层同频共振"为主要抓手，推进共同体内涵化发展；常德市临澧县的义务教育质量采取捆绑增值性评价办法，初中学校组成 8 个联盟校，小学建立以 6 个网络主校带分校的 6 大校联体，质量考核奖励以联盟校和校联体为单位进行评比，有力促进了城乡互补、资源共享、均衡发展；郴州市嘉禾县全县公办学校按照"城带乡""强带弱"的规则组建 6 个教育集团，尊重集团内每一所学校的办学传统和特色，推动学校间优势互补和发展互促，以义务教育城乡一体化集团化的思路，进一步扩大优质教育资源，深化教育评价综合改革；张家界市武陵源区完善编制统筹分配使用联动机制，实行编制动态管理，根据学校布局调整、不同学段学生规模变化等情况，充分考虑乡村小规模学校、寄宿制学校和城区学校的实际需要，统筹编制、岗位和教师资源，加大区域内城乡教师双向流动、定期轮岗力度，建立乡镇内教师走教制度。

6. 立足校情挖特色，创新开展多样性评价

怀化市芷江侗族自治县把学校党的建设、队伍建设和平安校园建设评价紧紧围绕高质量发展，探索出"一高三建一特色"的"131"学校评价体系，鼓励学校立足实际，在传统文化教育、民族团结、文明创建等方面形成独特的办学特色，全县建成省级特色学校 30 余所，三里坪小学、芷江三中被授予湖南省第一批铸牢中华民族共同体意识教育示范学校。郴州市嘉禾县致力于打造标准化体系下的"一校一品、一样一品"教育评价方案，实施"三力"工程，围绕"实力教师、活力课堂、魅力校园"探索对学校的评价，组织文家学校构建学生、教师、学校、家庭四方同步互动的"一体两翼"综合评价体系，珠泉完小打造以泉润心、以泉启智、以泉养德、以泉铸魂的四维度"泉"文化建设评价体系等。湖南现代物流职业技术学院建设了校级质量诊改数据分析平台，实施二级学院"一院一品"工程，扎实推进中国特色学徒制育人体系建设等。总体而言，各地区、各级各类学校在学校评价改革方面都因地制宜、实事求是推行了实践。

（三）突出师德师风第一标准，教师评价改革务实功

教师是立教之本、兴教之源，教师评价改革对促进教师专业发展、践行立德树人根本任务、培养合格的社会主义事业建设者和接班人意义重大。教师评价改革的成效主要体现在以下八个方面。

1. 师德师风建设体制机制不断完善

育人的根本在于立德，师德是深厚的知识修养和文化品位的体现。各调研地区、高校普遍建立了师德师风教育机制、宣传机制、考核机制、监督机制、激励机制、问责机制、惩处机制和教师主体权益保障机制，实行师德师风一票否决，实施了一系列师德师风建设工程。如，湘西土家族苗族自治州泸溪县将每年5月定为"师德师风宣传教育月"，开展"万名家长评校长""万名学生评教师"等活动；株洲市芦淞区在教师评价改革方面建立了"师德+师能"教师发展性评价机制，作为教师评价标准；怀化市芷江侗族自治县的"141"教师评价体系中，第一个"1"即坚持师德为先。

2. 教育教学实绩在教师评价改革中的重要性进一步凸显

认真履行教育教学职责是评价教师的基本要求。从图1、图2可以看出，中小幼教师群体中，认为教师评价改革推行后，教学工作量、班级管理工作量能拉开现阶段绩效工资差距的比重基本超过50%；职业学校和高校的教师评价改革在突出教师教学实绩方面也采取了一系列举措（图3、图4）。此外，领导层面对教育教学的重视程度明显提升，并身体力行。如，衡阳市衡南县落实衡南校联体改革"三三五"工程中统一登台授课的要求，督促校长、书记回归教书育人本位；湖南女子学院实施教育教学走访巡查校领导值班制，每周都有一名校领导带队深入教学一线走访巡查，校领导与教学工作零距离、服务教学服务师生有温度，保障教育教学高质量开展，以人才培养为中心的理念深入人心，教学中心地位更加巩固。"作为老师，上好课就是最好的师德""把三尺讲台站稳了，才是立德树人的第一步"，已然成为不同层次、不同类别、不同学段教师的共识。

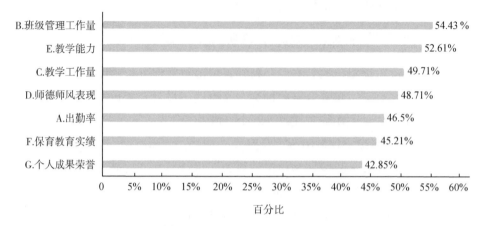

图 1　最能够拉开幼儿园教师绩效工资差距的类别

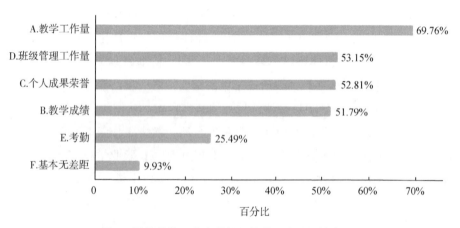

图 2　最能够拉开中小学教师绩效工资差距的类别

3. 学生工作重视程度不断提高

促进幼小科学衔接方面，娄底市试点园校在家长学校培训中邀请城区小学的优秀教师以家长身份至幼儿园授课、分享交流，成为幼小科学衔接的"宣传大使"；推行中小学家校共育方面，衡阳市衡南县持续推进"家校共育"试点工作，常态化开展中小学教师家访、校园开放日、"屋场恳谈进校园、校园恳谈进屋场"活动，加强家校沟通联系，凝聚育人合力，打造了可复制推广的家校共育"12345"模式，入选省政府 2021 年重点工作 40 项典型

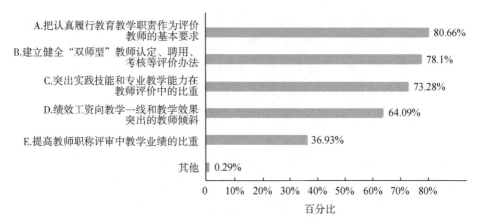

图 3　职业学校教师评价改革中突出教育教学实绩的举措

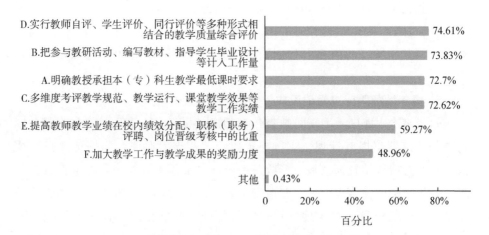

图 4　高校教师评价改革中突出教育教学实绩的举措

经验做法；怀化市开展家长夜校工作试点，以"线下+直播+录播"模式举办"榜样""情绪""赋能"等 3 期家庭教育专题讲座，10 万余名家长通过线上或线下聆听了课程，有效激发了家、校、社协同育人合力。强化一线学生工作在高校也基本得到了有效落实，如湖南师范大学把担任辅导员、班主任或班导师等的学生思想教育、管理工作经历及指导本科生毕业论文（设计）列入了职称评定的必备条件；湖南铁路科技职业技术学院党委领导带头上形势与政策课、上党课已成为学校特色；湖南现代物流职业技术学院实施中层以上领导干部联系班级制度，领导干部每月到联系班级听课、深入学生宿舍与辅导员、学生沟通交流 1 次，关注学生思想动态，引导学生树立正确的人生观、价值观、世界观，将领导干部联系班级的情况纳入年度考核等。

4. 促进教师专业成长和综合能力提升的平台逐步搭建

教师立德树人，不仅要有高尚的道德情操，还要有扎实的学识。为推动教师提高终身学习的能力，随时补充新理念新方法新技术，提高专业能力，株洲市芦淞区实施"一营三院"骨干教师梯队培育机制，以培育高素质专业化教师为目标，以研赛培一体化活动为平台促进教师快速成长；永州市冷水滩区按照政治优先、德才兼备的原则，深入实施"四培养两打造"工程；娄底市新化县推进教师专业成长"万千百十"工程和新化县教育"四名"工程，畅通教师专业成长渠道，建立健全教师合理流动机制和轮训机制，力促教师专业成长；益阳市从 2020 年起，持续开展教师"三考"制度，旨在通过系统、科学、有效的监控与考评，引导教师以现代教育理念开展教学实践，激发教师专业发展的内驱力和创新力，提升教师队伍的职业道德和专业化水平。

5. 青年教师第一工程建设成效突出

永州市冷水滩区致力于打造青年教师成长平台，大力引进青年教师，制订青年教师五年提升计划，实行青年教师"跟老教师学、当副班主任"模式，着力打造青年教师样板，形成正面导向；邵阳市邵东市各校通过青蓝工程、青年教师成长营等方式，营造青年教师脱颖而出、一线教师潜心育人的土壤，以覆盖全员的"接地气冒热气"师训，助推教师"提实力长能力"；湖南工商大学特别注重青年教师培育，成立了湖南工商大学青年人才联谊会，深入实施"精英辈出工程"，指导和帮助青年教师锤炼道德情操、提升业务能力；湖南铁路科技职业技术学院在科研评价中着重考虑青年教师的科研业绩，重视科研成果质量及影响力，向扎根奋战在科研一线的青年教师倾斜，而非单纯地比拼职称、资历、论文数量、项目数量以及经费多少等。

6. 教师职称评审制度日趋科学

中小学职称制度深化改革初见成效。各地逐步探索建立了分类评价、分级管理、学校自主评聘和政府宏观监督管理的中小学教师评价体系，向乡村教师倾斜的职称评审政策体系基本形成并开始发挥效力。如，常德市修订中小学教师职称评价标准，出台资深乡村教师职称评审办法，淡化学历论文要求，加大教育教学能力权重。高校贯彻"破五唯"精神，发展导向的职称评审改革推向纵深。如，湖南师范大学将晋升高级职称的教师分为教学科研型、教学为主型、科研为主型三类，同时推行代表性成果评价制度，既减轻教师负担，也让评价更加科学合理；湖南女子学院根据学校教学型、应用型办学实际，思考教师分类分层职称评价，分为教学型、教学科研型、双师双能型等岗位类型，特别是完善专职辅导员职称评审制度，谋划专职辅导员职称评审纳入单列计划、单设标准、单独评审体系；湖南工商大学也积极探索实行代表性成果评价机制和实际贡献为主、同行专家评议的评价制度，对撰写高水平论文的能力有所欠缺但工作实绩和贡献非常突出的教师，敢于突破传统思维给予其职称晋升。

7. 高校教师绩效考核分类评价持续深入

湖南工商大学遵循科研规律，探索长周期评价，实行年度考核与教师三年周期考核相结合，将绩效工资中的科研考核与岗位内部等级晋升中的科研考核结合起来，避免重复评价；湖南女子学院探索构建重贡献、差异化的收入分配体系，采取绩效分配定向化，推动"绩效考核"向"绩效管理"转变、"过去导向"向"未来导向"转变，发挥绩效改革的激励导向作用，充分激发教师发展的内生动力，鼓励教师分类发展、尽展其才；湖南现代物流职业技术学院坚持分类考核和分层考核相结合，根据教学类、行政类、教辅类三个工作类别和中层干部、专任教师、管理人员和工勤人员四个身份类别的不同特点分类设置不同的考核指标，避免绩效考核"一把尺子量到底"，推进了绩效考核的层次化、科学化、规范化；长沙民政职业技术学院探索建构了发展导向的教师分类评价"三三模式"。

8. 稳步推进人才称号回归学术性、荣誉性

湖南师范大学完善人才培养、引进、评价等机制，平等看待各级各类人才，不单纯以人才称号获得者的数量评价人才队伍建设成效；长沙民政职业技术学院制定文件，杜绝把人才称号作为承担项目、获取奖励的限制性条件或隐性加分条件；长沙学院以分类指导完善引才管理工作，以分类评价助推人尽其才，通过分类多元化评价激励机制改革，人才引进机制更完善，人才发展渠道更畅通，人才评价体系更多元，人才激励机制更合理，人才管理模式更优化。从根本上而言，高校的绩效考核改革和职称评审改革，基本上都是围绕高校科研评价改革展开。高校科研评价改革的最终目的在于发展学术，提高教师科研水平，提升科技创新能力。从调研高校教师问卷反馈情况来看，高校也的确采取了一系列举措（图5）。此外，从实地调研发放的通用问卷反馈结果来看，高校受访者认为教师评价改革成效最明显的比重达到45.0%（图6、图7），中小学教师对教师评价改革总体满意（图8），发展性的评价导向在幼儿园教师评价改革中也得到了较好体现（图9）。

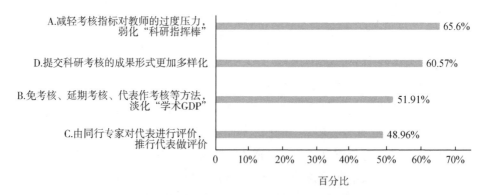

图5　高校落实教师科研评价改革工作的举措

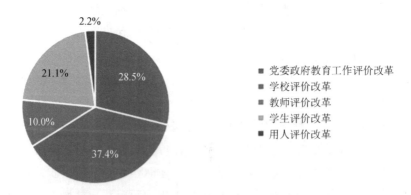

图6　高校受访者对本地区改革成效最明显的判断

（注：已剔除无效问卷数据，故图中数据总和未达到100%）

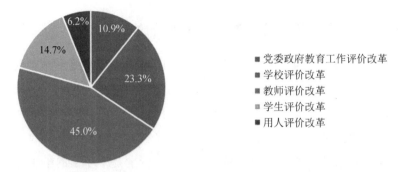

图 7   高校受访者对本校改革成效最明显的判断①

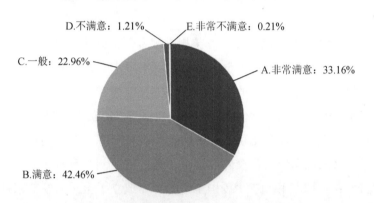

图 8   中小学教师对教师评价改革的满意度

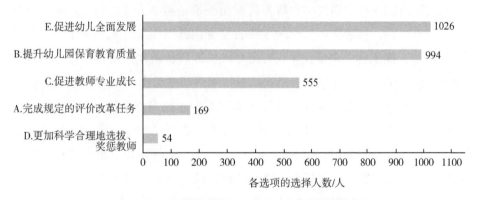

图 9   幼儿园教师对教师评价改革主要目的的认识

---

①   因计算过程中存在四舍五入，所以数据加和不等于 100%。对于后文中的此情况，不再一一标注。

（四）健全综合素质评价体系，学生评价改革显实绩

教育评价改革的目的是更好地培养人，改革的效果最终要落实到学生身上。党委与政府、学校、教师、用人单位围绕"培养什么样的人、怎么培养人、培养得怎么样、怎么才能培养得更好"所做的一系列举措，无一不通过学生体现出来。从整体调研情况来看，各级各类学校在教育评价改革推行以来，对学生评价改革的认识和实践不断深入，特别是中小学的学生综合素质评价成效显著，中小学家长对目前学校开展的学生评价整体满意度达到79.02%。

1. 德育为先意识不断强化，立德树人根本任务有效落实

各地区、各级各类学校在学生评价改革实践中，始终坚持以德为先的发展原则，根据学生不同阶段的身心特点，依托地域和校本特色，开发德育资源，挖掘德育元素，引导学生养成良好思想道德、心理素质和行为习惯。如，湖南师范大学依托湖湘文化和红色革命文化教育资源，充分利用校内抗战文化园、长沙会战纪念地以及校外周边毛泽东故居、刘少奇故居等，积极开展新生"开学第一课"和大学生爱国主义教育，成立了全国高校首家社会主义核心价值观研究院，学校入选全国首批"三全育人"综合改革试点单位；湖南现代物流职业技术学院结合培养高素质技术技能型人才的培养目标，科学设计德育指标，持续实施"大学生成长'金钥匙'工程"和"大学生成长之锚"项目，探索建立多维立体化社团育人协同评价机制，将传承红色基因贯穿学校教育全过程，通过开展系列红色传承活动推动传统文化、礼仪、艺术、科技、职业精神、工匠精神等思政元素融入人才培养全过程；湘潭市工业贸易中等专业学校推动"现代学徒制"创新，结合"3+2"质量评价工作和"双证书"考评双轨制度来突出学生德技并修，实现职业道德与职业技能双向促进，形成了富有时代特征和地方特色的德国双元制本土化"湘潭样板"。许多中小学也积极利用本土思政元素，探索丰富多彩的思政课程和实践活动，推动落实立德树人根本任务，如永州市的"向日葵工程"七大行动、韶山市的"红色德育"、郴州市嘉禾一中的德育量化考评、邵东市的"培育一颗红心"等。

2. 五育并举各显其能，综合素质评价改革"异彩纷呈"

各中小学积极创新评价路径、丰富评价手段、提升评价效果，以正确评价导向促进学生五育并举、全面发展、健康成长。如湘乡市"七彩花"学生积分制评价体系，积极推动各校设计有特色的学生素质发展成长记录册，形成多样的过程性评价操作模式；株洲市芦淞区的 6 所学生评价改革试点校，分别围绕学生综评和德育体育劳育评价改革，以试点先行、整体推进的思路探索形成"七彩阳光、动力少年、国球少年"等具有区域特色的原创性学生评价体系；张家界市武陵源区围绕学科核心素养实施的"3+1+2"学科评价模式改革，怀仁育人，琢玉成器，让学生乐中求学、学中求乐，"五育"并举成效初显；怀化市芷江侗族自治县的"151"学生评价体系以"一综五育一技能"为目标，倡导"过一种幸福完整的教育生活"，落实"五得育人"，让学生"做得了公益、上得了讲台、进得了赛场、登得了舞台、下得了田地"。此外，郴州市嘉禾县广发中学的"满天星"校园之星、长沙市燕山小学的"七色雏燕章"等也都是对中小学生综合素质评价体系的个性探索。调研的高校中，湖南师范大学利用校内外资源积极建设劳动实践平台，组织劳动教育专题活动，结合"青年红色筑梦之旅""三下乡"等社会实践活动开展服务性劳动、公益劳动，强化对学生公共服务意识和奉献精神的培养；长沙理工大学把全面提升学生体质健康水平纳入体育育人体系，构建学生体质健康由"测试—干预"的"闭环"，推进校园体测智慧平台建设，全面提升学生体质健康水平；湖南铁路科技职业技术学院作为职业院校，学生综合素质评价体现出了学校"半军事化"管理的鲜明特色，"以德为先、崇能尚技、军管从严、文体并进"四个模块的学生综评体系注重德技并修、全面发展；湖南现代物流职业技术学院实施"五维一体"全方位评价，观测学生的成长增量，将学生的全面进步作为增值评价指标；长沙南方职业学院推行德育评价方法改革，建立学生、家长、教师及社区等多元参与学生评价的协同育人新模式。

3. 招生考试机制不断优化，学业评价制度建立健全

招生把入口、考试管过程、学业评价把出口，促进大中小幼各学段入口和出口"教、评、考、招"的有效衔接，是助力学生成长发展的重要举措。围绕《总体方案》"改进结果评价，强化过程评价，健全综合评价，探索增

值评价"的总要求，各地区、各学校在"把入口、强过程、管出口"方面积极作为。把入口方面，长沙南方职业学院制定并完善了获得省级以上技能大赛相应等次的高职应届毕业生具有"专升本"推荐免试资格的相关文件制度，推动"专升本"报考工作，并在单招考试中实行"文化素质测试+职业技能测试+面试"的评价方式，取得良好效果；湖南师范大学优化研究生招生结构，完善过程性考核与结果性考核有机结合的学业考评制度，完善实习考核办法，确保学生足额、真实参加实习，健全研究生培养多维评价体系。强过程主要体现在考试改革方面，湘潭市岳塘区根据各学科特点，综合采用纸质试卷测评与面试、人机对话测评、实验操作、现场测试、问卷调查相结合的多元检测方式，关注学生的多元发展；长沙市根据不同学段采取不同的评价方式，在小学阶段的一二年级取消传统的纸笔考试，采取活动闯关的形式考查学生的学业水平，三到六年级采取学业成绩与德育评价相结合的方式对学生进行评价，学生的学业表现在班级内部以等级制的形式呈现。结合问卷的数据分析结果，纸笔测验、口试面试、实践操作在大中小、普职等各级各类学校学生评价方式中均有不同比例的涉及（图10、图11）。管出口方面，湖南铁路科技职业技术学院制定了人才培养方案指导性意见和学分银行改革方案，以校级层面组织的"专业技能抽查""毕业设计抽查"严把学生毕业关口。

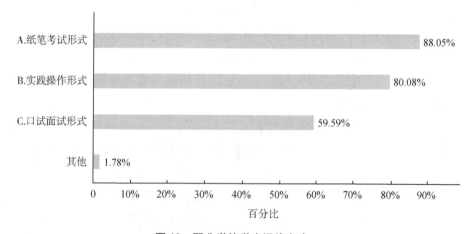

图10 职业学校学生评价方式

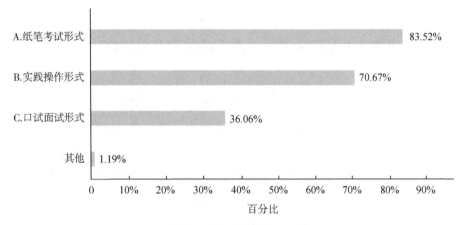

图 11　高校学生评价方式

4. 大数据信息技术赋能探索起步，与时俱进助力科学评价

随着信息技术在各个领域的应用普及，教育评价工具的数字化转型是大势所趋，也是目前学生评价全要素、全时段、全系统的要求。从省内的教育评价改革实践来看，数字化信息技术的应用为教育评价带来崭新面貌，推动教育评价向着主体多元化、工具智能化、方式多样化与功能实效化的方向发展。长沙市以信息化手段助力数据采集方式创新，开发"长沙市教育质量综合评价结果数据地图"，将数据分类整理、分级储存、分层呈现、分权调取，集成学生数据社区，使评价内容更全面，数据来源更广泛，评价结果更精准。湖南铁路科技职业技术学院自主开发了学生综合素质测评系统，实时分析和展现学生在校学习、生活实践等维度的全周期信息；同时，本着职前职后一体化的职业教育人才培养特色，积极尝试全周期职业发展评价，引进第三方评价机构麦克斯公司，从就业相关度、薪酬水平、创新创业业绩、职业岗位变迁等多重维度进行大数据调查，强化对毕业生发展的跟踪评价，并加强对毕业生的职业培训和继续教育服务。益阳市利用信息化手段完成学生综合素质评价体系的顶层设计，采用"数据集中、系统集中、基础设施集中"的模式，建设学生综合素质评价管理系统，为各级教育行政部门和学校提供学生综合评价应用系统和数据存储的服务。湘潭市、衡阳市衡南县、株洲市芦淞区等地也积极对标教育信息化2.0，搭建智能可视的数据平台，实现对教学和学生的精准测评，为教育决策提供科学指导和强有力的技术保障与数据

支持。

（五）弘扬唯才是举社会风气，用人评价改革见实效

教育是培养人的工作，教育培养出来的人才终归要走向社会、走向就业岗位。从需求引导供给的逻辑来看，用人评价对教育健康发展具有重要导向作用，深化用人评价改革，建立科学客观的用人评价体系，是促进教育健康发展的必然要求。根据通用问卷调查结果，在对教育评价改革应着重从哪方面着手的认识上，首要的是改革党委与政府政绩观，其次便是改革社会用人导向（图12），可见用人评价改革之于教育评价改革的重要意义。在用人评价改革实践中，各地区、各学校严格落实《总体方案》工作要求和负面清单事项，对违反改革精神的制度文件和做法开展专项清理和自查自纠专项行动。

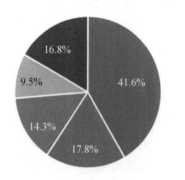

图 12　调研单位对教育评价改革应着重推进领域的认识

1. 正确用人导向基本树立，选人用人标准逐步规范

长沙学院、湖南幼儿师范高等专科学校、长沙民政职业技术学院等学校基本废除了选人用人对毕业院校、第一学历学校、国（境）外学习经历、学习方式等前置性条件的限制，建立了以品德和能力为导向、以岗位需求为目标的人才使用机制；湖南师范大学加强对干部的管理监督考察考核，完善干部正常流动和退出机制及党政管理干部选拔任用机制；湖南工商大学突破第一学历限制，引进第一学历为"双非"、三本甚至专科但有发展潜力的博士；永州市道县按照因人而异、因岗而异，区别对待的方式，不拘一格引人才，采取多种方式和途径补充机关、企事业单位和乡镇人才队伍，坚决不搞学历

区分、专业区分和性别年龄限制，全部按照行业准入最低标准设置报考门槛，落实乡村振兴人才专项招录及职业学校毕业生学历参照对等，对医卫和教育系统急需人才实行有条件暂缓取得从业资格证和定岗招录，在干部选拔和提拔任用上坚持广开门路，选人唯才，任人唯贤，用人唯实，做到规定动作不走样，自选动作有实效。

2. 合理确定岗位职责，不断促进人岗相适

湖南铁路科技职业技术学院在实施岗位聘任的基础上，建立以岗位职责为核心、以贡献大小为导向的绩效工资体系，形成更加有效的激励机制，充分调动各类各级岗位人员的积极性；湖南现代物流职业技术学院坚持"人岗相适，人事相宜"原则确定岗位职责，根据教职工的能力素质、专业层次，把最合适的人选放在最合适的岗位上，做到人尽其才、才尽其用，各展所长；长沙市天心区坚持把干部素质培养作为一项战略任务来抓，形成长效培养机制，通过跟岗锤炼、实践磨炼、业务训练提高在岗人员解决实际问题、服务地方经济社会发展的能力。推进"优苗计划"，建立了全区青年干部成长实践基地，健全完善了教育系统校长书记、骨干教师、新青教师定期培训制度等。

（六）小结

综合本次调研的文本资料、实地座谈访谈以及问卷调查的结果，我省教育评价改革推行两年以来，五类主体22项改革任务虽进度不一，成效不等，但总体而言，在《总体方案》和《实施方案》的指导下，由市（州）到县（市、区），从教师到学生，自学校到年级、院系、专业，从教育行政部门到政府其他职能部门，涉及教育评价改革的全社会、全要素、全系统基本开始形成教育评价改革的共识，而后各自在所处的层次、场域，带着或多或少的疑问、或深或浅的顾虑，主动或被动地在做一点点尝试和探索。成效无论大小、多少，都值得被看到，有探索才有可能，有尝试才有希望，有星星之火才有燎原之势。

特别值得一提的是，在实地调研座谈访谈中，部分地区的校长感慨，得益于学生全面发展的综合素质评价体系改革，以往以升学率为导向的大背景下学校"籍籍无名"的境遇有了改变，"原来是一把尺子量所有学校，现在是多把尺子量一个学校"，每个学校都可以根据自己的校本特色、生源质量、办学理念、办学方向探索发展和上升的空间。如衡阳市衡南三中的校长谈道，"我们学校是教育评价改革的践行者，更是受益者"，衡南三中在教育评价改革推行之前，学校的整体办学水平并不是很高，生源质量一般，在过去升学率导向的指挥棒下，学校努力再努力进步空间也很有限；教育评价改革实施以后，衡南三中立足校情实际，以发展特色体育为抓手，积极参加各类体育比赛，打造学校的特色名片，挖掘特色，进一步明确办学定位，"足球踢得好也有好未来，学校的名气提升了，师生的自信提高了，办学水平跟着上来了"。衡南三中的案例可以给我们一个很好的启发，很多事情在做之前并不知道有什么结果，做了，可能就有意想不到的结果。株洲市芦淞区对全区教育评价改革推行实践的通盘布局、一体化实施，城乡共同体促均衡、目标化管理考核保质量、师生评价改革试点推进、综评特色兼顾实施，没有方向就在做中找方向，没有思路就在做中明思路，"空谈误国，实干兴邦"，改革是做出来的，不是想出来的。

实地调研中，有不少受访者都谈道，"教育评价改革很难"，"教育评价改革是一场自上而下的改革"，"教育评价改革不仅仅是教育系统内部的事"。但在这场关乎百年大计的改革实践中，还是有人砥砺前行，自上而下的改革还是有人在自下而上的探索中执着深耕，教育系统内还是有人在不断探索和重建。这应该是目前为止改革取得的最大成效。改革总是伴随着阵痛，调研过程中，我们也发现了基层在改革实践中遇到的很多问题、困难和不足，问题不可回避，困难争取解决，不足尽力弥补，下一步改革也正是仰赖正视问题、解决困难、改进不足，才能不断向纵深推进，真正使教育回归初心使命，引领时代发展。

二、问题分析

根据实地座谈访谈和问卷调查的结果，我省现阶段在教育评价改革实践过程中主要面临以下七个突出问题。

（一）观念转变"老大难"，改革合力难齐聚

　　教育评价改革要想落地，需要全社会的共同支持、配合，这种支持和配合首先体现在教育评价改革各类主体的观念转变上。根据整体调研情况来看，政府政绩观、家长育儿观、学生成才观、社会用人观尚没有形成育人合力，科学的教育理念尚未在全社会牢固树立，部分领导干部、学校、教师、家长没有从根本上改变传统的教育质量观，短视化、功利化现象和"双减"形势下社会焦虑比较普遍，教育评价改革中的观念转变依然是"老大难"问题。从各个类型、层次的问卷数据结果来看，观念转变问题是制约教育评价改革推进的主要因素之一。

1. 党委与政府政绩观难转变

　　一是地方政府的政绩观在短期内难以根本转变。在中高考特别是高考激烈竞争的现实背景下，"素质教育喊得热热闹闹，应试教育搞得扎扎实实"是基础教育阶段教育评价改革的真实写照。应试教育的现状短期内难以改变，高考在当前的社会经济发展水平和历史文化背景下不会也不能废止，社会大环境对升学率、名校率的普遍关注难以扭转。对学校而言，不可避免有明里暗里的比拼；对地方政府而言，升学率、生源质量是衡量和判断地区教育水平最直接的考量。特别是在近年来县域中学"塌陷"的大背景下，对一些偏远地区的地方政府来说，升学、名校、状元不仅仅是政府办学成效的集中体现，也代表着孩子和家长的希望。从问卷调查结果来看，超过三分之一的中小学家长不清楚当地政府对中高考状元、升学率的公布宣传情况，超过三分之一的家长认同所在地区政府公布宣传中高考状元、升学率的现象依然存在（图13、图14）。二是高校领导的办学理念很难摆脱"排行榜"的捆绑。破除"五唯"中的"唯论文"、改变"重科研轻教学"，主要责任主体在高校。现实情况是，无论何种类型何种层次的高校，特别是校领导，很难不关注自身在同类型、同层次学校中的排名，这直接影响到学校的招生质量、经费划拨、师资人才引进等。而现有的权威大学排行几乎没有哪个特别突出教学，

原因之一是教育教学的成果很难量化，原因之二是教书育人的成效需要长周期的考评。能培养出优青、杰青，能引进院士，能发高级别刊物的文章，能拿到国家级重点项目，是学校整体办学水平最直观的体现。从问卷数据来看，改变评价理念、变革评价观念是现阶段高校教育评价改革的重点（图15、图16、图17）。

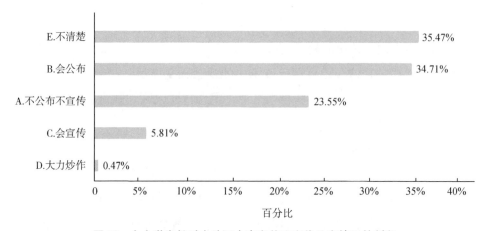

图 13　中小学家长对本地区中高考状元宣传公布情况的判断

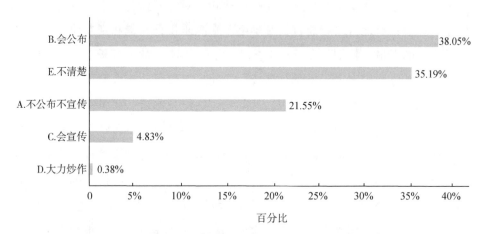

图 14　中小学家长对本地区中高考升学率宣传公布情况的判断

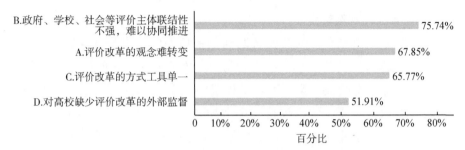

图15　高校教师对高等教育评价改革落实影响因素的认识

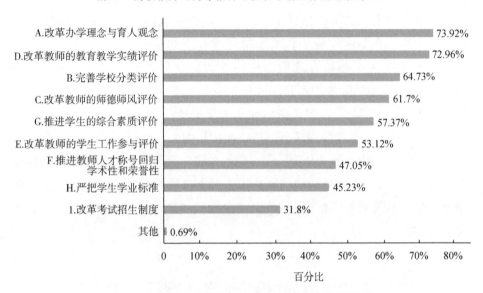

图16　高校教师对推进高等教育评价改革举措的建议

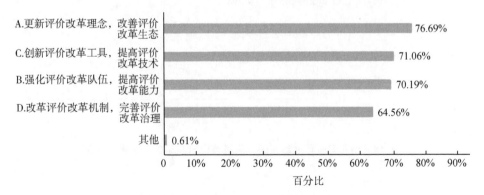

图17　高校教师对高等教育评价改革迫切需加强的方面的认识

2. 家长成才观难转变

根据问卷调查结果，幼儿园阶段幼小衔接面临最突出的问题是家长传统的育儿观念难以转变，家长希望幼儿园对孩子进行"超前教育"（图18、图19）；义务教育阶段，家长配合学校推行的各类学生综合素质评价活动最直接的出发点是学生综合评价与中考挂钩；高中阶段就是集中精力搞学习。正如访谈中有小学校长直言，"热热闹闹的学生综合素质评价改革更像是大人的游戏，孩子们在争章、集卡、夺星的过程中到底收获了什么家长不得而知，但家长并不糊涂，初中阶段、高中阶段归根结底是要成绩的"。这也是为什么在本次调研中，无论是问卷数据的样本还是实地调研考察，对象基本集中在义务教育阶段。从问卷调研结果来看，相较于学业成绩（16.60%），中小学阶段的家长最关注的依然是孩子的身心健康（45.04%）和品德修养（36.34%），但高考学业压力层层传导并逐渐下移，对初升高、小升初甚至幼升小等学段和环节都产生接续影响，即便"双减"工作让校外培训有所降温，但教育"内卷"和"剧场效应"仍然存在，学生的课业与心理负担仍然很重。在高考的现实压力下，对于基础教育阶段的学生综合素质评价改革，小学家长"配合演出"，初中校长"戴着镣铐跳舞"，高中学校"偃旗息鼓"。

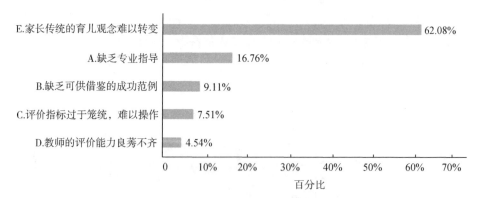

图18　幼儿园教师对幼儿园开展教育评价改革最大阻碍的认识

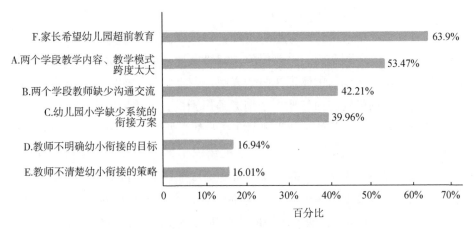

图 19　幼儿园教师对幼小衔接工作存在问题的认识

3. 社会人才观难转变

社会科学选人用人育人导向还没有发生根本性的变化。虽然政府机关、企事业单位的招聘公告按照《总体方案》的相关要求淡化了对学历层次、学校等的要求，但高学历、名校出身在劳动力市场的吸引力有增无减。"普通高校的学生就是比职业学校的学生素质高""双一流、985、211 学校的学生就是比地方性本科院校学生的综合条件好"的社会评价标准仍然普遍。按学历层次、学校水平、学制类别划分人才三六九等的现象仍然存在。社会的人才观也会通过选人用人的方式传递给各种类型、层次的学校、教师和学生，起点相对较低的职校生、专科生在这种观念的作用下很难建立起对自身学历的价值认同；起点相对较高的双一流毕业生、硕博士天然地认为他们在就业市场上就应该有更强的竞争力。综上，社会传统人才观的影响导致用人评价改革整体乏力，单单靠人社组织部门在制度文件上的增删废改立，靠招聘公告的遣词造句，很难触及用人评价改革的实质、核心和根本。

（二）配套机制不健全，政策掣肘难突破

教育评价改革是系统工程，涉及多类主体多个要素，环节众多，利益关系错综复杂，需要不同层级上下联动，各个职能部门、业务处室、局委加强沟通、深入往来、积极配合、协同推进，在具体实践过程中还存在以下问题。

1. 统一的组织协调机构缺位

教育评价改革的推行需要通盘考虑，持续发力，职能健全、运行通畅的组织机构是改革顺利实施的重要保障。调研发现的教育评价改革实践中统一组织机构缺位的问题集中体现在两个方面：一是省级层面没有设立专门的教育评价组织协调机构。如访谈中个别老师提到的，"都是挂靠，师范认证挂靠在师范教育处、教师处，教学评估在高等教育处，工程专业认证在科技处，没有一个统一协调的部门"，缺乏统一的组织机构，带来了内容相似口径不一的重复评价、多头评价、高密度评价、层层加码的评价等多种弊端，严重制约了教育评价改革的减负增效。"政府的每个部门都可以对我们进行评价，都在对我们进行评价。"缺乏统一的协调机构使得一些影响教育评价改革顺利推进的现实问题难以集中有效解决。如在幼儿园教育评价改革问题上，目前整体评价改革进展缓慢，特别是幼小衔接难处理。受访者中有公办幼儿园园长反映，"其他民办园会教孩子算数、写字，我的孩子不学这些小学就要落后"。这种现象诚然与家长的育儿观念有关，但也反映出目前幼儿园整体"批建管改"分离的背景下对民办园管理履职不到位的问题。这些问题很难从幼儿园层面上解决，或就单一某个部门而得到解决。再如，部分县市存在的"中职学校属市教育局管理，县教育局只负责招生和安全，但评价却由县教育局负责"，管理权力与评价权限不统一。此外，包括调研中发现的目前全省幼儿园、中小学、中职不同学段、不同地区、不同层次的学校不同程度地存在教师队伍不稳定、素能不一、数量不足、结构不优的问题，这些都是制约教育评价改革工作持续深入推进的现实问题，需要从省级层面上统一协调解决。二是高校教育评价改革的集中统一领导缺位。从调研情况来看，教育评价改革推行以来，在省委教育工作领导小组的统一领导下，各县（市、区）相继成立了县（市、区）委教育工作领导小组办公室，统筹区域内教育评价改革。高校作为一个相对完整的生态组织，具备相对完整的教育评价改革要素，高站位谋划、高起点布局、高标准推进可以探索出学校在一体化推进评价改革方面的新路径。但从调研情况来看，只有个别学校成立了评价改革领导小组，大部分高校还没有从学校层面上组建专门的组织机构或职能部门统筹学校、教师、学生、用人评价改革。现阶段的教育评价改革实施，有的归口发展规划处，有的归口人事处，有的归口质评办，单一的职能部门难以承担起协调其他职能处室、各个院系、教师、学生的评价改革的重任，也很难从学校发展、大学文化建设的目标使命出发，对学校整体教育评价改革统筹谋划。通用问卷调查结果显示，教育评价改革中最容易出现的问题是机械传导，僵硬执行的比例达到 56.6%；认为教育评价改革实践中，流于形式的比例达到 59.7%。这些数据都是受访者基于高校教育评价改革实际做出的判断。因此，高校教育评价改革的整体步伐迟缓。

2. 政策缺位或政策"打架"问题不同程度存在

改革的顺利推行需要一系列与之相适应的政策支持。诚如调研中绝大部分受访者提到的，"影响教育评价改革推行的大部分因素都不是教育本身或评价本身"，但因为改革涉及的利益相关者众多，要素复杂，不考虑、尊重并从政策和制度设计上充分保障改革主体的相关利益，改革就会处处受阻。调研反映出的政策缺位与政策制定的专业性有关，政策"打架"则与部门协同不力、沟通不畅、信息不对称直接相关。以教师群体为例，如有的高职教师在座谈中提到，职业院校不同于普通本科最重要的落脚点是"行业企业参与协同育人"，而在职业教育评价相关政策文件中，并没有明确行业企业参与评价的主体地位；省级层面对不同类型学校、不同类别教师的职称评审缺乏政策性的分类标准，职业院校教师竞聘高级职称和普通学校教师在同一赛道上，劣势凸显；教学型、科研型、技能型类别划分并没有明确的体现，职业院校教师在行业协会组织的赛事中所获成绩在职称评审中缺乏政策性承认和保护，制约了教师工作积极性的充分发挥。再如，很多地区反映县管校聘受制于人社、编办等部门难以统筹协调，推行不力；市本级教师招聘以教育部门为主，县区以人社部门为主，多头负责；"双师型"教师的认定，省市、市内外的标准不统一；教育与组织部门对乡村教师补贴发放标准不一致；高校教师的职务和职级并行缺乏政策依据，成为制约当前高校评价改革的重大阻力；等等。受访教师们提出的这些问题虽然与评价改革本身并不直接相关，但实实在在呈现出了政策缺位或政策"打架"对教育评价改革造成的阻滞。

（三）多元主体形式化，综合改革难落地

多元主体共同参与是提高评价科学性、全面性、有效性的重要保证，现阶段评价改革的多元主体还比较粗放、浮于表面和形式化。具体表现在以下

两个方面。

1. 多元主体参与难

以高校教育评价改革为例，根据调研了解的情况，一是在高校内部，教育评价"似乎更强调专家的专业评判，强调管理人员和专业技术人员等组织内部人员的视角""学生往往没有话语权"，高校学生对教育评价改革的情况比较了解的反馈只有三分之一。教育评价改革的最终目标是形成育人合力，服务立德树人，因此忽视学生的发展诉求、学生主体角色缺位，就不能保证评价改革方向、目标的一致性。此外，宿舍园区、学生社团等与大学生学习生活息息相关的组织要素并没有在学生评价中充分体现。二是在高校外部，专业权威公平公正的第三方评价缺位的问题一直没有得到根本解决，民间第三方评价机构公信力不足、权威性不强，很大程度上遮蔽了第三方评价存在的意义和必要性；职业院校的特殊性决定了行业协会在职业院校评价中的重要性，而目前高职院校的评价标准和普通高校一样，行业协会在职业院校评价标准制定中的主体地位并没有被广泛认可。从职业院校教师问卷调查统计数据来看，61.75%的教师认为教师评价改革仍存在评价主体不够多元的问题。三是就高校自身而言，主体地位的缺失主要表现在办学自主权没有在评价改革中体现。如受访者提到的，省一级提出某项学校评价的号召，学校就要相应地在课程、学时上落实，"职业学生两年半的时间学习59门课程，比普通本科生四年的课程还多""不开课学校人才培养方案就没特色，学校评价就没特色，学校没什么办学自主权，教师学生压力很大"是职业院校教师的真实心声。四是多元主体参与评价落实难还面临一些现实问题。如，对于农村地区的留守儿童，父母在学生评价中的长期缺位状态是事实；大部分的中小学家长很难参与对孩子教师的评价（图20）；参与评价主体的主观性湮没客观性、多元标准衍生的流弊、企业行业导师参与职业院校学生评价的现实操作性和真实性等等，都制约了多元主体协同推进教育评价改革落到实处、发挥实效。

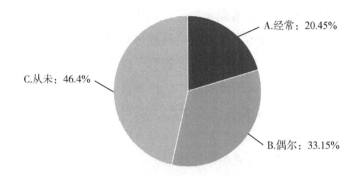

A.经常：20.45%

C.从未：46.4%

B.偶尔：33.15%

图 20 中小学家长参与教师评价的比例

2. 主体联动落实难

教育评价改革涉及的各项改革任务重，牵涉部门广，上下贯通有难度，左右逢源难协调，教育评价改革的五类主体，现状基本是零散、割裂、静态的"各行其是"。从调研地区情况看，党委、政府职能部门的教育评价改革很大程度上停留在文件制定、政令传达层面。如调研通用问卷中对"教育评价改革实践中迫切需要解决的问题"的调查结果显示，认为"改革止于文件制定，流于形式"的占一半以上；各地区内部、地区之间的职业教育、中小学教育、学前教育评价改革之间也缺乏有效的对话联通，各个学段、各种类型、各个层次的教育评价改革没有形成有效的衔接，基层改革实践中遇到的问题困难、积累的经验也没有在执行和操作层面上互相借鉴学习、取长补短，改革的出口单一指向上级部门，指向党委、政府，而政府的职能部门在本身事务性工作繁杂、教育履职考核机制不健全、服务教育的自觉意识和主动意识不强、专业性有待提高等多重因素共同作用下，"机械传导、僵硬执行"的情况不可避免。这也是越往基层，改革实践越呈现出问题多、成效少、困难多、办法少的重要原因之一。包括前文提到的各地区改革推行过程中遇到的一系列政策掣肘问题，本质上依然是改革主体共同参与评价改革没有落到实处的体现，基层教育评价改革共商共建共享的良好氛围尚没有形成。从调研的高校情况来看，高校教师对学生评价改革参与度极其有限，高等教育内部各职能部门、二级学院对全校教育评价改革认识、参与、实施力度、贡献度不一；75.74%的高校教师也认为高等教育评价改革中存在的最大问题是政府、学校、社会等评价主体联结性不强，难以协同推进（图21），这都是教育评价改革的主体联动没有落到实处的集中体现。以上这些问题也导致全社会综合、全面、系统的改革实施面临很大的困难和阻力，由此带来了整体改革推进不均衡的现状：学前教育、职业教育、高等教育评价改革整体进展迟缓；推动改革最关键的党委、政府教育工作评价和用人评价改革成效没有有力凸显；大中小幼评价体系缺乏有效的一以贯之的衔接；五育并举方面，"德育空""体美弱""缺少劳"的现状，没有得到根本性的扭转；高校科研与教学并进、教书与育人并重的理想状态尚未实现；等等。

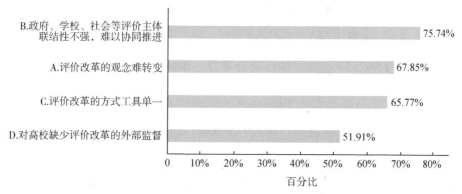

图21 高校教师对高等教育评价改革落实影响因素的认识

（四）体系建构不科学，分类评价难实施

评价价值的彰显除了与评价理念、评价主体相关，构建科学完善的评价体系，在指标设计上充分考虑实践性、特色化也是提升评价效能的关键。调研发现，我省现阶段教育评价改革在科学的评价体系构建和指标设计等方面还有诸多待完善之处。

1. 体系标准过于笼统，示范性不强

一是评价标准指导性强，实践性弱。调研发现，基层践行教育改革实践面临的最现实的问题是缺乏具体的、可操作的改革实施细则，具体的方案设计没有明确的参照标准，对改革进度、力度的把握认识模糊，这也导致一些改革举措在学校、地区管理层面上难以提出明确的改革要求，在指标设计的操作层面上执行和落实的方式、进度参差不齐。如，74.44%的高校教师认为

在学校进行教育评价改革的过程中，存在评价指标过于笼统、难以操作的问题（图22）。二是各地区、各学校自设指标信效度有限。在缺乏明确体系引领的情况下，基层自编的量化指标信效度有待商榷，用以考核评价对象的准确性、有效性存疑，从调研情况来看，也并不能得到评价对象乃至评价主体的广泛信服、认同和践行。特别是在对一些难以量化的评价项目的评价标准的把握上，如学生的思想政治素质、价值观念、道德品行等，具有鲜明主观性、发展性和不确定性，没有一个可以参照的评价标准。教师师德师风的自我评价的隐蔽性与真实性，以及相应的同事、学生、家长和社会评价存在一定的片面性；教师在教学中隐性投入工作量的量化考核标准；科研长周期评价的标准界定；需要长久的时间积淀才能体现出意义和价值的教书育人如何评价；等等，缺乏可操作性强的评价指标是基层改革实践的普遍性迷茫的问题。三是"大而全"的评价标准衍生的"空与泛"增添基层负担，随之带来新的问题。如，"强化过程评价"在中小学综合素质评价改革实践中，家长要配合完成各种类型的打卡、签到、上传信息；中小学教师抓安全、抓创建、抓评比，参与教育教学相关的、不相关的各类评价活动或行政事务性服务性活动，"教学几乎成了副业"；职业院校学生的各类实践性活动，教师要参与、要指导、要打磨、要推广等。标准不明确造成的过程性评价效率低下、形式化问题突出，也在一定程度上稀释了过程性评价本身的意义。

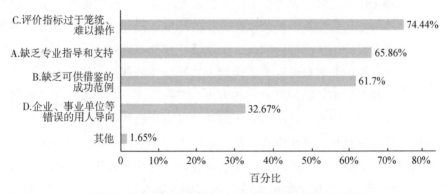

图22 高校教师对学校教育评价改革制约因素的认识

2. 利用评价指标倒逼改革发展的意识不强、行动不够、效果不明显

一是引领特色发展意识不强。以职业院校为例，国家职业教育改革实施

方案提出的职业教育的"1+X证书"，目前为止没有通过新增评价指标了解具体的实施效果；职业院校产教融合办学体制机制的成效也没有通过评价指标体现在职业院校评价体系中，督促学校把工作落到实处。还包括访谈中部分职业院校教师谈到的，当前的教育评价改革出现了两面性：一方面促进了职业院校教师综合能力的提升，另一方面也制约和弱化了职业院校教师特色技能优势的发挥。这些问题的存在也让我们不得不去反思如何更好地以特色评估指标引领以技能培养为典型特征的职业教育真正体现企业需求导向的特色人才培养模式。二是强化评价指标分类行动不够。科学、精细的分类评价指标要充分考虑学校的不同地域、不同类别、不同层次、不同性质，教师的不同院系、不同专业、不同岗位，学生的不同年龄、不同学段，高校只有通过科学有效的分类评价，才能体现出办学层次、目标使命、育人方式的差异性；省会城市、地级市、县级市、农村地区的中小学区位因素不同，办学条件各异，师资队伍参差，只有通过不断建立健全分类评价，每个学校才能更好地找准位置、不断争取更多元的发展空间。调研发现，分类评价的具体实施过程中还存在诸多问题。如教师职称评审大部分是一套指标体系衡量不同层次、不同类型的学校；学校内部基本上是一套指标体系衡量不同学科、不同专业的专任教师。中小学部分教育管理者表示，许多主要从事行政职务的教职工难以与从事教学职务的教师竞争，职称晋升难度大；许多教师由于部分行政工作未体现在教师评价标准中便抵触推诿应完成的"隐形"劳动，导致其他教师的工作量加重，长此以往工作的环境氛围与质量水平都会有所下降。三是指标设计未考虑实际状况，无法真正实现以评促改、以评促建、以评促优。如，在职业教育评价改革问题上，社会传统观念对职业院校的偏见根深蒂固，职业教育发展的财政支持力度、资源投入、办学条件等与普通教育差距也较大，部分偏远县区的中等职业学校办学已然举步维艰，学生评价改革更是严重被忽视，且在当前职普融通的大背景下，中职学校的办学导向由之前的重就业转变为现在的升学与就业并重。访谈中有相关中职学校领导表示，目前65%的中职学生毕业后升入高职、本科，"就业率指标很难达成"，且在"普教化"评价指标的"指挥棒"下，中职的办学定位也趋向"普教化"；地级市的中职与县区的中职相比，在落实校企合作、产教融合等方面，有更多区位条件优势，在评价指标上却没有相应的体现。根据以上这些情况，沿用传统的、单一的评价指标明显不适用于目前中职学校发展现状。再如，在教师评价改革问题上，"以岗定薪、按劳取酬、优劳优酬"的教师绩效考核方法，因专技岗位职级薪金制、教学岗位差异等客观性，在公办学校实施难度大。访谈中也有受访者提到，目前教师"KPI"（关键绩效指标）式的目标考核机制忽视了教师职业的特殊性，存在天然短板，从内容上无法实现教师评价内容的全覆盖，且容易使教师钻目标的空子，仅关注指标达成而忽视自身发展。又如，在学校评价问题上，不少高校领导提到了现行评价指标对投入产出比和成长提升度的忽视，不同的类型、不同地区的高校在资源获取方面存在很大差异，"除了横向的排名，还要看到高校在一段时期纵向的成长和发展"。此外，师范类职业本科在转型过程中指标套用的两难问题也是简便易行的"一刀切"评价指标带来的弊端。

（五）技术赋能路尚远，数字平台难共建

互联网和大数据正在重构传统的课堂和教学，以信息技术为支撑的"伴随式"评价、"数字化"评价随之进入课堂，促使传统的纸笔评价逐步向信息化、数字化评价转型。从调研整体情况来看，省内一些教育评价改革试点区，技术赋能教育评价改革已初显成效，但在省域范围内，智能评价工具的应用还未普及。综合来看，还存在以下问题。

1. 数字平台搭建尚未普及

调研发现，目前相当一部分地区的学校教育评价改革的主要工具还是依托纸本和人力。随着学生综合素质评价、成长记录的过程性评价逐渐深入，教师专业发展、绩效考核、职称评审等评价指标日益细化，传统数据采集和应用效率低、可信度差等弊端日益凸显。受制于地方经济发展水平、学校办学经费等多种因素，各地区各学段各类型学校教育信息化赋能教育评价改革实施力度不等，从通用问卷数据来看，近三分之二的人认为下一阶段教育评价改革应推行人工智能，特别是湘西、湘南等社会经济条件相对落后的地区对构建数字化信息平台、改进优化评价工具的需求更为迫切。

2. "人工+智能"仍是普遍现象

最大可能地发挥大数据平台的价值，应用于教育评价改革不是一件容易的事，每个学段、每个学历层次、每种学校性质，甚至每一所学校各有其特

殊性，学生、教师评价也有不同的侧重点，要搜集哪些数据、如何更好地搜集数据、搜集来的数据能不能用、能不能用好都是不能回避的现实问题，缺乏科学适切的指标体系设计，缺乏专业的运营、维护、分析、管理，人工智能技术赋能的教育评价改革只能停留在"人工+智能"的阶段。从调查情况来看，因专业技术人员支撑不足、佐证材料难采集、操作程序过于复杂等，已经开发了大数据信息平台的学校在对平台的优化升级以及数据的处理、反馈、纠偏、运用等方面还有待进一步细化、深化、实化和精准化，距离真正实现以技术赋能优化教育评价管理、创新教育评价工具、提升教育评价质量、拓展教育评价结果应用，还有很长的路要走。

3. 数据的集成共享困难重重

访谈中有中小学校长特别提到学校搭建学生素质平台遇到的"信息孤岛"问题，目前各个中小学开发的学生综合素质评价体系，采集的学生过程性成长记录的各项数据基本仅限于校内流通、使用，"现在的数据平台是学校做一套、区里做一套、市里有一套，互相没有打通数据壁垒，各评各的"，平台不统一，就没有统一的数据录入模式，统一的评价依据、评价标准，评价结果就很难互通互认。以现阶段中小学综合素质评价改革中普遍采用的"争章、夺星、集卡"为例，省一级有红领巾章，市级、县（市、区）级有"章"，学校还各自开发了各自的"章"，在数据采集方面，"各评各的章"，学校的"争章"数据考评结果不能与区一级、县一级互认，学生参与争章的积极性就会打折，"争章"的激励意义也难以充分彰显。此外，缺乏平台的联通、衔接和数据的共享、集成、兼容，也很难做到以技术赋能实现各个学段学生评价体系的科学有效衔接。

（六）结果应用有局限，发展导向难凸显

教育评价之所以关键，是因为评价的结果是衡量人才培养质量的重要依据和教育改革发展的重要参考；教育评价之所以艰难，也是因为评价结果应用于教育制度优化、人才培养方案改进的过程总是难尽如人意。根据调研情况，我省在评价结果的运用方面还存在以下问题。

1. 对学生综合素质评价的意义认识不够，评价结果的价值难以充分体现

教育评价改革推行以来，全省各地中小学特别是义务教育学段以五育并

举的综合素质评价体系建设与完善为抓手，大力推行学生评价改革。如前文所述，各地区争先恐后开展了一系列各具学校特色的"争章、夺星、集卡"活动，以增加学生综评内容的丰富性，但学生每个学期的期末考核，考试分数还是有最大的话语权（图23）。有多少学校是扎扎实实地在推行素质教育，有多少学校是在完成中考的考评指标任务，这个问题值得我们审慎思考。高中阶段的学生综评几乎没有动作，职业院校学生考核评价分数仍然是最主要的（图24）；到了大学阶段，如部分学校领导提到的，用考试成绩评价学生仍然是普遍现象（图25），对于综合素质评价，"学生没有什么主动参加学校组织的各类活动的积极性""即便是设置了综合素质测试的学分，学校也不会真的拿体育测试卡学生毕业""到了大四，综合素质测试分没修满，学校还要专门办活动，催着学生修综合素质测试学分"；硕博士阶段的学生综合素质测试普遍仅仅停留在评优评奖评先的互评打分上。学生综合素质评价体系改革的意义到底是什么？正是因为对这个问题认识不清，造成了各个学段、各个层次学生综合素质测试目的不明，初中阶段的综合素质测试结果服务于高考，其他学段学生综合素质测试结果的价值难以体现，也就很难在此基础上发挥学生综合素质测试结果的反馈、激励、导向、改进等功能，在实际意义上帮助学生在道德品质、学习能力、审美情操等方面获得持续进步和成长。

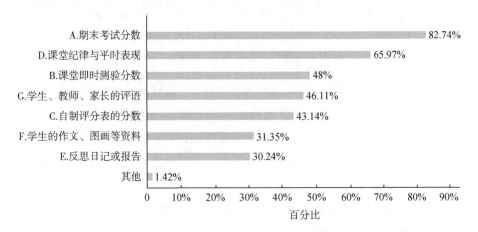

图23 中小学教师反馈所在学校学生期末考核评价内容

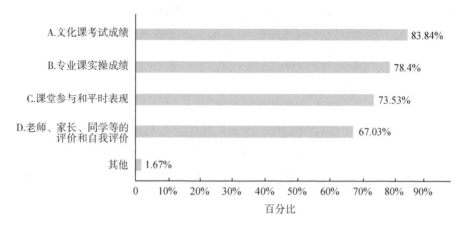

图 24 职业院校学生考核评价侧重的内容

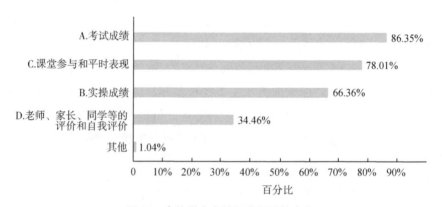

图 25 高校学生考核评价侧重的内容

2. 评价结果应用不当带来"优秀天花板""荣誉滚雪球"

"优秀天花板"是指在调研过程中，部分教师提到的教师评价结果应用的现状。凡是教师评价，绝大多数属于竞争性评价，即资源的再分配。一个教师在某方面能力突出或取得了什么荣誉，评价结果优秀，就有更多参与培训的机会，积累更多资源，拿到更多奖，资历更高，职称更高，最终达到"天花板"，教师评价的激励作用就会"失效"。调研发现，"优秀天花板"现象在老教师群体普遍存在。这种教师评价结果既造成了已无上升空间和晋升需求的老教师出现职业倦怠，也使得青年教师、新进教师成长动力不足，不利于教师队伍建设和学校良好育人环境的维护。"荣誉滚雪球"是同样的道理，更多体现在学生评价上，"分数高品德自然好""三好学生更容易评上优秀学生干部"的现象是当前学生评价结果应用现状。这种"荣誉滚雪球"现象的存在不利于树立学生评价公平公正、实事求是的标准，也难以充分彰显学生评价的发展导向。

3. 对教育评价结果应用的思考不深

就学生评价而言，学生中心的评价理念由来已久，立德树人的根本任务指向明确，但诚如受访者谈到的，"更普遍的情况是写在文件里，行动确实没有那么扎实到位"，许多学校仍然把学生评价看作简单的线性过程，把评价结果的公布理解为评价活动的终结，并以此对学生表现进行界定和奖惩，对评价"后半篇文章"的忽略和淡化，很难说把学生中心、学生发展、立德树人落到了实处，这也是受访者对教育评价改革最大的诉求（图 26、图 27、图 28）。无论是学校评价、教师评价、学生评价，评价的目的都不仅仅是发现问题，或者评出优良中差，而且要思考如何使"好的更好，差的变好"，这也是教育评价要改革的原因，每所学校都能从学校评价改革中找准自己办学的方向和目标；每个教师都能从教师评价改革中发现自己的闪光点，挖掘自身的潜力和价值，最大可能地发挥自身的创造性，并以此推动学生的发展、学校的发展；每个学生都能从主动参与学生评价改革中收获成长和快乐，这是我们需要从结果出发着重思考的问题。

图 26　高校教师对推进教育评价改革的建议

图 27　中小学教师对推进教育评价改革的建议

图 28　职业院校教师对推进教育评价改革的建议

（七）专业指导有短板，典型经验难借鉴

教育评价难还体现在它是一项专业性强的活动。教育系统内外的每个人都可以对教育活动有自己的判断和评价，但上升到系统性、整体性、体系化的教育评价改革，需要从专业的视角综合施治，辩证施策，增强教育评价改革的实效。缺乏专业指导，教育评价活动就不可避免地陷于目标不明、思路不清、方法不对的混乱和无序，评价的效果也就难以保证。根据实地考察的座谈访谈和问卷调查结果，"缺乏专业指导和可借鉴的成功典型案例"是基层教育改革实践面临的两大困境（图18、图29、图30）。

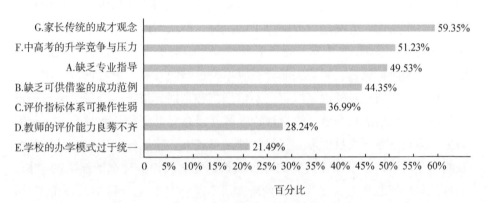

图 29　中小学教师对学校教育评价改革最大阻碍的认识

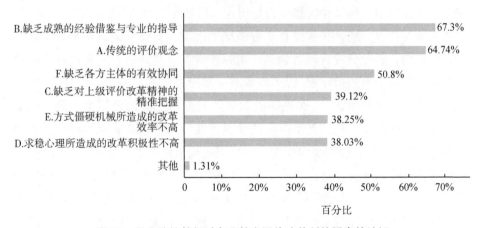

图 30　职业院校教师对专业教育评价改革制约因素的认识

1. 缺乏专业力量支持

一是缺乏专业的人员。教育评价涉及管理学、心理学、教育学、测量学等多学科的知识，教育评价改革又涉及多类主体，相当一部分从事教育管理的人员并没有教育学或相关学科的专业背景，深入教育教学一线实践的时间有限，在改革方案制定、指标体系设计过程中很难充分考虑到教学现场的实际。就学校来说，作为践行教育评价改革的第一责任主体，缺乏专业的教育评价、教育测量人员也给科学有效的数据采集、将评价结果充分应用于稳步有序推进的改革带来了很大的困难。有关人员或管理者在调研中反馈，"不知道如何建构评价标准或者不确定何种评价标准是适切的"，改革的效果"事倍功半"。二是缺乏专业的、实践性强的培训指导。《总体方案》颁布以来，从各个层面对方案进行的解读见诸报端，但从实践层面能给出针对性操作指导的意见寥寥，"'破'完以后要'立'"什么是基层改革实践的普遍困扰。从调研情况看，尽管大部分调研单位也组织开展了教育评价改革的相关培训，但次数相对较少、内容也不够系统和全面，很难结合每个学校的校情特色针对性地落到实处。教育评价改革，最终要落到校长和教师的评价能力上，但缺乏专业人员的专业指导，缺乏系统性、实践性、应用性、针对性强的专业培训，很难保证宏观的评价政策、先进的评价理念能够真的"长"到校长和教师的身上，化为高效的管理和教学方法、化为科学的评价工具、化为专业的评价能力。三是缺乏权威的、专业的评价机构或组织。政府逐步向学校下放权力、向社会转移权力是构建现代教育治理体系的一项重要内容。但现实情况如前所述，我省没有在省级层面上设立专业权威、公平公正公开的评价机构，部分高校管理者谈到，项目评选、课题评估、成果评审等事项缺乏专业权威专家的指导意见，"省里有一部分专门的专家库，但作为学校，我们很难使用这些资源"，而民间组织的第三方评价机构公信力不足、权威性不强、暗箱操作、利益置换等问题普遍存在。如部分高职老师特别谈到的"1+X证书"问题，以社会组织牵头的证书考核认证基本上是"证书+设备"，申请考核认证就要买设备，"不买设备不考核"，"原来我以为社会认证机构只是很有钱，现在意识到不仅有钱，权力还很大"。这不仅是政府监管层面的问题，更重要的原因是，在政府层面上，缺乏权威的专业评价组织从源头上规范评价的实施。

2. 缺乏典型经验借鉴

一是系统性、示范性的改革经验仍处于摸索阶段。《总体方案》颁布以来，全国各地、各级各类学校虽然也在积极尝试，但整体仍处于探索期，虽然有一些相关方面的理论，但并不全面，有些还缺乏实践的证明；自上而下的权威、系统、全面、科学的教育评价体系尚未完全建立，也缺乏成熟的、可借鉴的成功改革经验。从调研情况来看，我省作为全国 6 个教育评价改革试点省之一，现阶段的教育评价改革整体仍处于"边试边做边改"的阶段，改革过程中面临的一些现实难题也缺乏可以借鉴的经验，正如调研中经常听到"摸着石头过河""不敢冒进、无所适从""不知从何做起""没有可以参照的范例"等基层改革反馈。二是改革推进的阶段性成效总结不到位。我省在强势推进教育评价改革方面确实打出了一套组合拳：以校长或局长开局项目推学校、教师、学生评价改革；以试点项目推党委、政府教育工作评价、用人评价改革；设立试点市、试点县区推行五类主体 22 项任务的整体教育评价改革。根据试点推行的时间安排，开局项目周期 1 年，于 2021 年 12 月结束；试点项目周期 2 年，于 2022 年 4 月结束。但从调研情况看，各地区、各学校等试点单位，包括省级层面上的，就开局项目、试点项目改革成效的验收基本以年终总结和汇报材料的形式呈现，同时也缺乏相应的反馈和沟通机制，改革实践中的很多问题也很难及时得到解决，间接造成了各地区、各学校在强势推进教育评价改革力度和能力上的参差不齐，也不利于对试点地区推进评价改革落地落实形成良好的示范。三是交流改革实践经验的渠道不够多、平台不够大、范围不够广。目前省市一级组织的关于教育评价改革经验交流分享的活动很少，很多改革实践中遇到的问题缺乏执行层面的沟通平台。如长沙市某小学提到的校级、区级、市级学生"争章"如何贯通的问题，调研中有其他地区也面临同样的问题，并有一定的思路方法——"变三张皮为一张皮"，然而校际之间、地区之间缺乏这种沟通交流的平台和渠道。再如长沙市在基础教育学段评价体系一体化建设方面走在前列，作了很多前瞻性的探索和思考，而大部分的地级县区在这个问题上还处于摸索阶段，没有交流和沟通的平台，很多好的经验就没有分享的介质和空间。四是典型案例的价值没有充分发挥。从调研了解到的情况看，虽然省级层面上也会广泛收集推送典型案例，但这些案例普遍谈成绩的多、谈问题的少，谈结果的多、谈过程的少，谈理念的多、谈方法的少，这在一定程度上与收集典型案例的初衷相违背，也很难在操作层面上形成实质性的指导和借鉴。且收集到的案例呈现分布不均衡的状态：市级的多、县级的少，中小学的多、高校的少，教师学生的多、党委与政府的少。此外，省市一级对典型案例的延伸价值挖掘不够，从典型案例中概括、总结改革思路，部署下一阶段任务的综合能力还有待提升。各个地区、学校对典型案例"不能复刻的是样板，可以借鉴的是什么？不能移植的是模式，可以学习的有哪些"等问题思考不深，案例收集的意义没有得到有力彰显，典型经验的价值没有得到充分发挥。

三、政策建议

成绩代表过去的努力应当充分肯定，问题昭示未来的导向更应高度重视。诚如调研中有教育管理者提到的，"随着改革不断深入，好改的、容易改的，基本已经完成了，剩下的大都是顽瘴痼疾，都是痛点、难点"。哪里是痛点、难点，哪里就是下一步教育改革的重点。

对于这些顽瘴痼疾的解决，痛点、难点的攻破和下一步改革的持续深入推进，更多需要从省级层面上，深入贯彻习近平总书记关于教育工作的系列重要指示和论述，落实党中央、国务院关于教育工作的决策部署，立足党之大计、国之大计，围绕落实立德树人根本任务，强化系统观念、系统思维，强化顶层设计，充分发挥省委教育工作领导小组的功能作用，把教育评价改革置于全省经济社会高质量发展大局中，着眼长远、高位谋划、统筹治理和重点突破，逐步解决制约当前我省教育评价改革向纵深推进的根本性问题，推动我省"十四五"期间教育高质量发展迈上新台阶。根据调研情况，提出以下政策建议。

（一）把宣传工作作为关键措施来抓

教育评价改革涉及的主体多、任务重，观念冲突交织，利益链条复杂，只有通过加强宣传引导，不断强化全社会对改革必要性、重要性、迫切性的认识，建立并强化各类主体对自身主体地位的身份认同和在教育评价改革中关键作用的认识，在思想层面形成改革共识，具体的改革举措才能落到实处。因此，要把宣传工作作为关键措施来抓。具体来说，一是明确宣传重点。教育评价改革的五类主体中，党委与政府和用人单位是关键，学校、教师、学生、家长在党委与政府政绩观和社会用人观构筑的教育评价改革区间内上下求索。因此，要明确对教育评价改革各类主体、利益相关者的宣传重点。号召各地党政机关、各级各类学校、事业单位、国有企业分领域分层次深入开展教育评价改革专题研讨、专题培训，确保改革工作全覆盖、全知晓；充分利用教育讲师团、家长学校、各类媒体和宣传平台，加大对科学教育理念和改革政策的宣传解读力度，引导学校、教师、家长树立正确的教育观和成才观，推动教育评价改革在更高层面、更广范围形成共识。二是创新宣传方式。调研了解到，各级党委与政府、学校对《总体方案》的学习了解大部分是以集中研讨会的方式进行，且参与人员多为行政管理人员，普通教师、学生相对较少参与。对比"双减"政策多样化的宣传形式以及由此带来的社会各界的积极响应，教育评价改革还没有通过广泛的宣传深入人心。建议省级层面通过多种形式，如定期举办全省范围内的"教育评价改革经验主题交流会""我为教育评价改革提建议研讨会"等，既为各地区、各学校提供互相沟通学习的机会和平台，也体现省级层面上对全省教育评价改革的重视和支持。开展本次全省范围内的调研，也是对教育评价改革一次有益、有力、有效的宣传，是省级层面对教育评价改革真抓实干的具体体现。三是丰富宣传载体。不断充实省教育厅官方网站"教育评价改革"专栏相关内容，扩大教育评价改革典型案例、先进经验的搜集范围，做好日常更新维护；同时结合"十四五"全省教育高质量发展、"三高四新"发展战略等工作，进一步突出教育评价改革的重要意义，通过红网、新湖南（《湖南日报》）、《潇湘晨报》等官方媒体平台，加强对教育评价改革理念、内容、方案、阶段性成效的宣传；通过官微、视频号、抖音、微博等短视频和新媒体宣传渠道，塑造全省尊重普通劳动者、"三百六十行，行行出状元"、"人人皆可成才"的社会教育生态，引导全社会从立德树人出发形成对教育评价改革的广泛共识，进一步凝聚学校、师生、家长和社会各界的改革共识与创新智慧，全方位、多层面引导社会预期，营造良好的改革氛围，推动教育评价改革全社会联动、全要素协同、全系统参与向纵深推进。

（二）健全配套机制，强化改革保障

完善的配套机制是改革顺利推行的重要保障。随着改革渐入深水区，阻碍改革推进的政策性掣肘问题错综复杂，从行政层面建立健全教育评价改革相关的体制机制尤为重要。一是成立专门的组织机构。现阶段，省委教育工作领导小组秘书组秘书处（以下简称"秘书处"）作为牵头部门，挂靠省教育厅，统筹全省教育评价改革工作整体推进。建议在秘书处的基础上，组织高教、基教、职教等业务处室，筹建"湖南省教育评价改革办公室"，扩大工作权限，扩充工作职能，推动全省大中小幼、职教普教教育评价改革相关政策举措配套体制机制逐步完善，减轻多头管理、多头评价、重复评价对基层教育实践带来的负担，统筹推进育人方式、办学模式、管理体制和保障机制改革。二是健全"有安排部署、有调度督促、有落实成效"的工作闭环机制。就现阶段全省范围内教育评价改革过程中的成效、经验、问题全盘归纳总结，划分责任主体单位，深化与党政相关职能部门的协调沟通，梳理任务清单和完成时限，加强督查落实，建立健全科学高效的监督问责和激励反馈机制，从政策层面对教育评价改革推行过程中面临的现实问题予以解决，形成管理机制、运行机制、监督机制、反馈机制、保障机制的完整工作闭环。三是提高评价改革的连贯性、联动性。积极探索"破""立"联动工作机制，对下一阶段党委和政府教育工作评价改革、用人评价改革的重点推进统筹把握；对高等教育怎么改、职业教育怎么改、义务教育怎么改、幼儿教育怎么改，以及合起来怎么改统筹谋划，从制度和政策层面上予以引导和支持；稳妥推进"教考招"等重点改革任务，着力促进"幼小、小升初、初升高"以及普通高中和高校人才培养有效衔接，积极探索大中小幼评价体系一体化建设的方法和路径等。

（三）坚持"专业的人做专业的事"

坚持"专业的人做专业的事"，有效推进教育评价改革事半功倍。一是组建专家智库。从各大高校教育管理者、教育学研究者及各地区督学中，以自荐和推荐的形式，遴选一批理论研究深厚、实践经验丰富的专家学者和教育实践者，组成"理论+实践"的智库团队，对当前教育评价改革中的热点、难点问题进行集中研讨，系统充实我省教育评价改革的理论和实践研究。二是组织开办每月一期的"教育评价改革大讲堂"。专家团队就改革实践中评价指标的设计优化、评价方法的科学选取、评价流程的系统推进、评价结果的有效应用等问题对教育教学管理者、一线教师等进行针对性的专业培训指导。"大讲堂"也可以作为基层改革实践者分享交流改革经验的平台，各地区教育行政主管部门、各高校、一线教师等，可以通过"大讲堂"宣传本地区、本校改革实践中的亮点、特色，也可以和专家畅谈困惑和难点、相关的诉求和建议，寻求专业性的指导意见和帮助。三是对各地区、各学校教育评价改革实践开展广泛调研和不定期巡查。专家团队根据实际需要，每年对全省教育评价改革工作开展不少于 2 次的调研或巡查，可结合试点项目中期检查、试点项目成效验收、试点地区改革成效抽查等，深入基层改革实践，在提高基层教育评价改革专业性的同时，及时发现改革中出现的新问题，充实理论研究，更好地指导实践。同时，通过广泛的实地考察，研究制定"湖南省深化新时代教育评价改革成效评估方案"，在坚持全面性、系统性、科学性的同时，突出各地区、各学校的特殊性、多样性，增强全省教育评价改革实效。

（四）引导正确办园方向，促进幼儿园教育评价改革

幼儿园教育评价改革要从营造学前教育良好外部环境出发，持续推进优质园普惠均衡，引导各级各类幼儿园从"游戏化的课程探索"中做好幼小科学衔接。一是加强管理，多种形式引导学前教育发展。要加强城乡统筹，不断缩小城乡之间、校际之间、区域之间学前教育发展中的差距。坚持教育公益性原则，紧盯促进学前教育普及普惠优质均衡发展目标，瞄准学前教育城乡、区域、公办民办园际差异，通过集团化办学、学区化治理和城乡学校共同体建设等举措，把一批基础较好的幼儿园做大做强办规范，让那些小规模不合格的幼儿园自然淘汰出局。二是落实"地方负责，分级管理和有关部门分工负责"的学前教育管理体制。实现学前教育的审批与管理一体、公办与民办一体、城市与乡村一体、规模发展与内涵提质一体，实施"示范园拉动，中心园带动，村办园联动"等策略；建立健全政府统筹、教育行政部门主管、有关部门协调配合、社区内各类幼儿园（班）和家长共同参与的幼儿

教育管理机制，完善学前教育机构年度办学评估、普惠性民办园认定及复查制度，健全退出和补充机制，实现动态升降制。三是以评价改革指导幼儿园科学保教，持续开展"小学化"专项治理。通过不同形式、不同层级、不同主题的教研活动持续深入学习《幼儿园保育教育质量评估指南》，以评促建，持续提升学前教育质量；改变长期以来农村幼儿园在实践中"重集体上课、轻游戏活动，重知识量化、轻游戏价值"的观念，减轻家长担忧孩子一年级跟不上的焦虑，在全社会形成"游戏是幼儿园基本活动"的教育生态，压缩校外培训机构"幼小衔接班"的生存空间。

（五）实现优质资源均衡与基教评价改革的双向促进

促进优质教育资源均衡是教育评价改革的目标之一，而现阶段制约基础教育学段评价改革落到实处的重要因素之一即为地域之间、城乡之间优质教育资源分布不均。建议：一是建立完善地市联动帮扶机制。全省14个市州根据经济发展水平、教育发展整体现状，按"以强带弱"的原则划分为7个教育发展共同体，加强共同体的沟通交流，促进好的教育理念、教育资源、评价理念、评价方法等在共同体内充分共享，共同体考核纳入各市州年度综合考核，同步推动全省各地区加快形成"以城带乡、以强带弱"联动帮扶的良好格局，形成改革合力。二是深入推进"县管校聘"管理体制改革。督促市州一级制定并细化"县管校聘"实施方案，在"总量控制、动态调整"的原则下，完善"县管校聘"配套制度与推进机制，着力推进县域教师交流轮岗常态化、制度化，实现教师由"学校人"向"系统人"的转变，逐步探索"县管校聘"由义务教育阶段向幼儿园和高中阶段的延伸。同时，鼓励地方因地制宜，变通施策，谨防"一刀切"与绝对化。三是完善教师流动配套机制。完善教师准入、招聘、交流、退出等机制，推进地区之间、校际之间基础教育学段的校长教师交流轮岗，加强教师交流，按数量按结构补充农村教师，解决好城乡教师队伍失衡问题，在津补贴、周转房、职称评定、评优评先等方面建立切实有效的激励机制，吸引骨干教师和优秀学校管理人员合理地向农村地区、薄弱学校流动。四是促进教师专业发展与评价能力全面提升。创新教师培训模式，通过跟岗、顶岗、名师引领、线上线下等模式，增强教师培训的针对性、实效性；把评价能力作为教师专业技能之一常抓不懈，充分利用暑期教师培训强化对教学一线人员评价能力的专业培训。

（六）多措并举，推动职教评价改革

职业教育评价改革，最重要的是要认识到职业教育的重要地位和职业教育的类型特征。一是高起点建设职业学校和专业。在学校建设上，坚定不移推进中等职业学校与普通高中4∶6招生政策一以贯之，逐步实现大体相当，促进中职教育规模发展，保障职业教育的地位；出台"湖南省职业教育'十四五'发展规划"和"支持职业教育高质量发展的政策措施"，进一步改善职业学校办学条件；鼓励社会力量办学，从省级层面出台"推进社会力量举办高质量职业教育的实施方案""民办职业教育规范办学实施办法"等相关政策文件，明确社会力量和民办职业学校办学的基本条件，建立规范的准入、审批制度。在专业建设上，深化"课堂革命"，建立"岗课赛证"（岗，即工作岗位；课，即课程体系；赛，即技能大赛；证，即职业技能等级证书）综合育人机制，培养高素质技术技能人才；建立产业人才数据平台，发布产业人才需求报告，形成职业教育产教对接谱系图。二是促进职普融通在人才培养和招生考试方面的改革。在广泛征求意见建议的基础上，系统性修订完善年度中等职业教育高考实施办法、高等职业教育单招改革实施办法等规章制度，从制度层面规范现行中职、高职招生考试程序，提高选拔人才的科学性、导向性；进一步健全普职转学、升学考试机制，推进中职学校与高职院校专业群对接。三是立足职教特色，科学构建职业教育评价标准。赋予学校一定的评价自主权，激发学校发展特色和活力；建立以产教融合技能水平、就业质量、服务贡献等为核心指标，政府、行业企业、学校等多方高度共同参与的职业教育多元质量评价机制；加强教育督导，将职业教育发展纳入对县（市、区）政府履行教育职责的考核评价体系；实施职业教育年度工作报告制度，建立人才培养全过程质量监测体系，全面提升育学质量和服务地方经济社会发展的水平。四是进一步规范"双师型"教师的认定程序。建议省级教育行政部门根据教育部对"双师型"教师认定的相关要求、标准来制定体现地方特色的"双师型"教师认定标准，结合我省职业教育发展实际及不同教育层次、专业大类等，制定我省"双师型"教师认定标准、实施办法，同时引入第三方认定机构，设计具有针对性、可操作性的评价指标，提升认定标准的针对性、科学性和过程公正性。五是为职业教育推进校企合作、产教融合保驾护航。依托全省及各地区域产业强化课程安排，进一步凸显专业特色，有效提高专业与市场的匹配度，为职业院校毕业生就业做好基础保障。利用大数据对企业行业用工特点进行分析预测，反馈调整职业院校专业设置和班额规模，从源头上推进校企合作更加深入扎实。重点围绕校企合作后的资金补助、税费减免、政策支持等优惠项目进行明确，有效调动企业参与校企合作的积极性。

（七）抓好高校科研评价"牛鼻子"

科研评价改革既不同于科研管理体制机制改革，也不单指对科学研究或学术成果的评价，它涉及职称评审、人才评价、绩效评价、资源配置等方方面面。解决高等教育评价改革中最为棘手的"唯论文""唯帽子"问题，科研评价改革是关键，建议省级层面出台关于深化高等学校科研评价改革的指导意见，进一步明确和规范高校科研评价改革的方向及路径。一是尊重学科特色和成果多样性特点，优化项目成果分类评价标准体系。构建科学研究成果分类分级标准，成果类别设置覆盖不同层次、不同类型的学校和不同岗位、不同学科的教师发展需求。突出科研活动对人才培养、学科建设、教学研究、国际交流、社会服务、文化传承等方面工作的支撑和影响。强化教育教学和科学研究实绩，按照质量、贡献和影响，对研究项目与成果进行分类分级认定。二是探索评价标准科学运用，将职称评审、绩效考核、人才推荐等与科研评价标准有效衔接。完善多维分类评价，学术评价过程中不限定成果类型与数量，关注人才创新能力与发展潜力，突出质量导向，重点评价学术贡献、社会贡献及支撑人才培养情况，更加聚焦基础研究、教学研究、应用研究和技术创新。建立"基础保障+职责约束+业绩激励"三位一体绩效激励机制，引导人才多元高质量发展。三是坚持成果质量导向共识，深化以学术质量为导向的代表性成果评价机制。不唯形式与数量，重点从原创性维度评价代表性成果的基本学术价值，从创新性维度评价代表性成果的质量，从应用性维度评价代表性成果转化推广的价值。完善代表性业绩和标志性成果评价机制，在职务评聘、岗位聘用、人才推荐等环节，推行"代表性业绩+支撑成果"系统评价方式，形成综合性评价意见和发展性建议，科学把握学术成果价值。

四是建立健全有公信力的第三方评价组织。成立由各领域专家、行业协会在内的权威性高、专业性强的第三方专业评价机构，高标准实施项目、课题等学术水平同行评审，评价代表性学术业绩及其支撑成果，充分保证第三方评价组织的客观性、公正性、公平性。

（八）完善人才工作选育留用机制

引进人才不易，培育人才更难，不仅要让人才有位有为，还要让人才有归属感获得感。要紧扣人才成长需求，把握"选、育、用、留"等关键环节，让人才在服务我省产业升级、乡村振兴、民生事业发展中激发潜能，推动研究成果应用于创新实践。一是创新人才招录引进机制，营造公平就业环境。针对各行各业对不同人才的需求，大胆创新人才招录引进和培养机制，改善技术技能人才职业发展环境，落实更有吸引力的高技术人才优惠政策，引导更多的优秀人才扎根欠发达地区服务地方经济社会发展；面向新产业、新业态、新技术中涌现出来的新人才，制定特殊人才"一事一议"政策，让各类人才在其位、谋其政、各展其才、各得其所，切实发挥优秀人才的引领带动作用。二是完善人才引进政策。针对高层次人才生活、创业等各方面需求，发挥部门协同联动效应，健全服务机制，创新服务形式，集聚整合涉及人才服务的项目，不断延伸人才服务功能。发挥企业激励人才主体作用，采取物质激励与精神激励、长期激励与短期激励相结合，用最优人才生态涵养优秀人才；通过待遇及发展空间鼓励高学历、高创新、高科技、高技术型人才，特别是教育、卫生系统的优秀人才到经济欠发达地区；规范人才引进的监督机制，规避因县域文化结构对用人改革造成的阻力。三是健全人才评价机制。人才的价值在于其社会价值，要"建立健全以创新能力、质量、贡献为导向的科技人才评价体系"，探索社会化、市场化的人才评价机制。在高校和科研机构，完善以社会化为导向的评价机制，更多地考虑服务社会的能力等指标体系，以社会贡献率为重点进行综合评价；对专技类人才探索以实绩为导向的评价机制；对基层人才工作部门来说，遵循人才成长规律，推动人才评价与使用有效结合。建立分类分层分时的人才评价体系，使人才评价做到潜在与外在相统一、品德与才能相统一，实现精准引才、育才、留才。

（九）一体化推进全省教育信息化数字平台建设

高位推动全省教育信息化建设进程，依托数字共享共建平台搭建助力教育评价改革向科学化、智能化发展。一是全面建立学生"电子成长档案袋"。在了解全省范围内大中小学信息化平台建设的整体情况和相关诉求的前提下，推进省级教育评价测量信息平台建设，建立学生"电子成长档案袋"，作为对学生进行长期、动态、持续评价的有效措施和载体，围绕学生学习生活，有目的地收集学生基本信息、学业成绩、体育运动、阅读记录、活动表现、行为习惯、个性偏好等的情况，真实客观地记录学生成长历程，洞察学生表现以及追踪学习进步的路径，系统记录和存储学生学习生涯阶段的学习生活等成长表现。二是有限度、分步骤、按需要推进数字资源共享和平台共建。加强各地区、各高校现有平台的对接融通，分步骤有序推进各区域、各学段数据平台的联通和数据的集成共享，简化评价流程、优化评价工具，以教育质量评价大数据的科学应用为学校、教师、学生发展精准把脉，形成评价数据驱动教育教学改进、教育决策优化的良性循环圈，助力学生全面发展、健康成长，助推教育高水平、高质量发展。在统一的平台下允许各地各校因地制宜，彰显各校的特色与文化，加快技术赋能教育评价改革的整体进程。三是以数字平台建设优化学生综合评价结果应用。基于过程性的数据采集构建标准化测量体系，按需抽取数据、建立数据库，形成多角度全景式评价结果，在减轻家长、学生、教师评价负担的同时，把"改进结果评价，强化过程评价，探索增值评价，健全综合评价"落到实处；另外，积极探索省域内、地区校际学段之间评价结果的互认贯通，优化学生综合素质评价结果应用。

（十）驰而不息抓试点，用好"典型引路"

从省级层面进一步强化对试点工作的统筹谋划，充分发挥试点工作在改革大局中的"试验田"作用。一是"边改革边推广"。改革是一个不断试错的过程。因此，要坚持问题导向，突出先行试点和总结推广相结合，推动政策系统集成、举措破立结合、改革协同推进，在"试点"中形成"亮点"，着力破解当前教育评价中的顽瘴痼疾。做好试点工作"回头看"，重点在改革党委和政府对教育的评价，改革党政机关、事业单位、国有企业和全社会选人用人机制等方面下功夫。二是建立健全全省试点工作长效机制。全省围绕"党委和政府教育工作评价、用人评价改革"的第一期试点项目已于2021年底结束。建议如今围绕"学校评价改革、教师评价改革、学生评价改革"实施覆盖全省大中小幼各级各类学校的第二期试点项目，试点周期一年，并完成涉及五类评价改革主体的试点项目改革。同步启动第二批包含5个试点市、14个试点县（市、区）的教育评价综合改革，试点周期两年。然后启动第三批包含5个试点市、14个试点县（市、区）的教育评价综合改革，两年内完成覆盖全省14个市（州）、40个县（市、区）的教育评价改革试点任务。以长周期、大范围的试点改革引导基层充分提高对教育评价改革的重视程度，促进改革工作的一体化、常态化稳步实施。三是完善试点工作进展成效的检查、激励、反馈机制。组织专家团队对第二期试点项目改革成效进行中期检查，并组织验收改革成效；组织专家团队对第一期试点市、试点县（市、区）改革成效进行总结验收，并完成第二期试点地区改革成效的中期检查。中期检查和总结验收一方面可以强化改革的系统性、完整性，形成工作闭环，能够对全省教育评价改革做到全貌"心中有数"。另一方面，纵向上可以加强基层实践与顶层设计的联动，提高解决问题的针对性和实效性，也有助于评价方案的不断优化；横向上可以为各地区、各学校交流改革经验提供更广阔的平台，不断拓展基层改革实践的深度和广度。四是做好试点工作的阶段性总结和全面总结。通过总结周期性的试点项目、试点地区教育评价改革工作成效，动态了解教育评价改革的全生命周期，以此概括出全省教育评价改革工作的阶段性特征和总体特征，对各地区、各种类型及层次的学校教育评价改革工作中的要点、重点、难点、痛点、瓶颈等建立起全面系统的了解，牢牢把握育人方向，形成一批制度成果和实践成果，进而形成具有广泛代表性和示范性的湖南教育评价改革经验，为新时代教育评价体系建设贡献"湖南方案"。

四、总结思考

此次湖南省教育评价改革现状调研从研拟方案、编制优化调研工具、人员组织、实地考察调研，到调研结束汇整和分析调研数据资料，撰写调研分报告和总报告，历时近半年之久，整个调研过程也是调研组全体成员逐步深化对教育评价改革理论与实践认识的过程，综合全部调研成果，形成以下几点认识和思考：

（1）教育评价是社会评价的一部分。观念影响根深蒂固，改革攻坚任重道远，如果整个社会评价没有同步改革和调整，教育评价改革必然事倍功半。要从根本上快速地克服既有的路径依赖、惯性思维，消除以往"粗放式"发展下唯指标、唯数据的评价思想，在实践层面还需全社会有一个观念转变和制度重塑的过程。

（2）要防止从一个极端走向另一个极端。评价问题尤为关键，也异常复杂，越多样化的评价制度，就越容易被钻空子，对多元要保持警惕。要平衡好"唯"与"不唯"之间的关系，把握好度的问题，不能唯论文并不意味着不看论文，而是不能只看论文，不能只看论文的数量，还要看论文的质量，对教学的忽视也不能把原因简单归结到对科研的重视上面。

（3）充分认识到任何一种评价都有其局限性。每种评价的观念、理论、操作方法、评价方式，都有其"所见"和"所不见"。强化过程评价、改进结果评价、健全综合评价、探索增值评价是当前教育评价改革的中心思想，需要认识到的是，这四种评价并不是孤立、割裂、点状、离散乃至非此即彼的关系，每一个教学或学习行为都具有整体性的教育效果，单一、片面地分析任何一种评价都会放大其局限性，只有合而为一，才有可能让评价真正发挥价值。

（4）不一定指导意见越多改革成效就越好。制度的生命力在于执行，政策的有效性在于实施。外部环境千变万化，内部因素错综复杂，顶层设计大框架，基层各做小文章，才能更有利于评价改革的"百花齐放春满园"。没有人知道怎样的改革路径是绝对正确的，也不存在"放之四海而皆适用"的评价指标，要抓住"既定范围"留出的"发挥空间"，"努力盛放，各自苗壮"。

（5）评价改革的真正落地要靠基层。教育发展离不开顶层设计的架构，自上而下的规划，行政力量的推动；但落实落地、一以贯之的核心变革力量从来都是"细胞里的革命"，是自下而上的教育研究、教育创新，是无数一线教育实践工作者的价值筛选、相互促进，是更大范围的研究与行动迭代，是无数改革实践成果及方法的共享。

（6）好的教育评价一定是能够最大限度育人的评价。再先进的评价理念、再规范的评价标准、再科学的评价工具，如果不能落实到育人上，就是空谈。好的评价，一定是能够最大限度促进人的生长的评价。如唐江澎校长所言："教育不需要多少改革，只要把所认定的常识坚持做下去就可以了。"

（7）教育评价最关键的是激发人之间的合力。包括学校的领导和教师之间、行政岗教师和教学岗教师之间、中小学每个科任教师之间、教师和学生之间、学生和学生之间、学生和家长之间、教师和家长之间，乃至全社会每个人之间的合力。要凝聚发展导向首要共识，坚持立德树人根本任务。

知之非艰，行之惟艰。《总体方案》提出，到 2035 年，基本形成富有时代特征、彰显中国特色、体现世界水平的教育评价体系。要实现这样的目标愿景，需要教育系统的守正创新，敢于"啃硬骨头"，需要社会与文化的系统性变革，更需要每一个教育改革践行者笃行不怠、勤耕不辍。只有这样，才能让教育评价回归教育的本质、规律和初心，为新时代中国特色社会主义事业发展提供源源不断的人才支持。

执笔人：张欢欢

党委与政府教育工作评价改革分报告

引 言

教育评价作为引领教育发展的指挥棒，发挥着树立科学办学导向、扭转错误评价理念、倡导长远育人思想等作用。党委与政府是落实教育评价工作的关键主体，在推动教育评价改革纵深发展、激发教育事业发展生机活力上担任着重要角色。

（一）调研背景与目的

1. 调研背景

湖南省结合《深化新时代教育评价改革总体方案》（以下简称《总体方案》）与地方实际就深化新时代教育评价改革制定了《湖南省深化新时代教育评价改革实施方案》（以下简称《实施方案》），启动了对各试点地教育评价改革的工作。其中，对党委与政府在全面领导、履职监管、宣传推介等方面都提出了具体的要求，包括要切实加强组织领导、统筹协调和督促落实，承担起顶层设计、资源供给、宣传推介、示范引导等重要工作责任，完善立德树人体制机制，坚决破除"五唯"，加快建设高质量教育体系等。

2. 调研目的

摸排党对教育工作全面领导的体制机制完善情况、政府履行教育职责评价情况、教育发展良好生态营造情况，掌握党委与政府在教育评价工作方面取得的成效、查摆落实中存在的问题、收集党委与政府在教育评价工作推进上的诉求，并为后续的发展与推进提出具体建议。

（二）调研内容与方法

1. 调研内容

本次调研围绕上级文件要求，主要针对以下三项改革任务开展对党委与政府的清查与研判：其一，了解党对教育工作全面领导的体制机制的完善情况。重点围绕市县两级党政是否建立主要负责同志年终述职必述教育工作制度，党委教育工作领导小组运行机制是否得到完善，重大教育事项先提交党委教育工作领导小组会议研究讨论，再按照程序审议决策的落实情况。其二，了解政府履行教育职责评价的情况，对各级政府的分级教育督导机制的构建情况。重点围绕评价内容是否聚焦落实教育优先发展战略、解决人民群众普遍关心的教育突出问题等。其三，了解地方纠正片面追求升学率和"名校"录取率倾向的落实情况。重点围绕各地党委与政府对"三不得一严禁"要求的落实情况，包括各级党委和政府在不得下达升学指标或以中高考升学率考核下一级党委和政府、教育部门、学校和教师，不得将升学率与学校工程项目、经费分配、评优评先等挂钩，不得通过任何形式以中高考成绩为标准奖励教师和学生，严禁公布、宣传、炒作中高考"状元"和升学率等方面的落实情况。

2. 调研方法

本次面向试点地党委与政府的教育评价工作的调研采用"问卷+座谈+访谈"法，问卷旨在了解各地在教育评价工作推进中的学习情况、贯彻情况、反馈情况等，座谈、访谈旨在了解各地在推动教育评价工作中的困难阻力、创新举措、典型案例。

一、改革成效

本次调研采集的问卷、访谈信息，对其中含有或针对党委与政府反馈的数据进行统计与分析，对教育评价工作推进的整体反馈情况与当前面临的困难及多数诉求有较为系统的认识：各地党委与政府积极将教育摆在优先发展的突出位置，在党对教育工作全面领导的体制机制的完善、政府履行教育职责评价体制机制的完善、共同营造教育发展良好生态方面做出了积极探索。党委统一领导、党政齐抓共管、部门各负其责的教育领导体制逐步建立健全，政府科学履职体制机制逐步建立健全，各地方党委与政府教育评价工作主体对教育评价改革总体方案整体了解（其中"完全了解"占40%、"比较了解"占51.5%），对地方教育评价改革工作的推进情况有较为深刻的认识（其中"完全了解"占51%、"比较了解"占42.4%）；各地党委与政府重视教育评价工作（其中"非常重视"占75.2%、"比较重视"占22.6%），积极参与组织的教育评价工作的培训学习（其中"多次参加"占 39%、"参加过但次数不多"占 39%），通过多种渠道助推地方教育评价工作的落实，社会主体认为党委与政府改革成效较为显著（其中"党委和政府教育工作评价改革"占 28.7%，位列第二），对社会反映的问题能够及时回复并解决（占 93.61%）。

总而言之，党在教育工作全面领导的体制机制的完善、政府履行教育职责评价体制机制的完善、共同营造教育发展良好生态方面取得了显著成效，改革任务进一步落地见效。具体来说：

（一）坚持党的全面领导　体制机制逐步健全

加强党对教育工作的全面领导，是办好教育的根本保证。这不仅是对中国特色社会主义教育事业发展规律的根本性认识，也是办好新时代中国特色社会主义教育的根本制度和根本遵循。为推动试点项目取得积极成效，各级各地党委高度重视，将优先发展教育作为改善民生、促进教育公平的一项重要任务，开展加强党管教育的专题研究，研讨具体举措、落实机制、督导形式等，党对教育工作全面领导的体制机制逐步健全。党委统一领导、党政齐抓共管、部门各负其责的教育领导工作机制逐步形成，党委统一领导、党政齐抓共管、部门各负其责的教育工作格局初见成效。

党对教育工作全面领导的体制机制在逐步完善的过程中短视行为、功利化倾向得到初步遏制，党政班子下沉一线的工作格局逐渐成型，党政教育工作的多项制度得到健全与落实。

1. 党抓一线，上下联动模式初步形成

各地按照上级文件要求，全面落实党政领导班子成员联系学校、深入教育一线调研和为师生上思政课等制度，了解教育评价工作的现实实践环境及应用场域，全面落实党政领导班子成员联系学校、深入教育一线调研和为师生提供优质思政教育资源，党政领导班子积极联系一线、开展自上而下的思政教育的工作格局逐渐成型，日渐完善。如株洲市茶陵县建立了党政领导定点联系学校制度，每位县领导包联 2—3 所中小学校，并就学校建设项目推进、学校教育教改等深入教育一线调研，解决学校难题。株洲市荷塘区建立健全县级领导联系学校（幼儿园）长效机制，在区教育局班子成员联点学校

（幼儿园）安排基础上，每位县级领导兼任联点学校（幼儿园）"荣誉校长（园长）"，指导联点学校（幼儿园）更新办学理念、深化教育教学改革、转变育人模式、强化师德师风建设、改善办学条件等。常德市鼎城区教育系统将党建工作与教育教学常规工作深度融合，推出"五照亮"工程，从根本上体现"围绕教育抓党建，抓好党建促发展"的目标任务，为开启振兴鼎城教育新征程提供有力保障。邵阳市隆回县规定每位县级领导每年要为教育解决1—2个难题，办成1件或2件实事，让群众和教育工作者感受到看得见的红利，提升教育满意度。在党政开展对接基层思政教育的探索上，衡阳市南岳区不断加强思政课教师队伍建设、抓好专业思政教师招聘补充工作，加速推进思政进校园、思政进课本、思政进意识。衡阳市雁峰区选派多名思政课教师赴湖南师范大学马克思主义学院开展思政课培训来推进思政课一体化建设，助力思政课教师专业成长，创新思政课课堂教学。怀化市新晃侗族自治县教育局党委成立15个党建指导组，对全县42所学校进行分类指导，每季度集中到校指导一次以上，指导先锋支部重点创建党建特色支部，总结党建经验，宣传党建成果。怀化市溆浦县通过全面提升学校党建工作水平、充分发挥思政课示范校引领作用、建立思政课建设考核评估机制等，在基层党建工作上发力实现党对教育工作的全面领导。

2. 党抓落实，多项工作制度逐渐完善

各地按照上级文件要求，党政教育工作制度逐步建立及完善。地区纷纷加强市县两级党政主要负责同志年终述职必述教育工作制度建设，重点报告重视教育工作、开展思想政治教育、教育投入保障、教育民生问题解决、教育改革发展任务落实和教育安全稳定责任落实等情况。各地党委教育工作领导小组运行机制不断完善，重大教育事项做到先提交党委教育工作领导小组会议研究讨论，再按照程序审议决策。各地逐步形成市级党委教育工作领导小组向省委教育工作领导小组报告的工作制度。如：株洲市荷塘区完善定期研究教育工作机制，区委教育工作领导小组实行集体领导和个人分工负责相结合的工作制度，上级党委对下属党委与政府述职情况进行评估与反馈；常德市桃源县通过全面摸清党建情况、成立联合党支部、派驻党建指导员、开展政策宣讲，全面实行了"两个全覆盖"，通过搭班子、建阵地等启动党建示范点工程，制定党建工作责任清单及考核细则；怀化市芷江侗族自治县构建了县乡两级党委教育工作领导机制，出台了《芷江侗族自治县乡镇人民政府、县直有关部门履行教育工作评价方案》，科学界定乡镇党委政府和县直部门教育工作职责，每年对全县 18 个乡镇和 30 个县直部门履行教育职责情况进行评估考核；岳阳市岳阳县以绩效考核为抓手推动落实工作机制的落实落细，将教育工作纳入乡镇（办事处）党政绩效考核的重要内容，考察落实教育优先发展战略地位、优化教育发展环境等方面，将乡镇党政议教、教育投入、教育质量、校园安全、控辍保学、尊师重教纳入乡镇绩效评价。

（二）强调政府科学务实 履职水平有所提升

各级各地政府响应文件相关要求，不断完善、优化党委教育工作领导小组运行机制，做到重大教育事项先提交党委教育工作领导小组会议研究讨论，再按照程序审议决策，构建了落实规范、合乎章法的运行机制，推动了教育评价工作的精细化、规范化、全面化、系统化发展，使教育评价工作的落实朝着更好、更优、更全的方向前行，政府履行教育职责评价体制机制方面得到进一步完善，政府科学履职的水平逐步提升。

政府作为推动各项工作制度落实的关键力量，在引导方面具体而言：

1. 分级逐推进，以加压督导促进落实

各级各地政府加强构建对各级政府的分级教育督导机制，切实通过加压督导促进改革纵深发展。如株洲市在秋季开学后，派出两个工作组对城区及南五县（市、区）开展教育评价改革进行专项督导，督促各县（市、区）完成申报项目，明确改革任务，积极探索实践；益阳市组织市政府督查室等相关职能部门采用"四不两直"的方式对各县（市、区）教育评价改革等重点工作进行现场督查，结果呈报市委、市政府主要领导审阅，并作为督查督办、漠视群众利益专项整治和县级人民政府、县级党政主要领导干部履行教育职责评价结果的重要依据；株洲市天元区委教育工作领导小组印发了《株洲市天元区深化新时代教育督导体制机制改革的实施方案》，构建督政、督学、评估监测"三位一体"的天元教育督导体系，对区直各部门、乡镇政府（街道办事处）履行教育工作职责进行督导评估，规范中小学校、幼儿园办学办园行为，完善对各级各类学校进行督导的工作机制，建立教育督导机构统一归口管理、多方参与的评估监测机制；常德市津市市人民政府将镇人民政府、

街道办事处和部门单位履行教育职责督导评估的结果，纳入全市年度绩效考核范围，列为镇人民政府、街道办事处和部门单位主要领导与分管领导绩效考核重要内容；怀化市芷江县将教育评价改革系列意见、方案的落实情况纳入督查范围，县教育督导办一月一督查一通报，县委、县政府督查室一季度一督查一通报；湘西土家族苗族自治州泸溪县印发《关于深化新时代教育督导体制机制改革实施细则》的通知，制定全县教育评价改革考评细则，并作为全县政府目标管理与"五个文明"绩效考核的内容。

2. 聚焦重难点，在急难愁盼上下功夫

各级各地政府对标对表，重点落实教育优先发展战略、解决人民群众普遍关心的教育问题等的情况，对照发展需要与现实诉求针对人民急难愁盼的各类教育问题或教育现象重点关注、重点解决、重点落实。各地政府结合当地需要，在重难点上花时间、投精力，促使打通教育评价改革现实困境的"最后一公里"。如衡阳市耒阳市紧扣教育薄弱环节，加大农村教育投入，积极筹集资金，改善农村"两类学校"办学条件；推进"芙蓉学校"项目建设，采购的仪器、装备进一步向农村学校倾斜；实施城区规模学校结对帮扶农村薄弱学校，着力提升农村学校办学水平等。株洲市茶陵县按照"三个优先"原则，在经济社会发展规划上优先安排教育、在财政资金投入上优先保障教育、在公共资源配置上优先满足教育和人力资源开发需要，每季度至少研究教育工作一次，解决教育实际问题。怀化市通过评价引导各地逐步解决教育不均衡不协调的问题：将学前教育公办学位增加作为重要评价内容，要求10万人以上的县城必须新建1所以上公办园，全市公办园幼儿占比增长了12个百分点；将特殊教育学校建设作为硬任务，实现了所有30万人以上的县（市、区）均建成了特殊教育学校；将中职教育发展改革作为评价指标，促使职业教育发展滞后的怀化市辰溪县、麻阳苗族自治县加快了中职学校建设；将规范招生工作作为重要评价指标，推动各地通过平台操作、积分排序、阳光招生，较好地解决了招生不规范、教育欠公平的问题。怀化市沅陵县特校解决了长期没有落实的特殊教育专项津贴的问题。常德市安乡县动员社会力量形成教育事业发展合力，尤其在控辍保学、护校安全、校车监管、周边环境治理、支教帮扶等方面为学校排忧解难，为当地教育发展开辟绿色通道。怀化市会同县建立了局机关干部联系教师制度，通过与基层教师结对帮助解决实际困难和问题，组织城乡学校开展对口联系帮扶活动，建立教育局机关、县教师进修学校常态化调研工作制度，着力解决城乡教育高质量发展、教师稳定成长进步和人民群众急难愁盼的问题。

（三）优化教育发展生态　片面育人观有转变

1. "炒作率"下降，"方案量"上升

近年来，习近平总书记多次强调，要克服教育的功利化、短视化问题。多地积极响应"坚决纠正片面追求升学率和'名校'录取率倾向"的要求，坚决杜绝"下达升学指标或以中高考升学率考核下一级党委和政府、教育部门、学校和教师""以中高考成绩为标准奖励教师和学生"等行为，各地中高考"状元"的宣传现象普遍有所缓解。问卷调查的结果显示，近两年大力炒作的地区占比仅有 0.47%，不公布不宣传状元的占比达 35.47%。多地做到了不公布不宣传，少数地区会对状元展开宣传。但总体而言，"炒作率"降低，状元炒作现象得到控制。"状元"炒作现象的控制离不开多地的实际实践，如株洲市茶陵县在县四所高中学校有序推进选课走班，规范招生办学行为，优质高中生源按比例分配到各初中学校，义务教育不实行掐尖招生，不举办重点班，实行电脑随机分班。邵阳市隆回县坚决纠正片面追求升学率倾向，落实好 27 条，包括"不得通过任何形式以中高考成绩为标准奖励教师和学生"等严格禁止类 11 条；坚决克服唯分数、唯升学、唯文凭、唯论文、唯帽子的顽瘴痼疾等克服纠正类 11 条；淡化论文收录数、引用率、奖项数等数量指标的控制限制类 5 条。常德市鼎城区进一步完善《鼎城区中小学校违规办学整治行动方案》《鼎城区教育局关于学校教育教学质量综合评价方案及细则》等文件，通过科学规范完善相关文件进一步纠正各类短视行为的出现。邵阳市绥宁县通过严格落实"五项管理"和"双减"政策，严格执行课程计划，开齐、上足、教好艺体类课程，进一步强化实践育人作用，全面提升少先队工作社会化水平等，来进一步落实短视行为、功利化倾向的克服工作。

2. "追责机制"加速健全，"违规行为"缓慢遏制

各地积极响应上级关于健全追责机制的要求，集中发力对教育生态问题突出、造成严重社会影响的地区以及学校等单位和相关责任人员做到依规依

法问责追责，加大惩戒力度，不断肃清社会面阻碍教育评价改革工作推进的不良风气与社会舆论，社会面的相关违规行为得到初步遏制。如芷江侗族自治县多次召开师德师风建设会议，下发节假日廉政提醒信息，持续开展违规征订教辅资料、中小学食堂、办学行为专项整治，通报并停业处罚违纪校外培训机构，开展教师违规办班有偿补课"清零行动"等。娄底市娄星区建立了责任追究制度，对教育生态问题突出、造成严重社会影响的，依法依规问责追责。公办学校出现违规行为，将追究学校负责人的责任；民办学校出现违规行为，视情况减少次年招生计划人数或取消招生资格；培训机构出现违规行为的，将其纳入管理黑名单。邵阳市新宁县出台《关于切实减轻基层负担的二十三条措施》等文件，明确要求未经县委县政府批准，任何部门不得开展涉及中小学校和教师的督查检查评比考核事项，持续提高课后服务质量、加大对校外培训机构治理力度，极大地规范了校外培训机构的办学行为，力争在严格清理校外教育生态的工作中为教育的良好生态赋能。

二、查摆问题

各地党委与政府在教育评价工作上的推进落实过程中，受到机制落实、资源配置、部门协作等方面的影响，在政绩观转变、顶层设计优化、各类资源配置等方面有待提升，具体表现在五个方面。

（一）短视倾向政绩观的彻底扭转难

调查数据显示，"政绩观"是当前党委与政府在推进教育评价改革中要加强引导与建设的重点板块。政绩观作为党委与政府落实各项教育工作的观念态度与价值倾向，在教育评价改革中起着执牛耳的作用。但当前多主体认为，党委与政府的政绩观有待进一步扭转（图1）。

对上述现象进行分析，党委与政府政绩观难以彻底扭转的原因有四：其一，以经济增长为主导的"GDP"式发展观。发展观对党政领导干部的施政行为具有重要的导向意义，作用于干部的行政思想与价值倾向，教育是不同于经济发展的"生长型"事业，其成效不是立竿见影的，具有一定的延时

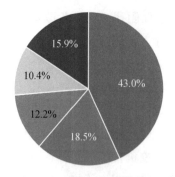

15.9%

10.4%

12.2%

18.5%

43.0%

- ■ 改革党委与政府政绩观
- ■ 改革校长办学理念
- ■ 改革教师评价方法
- □ 改革学生评价方法
- ■ 改革社会用人导向

图1　加快推进教育评价改革应着重着手的领域

性。不少执政人员将追求经济发展的思想代入教育工作，以追求"指标化""可视化成果"为开展目的，形成了片面的政绩观念。其二，政绩考核体系与指标有待优化。政绩考核体系对地方领导干部的行为起着重要导向作用，采用怎样的标准来衡量政绩，就会引导他们以相应的态度对待政绩。调研中，不少党委与政府行政人员表示，当前不少落到对基层在教育工作的政绩考核时，仍与当地升学录取指标及情况有关，甚至出现"唯状元""唯清北"的不良风气。为多出成效政绩，地方不顾实际情况与教育本真，一味追求数据上的指标，实则进一步危害了教育工作的开展与教育生态。其三，权力集中于"上"现象明显。曾有研究表明，权力过于集中是领导机制的最大弊病，党的一元化领导常常演化为个人领导，多数办事人无权决定，少数有权人负担过重，形成了一定程度的官僚主义。根据调研情况，不少地方反馈工作落实者没有参与决策的相关环节，往往地方教育的发展思想是一把手或少数中高层执政者的观念。同时，相关旁支工作压到中层以下行政人员身上，占据了不少真正开展教育工作的时间，地方教育评价工作更是难以深入。其四，行政个体学习有待深入，理解有待加强。党委与政府在对教育部门行政人员开展《实施方案》及相关文件与精神的学习有待加强，各级党委与政府在组织行政人员对《实施方案》等评价指南文件的学习时，以集中形式的研讨学习为主，对个体学习情况的掌握可能并未彻底，教育评价工作可能未做到入脑入心，不少参与职能业务的人员甚至对《实施方案》内容不够明确与熟悉，在相关学习与理解上的缺位致使相关人员对文本的理解不够全面、不够彻底，对改革的理解存在认知偏差。

（二） 执行标准清晰度与落实力度弱

一方面，根据调查情况，近半数被调查者认为当前改革在把文件要求付诸实践、落到实处上有难度，超半数（50.7%）的被调查者认为改革止于文件修订、流于形式是迫切需要解决的问题之一；多数（63.7%）被调查者认为"改革标准不够明确、执行依据不够明显"是教育评价改革探索实践中存在问题的原因。可见，当前教育评价工作推进中，执行依据与标准的清晰程度较弱，不足够明朗。改革文本作为贯彻执行的依据，在可操作性与明确程度上需要为后期落实奠定基础，规定要求的模糊、执行方向的不明确都会影响后续的纵深推进。形成上述问题的原因大致为三方面：其一，调研开展的深度与强度有待提升。党委与政府对政策文本或机制内容进行设定时，对具体执行层面的要求或履职程度等方面还有完善空间，党委与政府从调研实践反馈中收获的信息少，或开展实践的范围不够广、不够深、不够全，使文本结合实际情况表现出的实操性不强，地方针对当地实际做出的灵活调整不够，对体制机制的健全投入有待提升。其二，地方的"保守式"执行。地方党委与政府在贯彻落实有关要求时，受"保守式"执行的观念影响，对实际工作的开展要求大多停留在"完成"，不少行政人员以保守、对照执行的心态，对照文件要求或业务范围开展工作，履职过程的创新性未被完全激发，在激励机制或评先倾斜性制度缺少的背景下，如何探索更多教育评价工作新路径是行政体系需要集中思索与探究的。其三，顶层设计主体差异。机制作为协调与配合顶层设计的保障力量，对政策的纵深落实与推进起着重要作用。对体制机制的设计与完善需要站在宏观调控的视角下进行，对于地方体制系统而言，存在着因为设计主体的认知、态度、诉求等主客观因素形成不同的设计思路，从而制定出具有显著差异的政策、机制等，整个社会体制机制系统很容易呈现出逻辑不对称的情况。

另一方面，调查数据显示，改革推进中敷衍搪塞、消极应付、机械传导、僵硬执行现象受到多数被调查者的关注（图2）。可见，当前教育评价工作落实力度有待进一步提升。

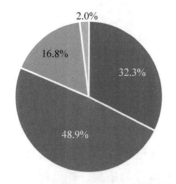

2.0%
16.8%
32.3%
48.9%

- 敷衍搪塞，消极应付
- 机械传导，僵硬执行
- 层层加码，劳民伤财
- 其他

图 2　教育评价改革推进过程中最容易出现的问题

出现上述情况的原因主要有三方面：一方面，基层任务过重、压力过大。调研中不少基层行政人员表示教育工作压力大在于任务层层压实下来，且有很多非教育工作的堆砌，要应对很多非教育工作。更有研究指出基层政府每年要完成上级政府分解分配的发展任务指标，并且能否完成和排名次序、工作绩效及奖惩措施紧密相连。在治理的层级方面，我国国家治理过程中层层传导的压力型体制将很多任务压到基层，基层需要付出艰苦的努力完成上级分解和交办的任务。其二，行政个体对工作的认知偏差与风险畏惧心理。此处的认知偏差包括上级单位部署工作时的割裂与各部门执行过程中的认知不全面。一方面，党委与政府在对各部门职责确立与成效验收时，多数为针对某些或某一集中部门进行工作考评与座谈建议。执行层面部门对各自工作范围的明确不够具体，窄化或模糊化或混乱化主体责任与分工，导致行政人员对工作认识不全面。另一方面，完成基本工作、遵守工作操守底线、保持工作状态是大多数工作者的自我追求与自我要求，在面对单位严格的体制规则、条例规范下，不少行政人员持有"保守"的工作心态，"不插手其他工作"成为大多数行政人员的行事风格。其三，基层干部的工作获得感弱。一些基层干部认为基层工作的价值存在感低，工作内容琐碎、工作时间长，所得精神与物质回报不大，且晋升机会较少，职业生涯预期比较差，对基层工作的热情逐步消退。在调研中，不少基层干部反映，教育工作中最累最辛苦的工作都是基层一线来落实，并认为很多工作的意义与价值不大。同时，某些领域基层工作难以得到群众认可，由于部分贪污腐败人员的负面社会影响，不少基层干部的工作难以得到群众配合，基层干部的工作获得感较弱。

（三）制度供给与典型示范的挖掘少

教育评价改革作为一项推进型事业，需要不断投入作为协调与配合顶层设计的保障力量，对政策的纵深落实与推进起着重要作用。同时，典型示范作为引导广大试点地效仿学习的标杆，在助推教育评价工作的纵深发展上发挥着重要作用。87%的被调查者认为当前典型示范的案例有待进一步挖掘与宣传。

首先，在制度供给欠缺上，主要体现在相关机制逻辑碰撞、配套机制不健全、主体反馈机制不健全等方面。具体而言：第一，相关体制机制逻辑碰撞，执行过程存在冲突矛盾。主体既是执行的关键角色，又是利益相关者，在机制落实层面存在信息不对称情况下的冲突矛盾，如教师绩效考核机制与教师师德师风考核、教师职称评定体制等体系间的不对称，机制的冲突成为改革纵深推进的阻滞力量。第二，相关配套机制不健全，有关制度供给不充分。其中表现较为突出的是评价体系外部力量的薄弱，如财政支持、编制支持、奖励支持，用于配备与供给制度纵深推进的支持力量依旧很单薄，不少地方资源开发不充分，可用于教育评价改革的资源更为稀疏。第三，主体反馈机制不健全。各级党委与政府在对部门履职情况的掌握、各部门对下属执行单位落实情况的掌握、下级执行单位对执行个体或履职个体具体情况的掌握，对顶层设计的完善与优化有着重要作用。理想状态下，从上至下形成的反馈链能有效促进各层级体制机制的完善；相反，主体反馈机制的不健全或不饱满会加剧反馈信息的丢失，进而影响顶层设计的持续优化。

其次，教育评价改革的推进过程中，典型示范的缺位或不足是重要的阻滞因素。党委与政府作为主导典型挖掘工作的主体，在本次调研结果中得到了较不乐观的反馈。结合调研座谈访谈，调研组认为原因主要有两方面：一方面，典型案例"不够典型"。多地教育评价改革试点样板依托当地特色、本土文化、校园创新打造出一批批优质的改革成品，但其"典型性"并不凸显，具体而言，可移植性、嫁接性不强，尤其是依托技术平台、结合校园长久文化或地域文化的实践案例，其"搬用"难度更大；典型案例的用力方向与教育评价直接关联度有待提高，不少校园典例围绕"双减"或"新课改"进行，实现评价与减负、评价与课改的结合，直接凸显在评价上的实践并不深刻。另一方面，典型生成机制有待优化。典型示范不光要靠发现与挖掘，而且需要借助外部资源供给与激励机制的推动作用，党委与政府在相关机制的建立上有待加强，具体而言，一是缺少定点试点项目。党委与政府设置的试点地区或试点单位存在着数量偏少、范围偏窄、作用偏小，没有形成多点推进的纵向改革格局。二是激励机制有待完善。多地在挖掘培养、实践推介典型案例的激励机制上力度不够，对相关利益者的现实需求观照有所欠缺。

（四） 部门协同与社会力量整合度低

首先，通过调研访谈可知，党委与政府行政过程中存在部门协同力量构筑的欠缺现象。具体来说，表现为"教育以外的部门认为所有教育工作都应集中在教育部门"，导致在落实各项教育工作时的合力没有发挥作用。具体而言，原因有两个：一是部门业务认知不清晰。职能部门作为落实各项工作的"大本营"，起着组织工作、协调分工、实施反馈等重要作用。但由于各部门具有不同的价值判断及利益追求，不少部门对业务划分的认知存在局限与不足。调研组通过访谈得知，政府职能部门之间沟通交流不频繁，业务信息不对称，更有非教育职能部门认为"教育工作都是教育部门的"，对职能的迁移理解不足，其他职能部门协同与支持的缺失就导致了教育工作合力的欠缺，共同推动教育评价改革的纵深发展受到遏制。二是部门业务壁垒有待消融。部门作为党委与政府下设的职能板块、履职落实的子单位，推动着整体工作的成效，具有发布、落实、整合、反馈等重要作用，在各司其职的前提下为整体社会环境贡献各自不可或缺的功能与力量。教育部门作为当地教育统筹规划和协调管理的关键主体，肩负着推进教育均衡发展和高质量发展的重要职责。事实上，部门因职能分工而具有差异，不少部门缺乏工作交流、业务衔接、板块沟通，导致部门之间信息不对称、工作不深入、落实不具体。

其次，调研数据显示，62.6%的被调查者认为"家长、社会参与度不够，尚未形成合力"是教育评价改革探索实践困难的原因，79.9%的被调查者倾向于政府、学校、社会专业机构多方参与的改革工具与评估方式，59.3%的被调查者认为教育评价改革系统工程实施难度大，可见社会对评价工作的贡献力有待加强。如怀化市反映"推进教育评价改革需要突破一些政策束缚，但真正突破起来，又需要诸多部门协同配合，而部门又担心幅度过大、与法冲突，不得不走一步看一步，能慢一些就慢一些"。综上所述，社会作为推进教育评价工作的重要角色、牵头主体，在整合多元主体力量参与下，还有完善与发展的余地。

合力的形成需要多方主体的参与及联动，更需要党委与政府这一关键牵头主体的整合。对社会多方力量整合不足这一现象，结合党委与政府教育评价工作职能，分析其成因主要有以下两方面：一方面，主体观念难统一。作为统一行径步调的整体，党委与政府、学校、家长、学生等各类主体要在思想观念、价值倾向、态度选择上达成一致。事实上，党委与政府对上述多元利益相关者在观念意识上的引导作用有限，难以通过简单的宣传或讲解达到使多方接纳并联动的程度。尤其对于那些面临招考升学阶段的学生与家长，长久的"知识改变命运""学而优则仕"的观念深深根植在心，难以在短时间内得到扭转。另一方面，外部资源引入有待丰富。外部资源包括数字信息技术的引入、专业型指导力量的介入等，多元主体的生活场景、工作空间、关注区域都有差异，在教育评价工作执行过程中很难兼顾所有参与主体的时间空间，现存的促使多元参与的评价模式或评价工具大多在技术运用或专家干预方面覆盖较少。

（五）专家介入指导与改革宣传不足

专家指导是充分发挥专业引导作用的重要途径，无论是组织培训的"内部学习"，还是借助专家指导的"外部学习"，对推进教育评价工作发展都有着重要意义。同时，改革宣传作为助推社会合力构建的外在力量，其形式与覆盖面影响着教育评价工作的开展成效。

一方面，根据调研情况，74.4%的被调查者认为下一阶段的教育评价改革应从"注重专家指导"入手。不同主体对典型案例的诉求很大，可见，教育系统对专家指导的迫切程度更为强烈，成熟的经验借鉴与专业的指导亟须用于教育评价工作的推进。

内外部学习之所以欠缺专家指导，主要有以下两个原因：其一，专家资源欠缺。各地党委与政府需要行业专家或专门顾问的指导与评估，并从中得到政府部门履职方面的相关建议，不断优化党委与政府的工作职责及实施举措。但不少地方党委与政府缺少相应专家指导、专业顾问的资源配置，从省厅层面下到地方的专家大多以抽调、检查为主要目的，扎根指导的机会与时间极为不充分，地方得不到长足的指导与培训，进而影响评价工作精神的贯彻落实。其二，专家指导的实践有困难。根据调研座谈访谈情况来看，由于地方存在客观的文化差异、发展差异、理念差异，专家的指导和建议未必能够有效应对地方实际具体问题，多数专家集中于对宏观、共性问题展开评估及指导，对更多地方实际困难及问题较难覆盖周全，对地方针对性问题的解决无法起到较大作用。

另一方面，调查数据显示，教育评价改革的探索实践中，"唯升学、唯学历"等传统评价导向依旧存在，相关观念更新难度大。可见"五唯"的观念仍代表着主流价值观念，党委与政府在落实教育评价工作中的宣传力度有待加大、宣传工作的常态化机制有待成型。

对产生上述现象的原因进行分析，有以下两方面：一方面，宣传形式的"专业表述多"。教育评价改革作为一项教育发展"新工程""难工程""硬工程"，其开展专业程度高，核心精神与传统教育观念有碰撞，地方在开展政策解读或改革宣传时易抽象表述，不少以家长为代表的主体难以接受当前宣传成效，教育评价改革精神的宣传并未"飞入寻常百姓家"。另一方面，行政带头风气有待优化。行政风气是影响党委与政府履职的一大环境因素，良好的履职氛围与规范的行政风气是助力教育评价工作的重要外部力量，从党委与政府开始的带头情况会直接影响当地各类教育评价参与主体的情况。但当前教育评价工作在党委与政府的落实层面存在着上下两级施压、工作负担加码、上传下达机械等现象，"强指标""重指标""硬指标"的要求变成压在众多行政人员身上的业务负担。不少行政单位或行政人员将职能工作视为硬性指标或强制执行内容，将教育评价工作视为与政绩挂钩的机会或渠道，形成了"无成效无晋升""无成果无荣誉"的履职风气，逐级向下施加压力，倒逼一线行政工作者增加工作负重。

三、建议举措

针对党委与政府在推进教育评价工作落实方面，党委与政府要对照不足做到以下五个方面，来帮助地方持续深化新时代教育评价改革，形成更有示范性的、典型性的、可移植性的"湖南经验""湖南榜样"，辐射并带动全国其他评价改革示范省市。

（一）纾解基层压力　革新考核机制

干部是教育评价工作开展的骨干力量，对改革成效等各方面有着重要影响，针对党委与政府政绩观难以彻底扭转的问题，可以从以下三方面入手：其一，减少地方升学情况对执政成效评定的覆盖。从省级层面自下要更新并下达关于地方教育工作成效与党委和政府政绩考核指标，其中要切实弱化或消除对基层在升学、中高考状元等方面的考察，考核思想要突出行政人员对教育工作本身的贡献，要侧重于考核群众急难愁盼的教育问题的解决情况。同时，省级层面要减少对基层在非教育工作上的施压，避免行政人员集中在教育工作上的精力被分散，影响执行落实效果。其二，进一步优化、细化干部考核标准及指标。对地方区长、县长、镇长等的考核评价机制要与优化细化后的党委和政府政绩考核同步，侧重在"思想政治素质优""工作作风实""工作实绩好"的评估。要根据专项考核结果、大事要事清单落实、对标赶超亮比创排名、督考一体结果反馈，坚持将"考人"与"考事"相结合，充分运用政府督查、巡视巡察、信访等成果，深入工作一线进行系统分析和实地查核，建构多渠道、权威性、公开化的数据信息源，实现多种考核情况相互补充和印证，全面掌握考核对象在推动高质量发展方面取得的确定性和不确定性、显性与隐性、定性与定量、短期与长期的各类实际工作情况。要善于灵活运用条例规定的专项考察等方式方法，深入重点工作和重大斗争一线考核干部，全程跟踪、精准识别，以更优质科学、规范合理的考核指标促进党委与政府的教育评价工作质量发展。其三，切实减轻基层工作负担。省级层面至下要制定工作层级责任清单，划分各基层具体落实工作内容，厘清各级党委、政府和部门的职能与责任，各级党委、政府和部门都要担起本职责任，避免将本应由自身处理的事情推向基层。同时，上级给基层下达的任务要切合实际，不能脱离现实情况下达无法完成或完成可能性很低的任务，还需进一步密切联系群众，构筑良好的"基层工作者-群众"关系，让基层干部得到更多群众的拥护，增加基层干部的获得感。

（二）增强系统思维　优化顶层设计

党委与政府是引导地方开展教育工作的关键主体力量，坚持教育优先发展战略，将教育改革发展作为各地方开展教育评价工作的考核重点和全面深化改革工作的目标重心，纳入地方教育高质量发展规划蓝图，做到优先布局，重点谋划，加强党对教育工作的全面领导。党委与政府要增强系统观念，不断优化顶层设计，强化工作部署、推进思想建设，提升对教育评价改革的宏观认识与实践经验积累，不断在思想建设中强化对精神的理解。具体而言，湖南省教育厅可以从三方面入手：其一，向下加强对地方的顶层执行引导。党委与政府要充分发挥教育工作领导小组职能，围绕教育系统、政府职能部门如何为教育评价改革的深化而赋能，主动思考如何进一步探索教育评价实践路径，积极组织召开教育工作领导小组专题会议、协调推进会议，通过研究部署教育工作不断丰富工作内容、优化工作流程。其二，引导地方党委与政府健全议教制度。建全党委与政府定期议教制度，组织召开地方党委常委会、议事协调会、政府常务会、专题会议，着力破解学校建设、安防建设等教育工作中的难点，为教育发展解决实际问题，真正做到教育问题有人管、教育环境有优化、教育生态有净化，为我国教育高质量发展助力。其三，夯实地方向省市级汇报的制度。地方要形成阶段性向省市教育有关部门汇报工作的机制，就教育评价改革推进工作的进度、成效、困难等进行复盘与评估，收集参与主体的反馈信息，掌握较为全面的改革情况。地方到市、省要形成多级联动式反馈报送链，做到消息及时送达、工作及时落实、问题及时反馈、困难及时解决、成效及时巩固。

（三）完善资源供给　塑造典型示范

资源供给不仅仅是助推改革的基础条件，而且是根本动力。作为深化新时代教育评价改革的条件和动力，资源供给包括经费补充、奖励倾斜、资源供给、监督机制等。同时，典型示范起着重要的引领引导作用，促使着广大具有推广代表性的案例启发其他试点地区的评价工作。

一方面，在完善资源供给上，要做到三点：其一，保障经费充足。省教育厅要加大对地方在教育评价工作上财政方面的支持，鼓励各地党委与政府将教育评价改革所需经费纳入教育经费预算，进而保障评价工具开发、管理平台建设、聘请专家、考察调研、宣讲培训以及日常工作等必要的经费来源，确保教育评价改革工作的顺利开展；同时设立专项经费，对推进教育评价改革取得突出成效的县（市、区）和单位进行表彰奖励与宣传推介，将可塑性或可挖掘性较强的试点作为重点项目予以额外支持，鼓励结合更多教育资源开拓全新探索思路。其二，保障技术加持。省教育厅要站在时代发展的视角下，积极推动技术赋能的落地生根，为地方教育评价的长远发展提供科技动力，积极创建信息化类融合应用实验区，对标教育信息化2.0，融入5G技术，建立更高标准、更高规格、更高效率的网络校联体，依托更为强大的网络服务能力，引入更为先进的智能技术服务，来满足教育信息化的高速发展。省教育厅要积极联动各地信息技术服务口，引导各地党委和政府主动与外部信息技术平台达成合作，借助更为先进、更为便捷、更为高效的信息数字化平台与模式，引入教育评价的真实场景运用中，真正做到以科技带动教育革新，以信息助推发展，持续推动湖南省"一座城""一张网""一体化"的高质量发展道路向更深、更远处走。同时，科技还应赋能教育系统各类主体，为教育的各类主体在实行评价改革时能够充分汲取科技成效来营造更好的评价氛围与评价环境。其三，完善配套机制。教育评价改革的运行还需要针对不同主体或不同场景下专门性的机制支持，为《总体方案》与《实施方案》在地方落实赋能。省教育厅要定期联合监管部门相关人员、地区抽调教师人员等参与教育评价改革工作实施与落实监督的个体组成政策与配套机制专门研究组，形成不同方面的配套措施或关联制度的提案，由政策研发团队针对新提案的政治可行性论证、经济可行性论证、技术可行性论证、社会心理可行性论证、政策信息可靠性分析，确定无误后展开试点试行，不断为配套机制的设立与健全赋能。

另一方面，在典型示范的挖掘与推介上，要做到两点：一是多路径筛选优质典型案例实现以评促改。省教育厅要通过竞赛选拔、评优创先、奖励倾斜、工作抽查、实地考察等多种途径形成对地方典型案例的筛选与推介，通过案例自荐、典型评选、优质表彰引导更多可移植可嫁接的榜样典型、特殊典型成为带动更多地方深入推进教育评价的力量。同时，省厅要积极开展地方调研，不定期抽查抽调地方教育评价改革试点地的增值性成效评估，做到试点有进步、有突破、有收效。二是主动培养教育评价样板点。党委和政府要组织可塑性高的试点单位开展定点培养，结合评价工作内容进行特色化试点，如围绕德育评价改革开展专门试点板块，实现"一校一重点""一校一特色"。同时，定期开展样板点交流座谈会，加强经验交流，促进学习进步，实现以样板点带动片区发展的效应。

（四）引导部门联结　整合多方力量

湖南省教育厅要牵好地方层面联动的合力绳，打破"教育工作"的执行壁垒，推动地方与社会多元主体不断形成评价工作执行合力。

一方面，在引导部门联结协同上要做到三点：一是构建完整规范反馈链。省教育厅要鼓励地方党委与政府积极收集各执行主体、落实主体、参与主体的真实反馈与即时意见，并做到及时针对反馈链暴露的问题给予回应，结合专家顾问建议与地方教育评价研究人员建议给出具体对策措施，打造专门性反馈制工作格局，实现通过反馈链更高效、精准、全面地传达真实情况。二是制定各部门协同任务清单。省教育厅要从宏观层面制定系统工作清单，面向多职能部门制定单列工作任务清单，包括交叉工作涉及部门的具体分工、责任要求、目标预期、成果去向等，明确地方部门形成更为统一、规范、团结的工作合力，要求制作开展活动情况的全过程、全细节、全人员台账，明确业务衔接责任与主要参与的部门主体，促进部门在工作协作的界限壁垒的破除。湖南省教育厅要从自身学习抓起，逐步引导各地党委与政府加强组织学习，持续扩大宣传范围。实现教育部门主抓教育事业、其余职能部门协同推进的工作局面，进一步打破层级工作执行的壁垒与业务界限，实现党委与政府层面下部门联动合作的推动格局。

另一方面，在整合社会多方力量上要做到两点：一是积极围绕教育评价改革举办各类学习研讨活动。各地党委与政府要充分挖掘、利用、联结当地教育研究基地，携手教育评价专家顾问，广泛开展专题研讨、集中学习、课题讨论、项目研究等。党委与政府要主动加强对《实施方案》的经常性学习与反复研讨，在各类学习环境与学习模式中形成个体对评价改革的深刻认识。二是引导多元主体形成教育评价合作体。各级党委与政府要引导构建覆盖所有家庭教育指导服务体系，引导广大家长树立正确的教育观和成才观。首先，党委与政府要在官方平台上形成专门的栏目进行"教育评价"深度解读与拓展阅读，帮助更多主体及时了解与掌握评价进展与成效；其次，党委与政府要鼓励典型示范的产生与推广，积极探寻评价改革的榜样示范，通过各类官方平台进行推介，形成示范圈。

（五）促进专家配备　扩大宣传范围

在深入推进教育评价工作的进程中，湖南省教育厅要在专家配备与宣传范围上加大投入。

一方面，在专家配备的促进上要做到两点：一是搭建评价指导云平台。省教育厅要充分调动、发挥各地党委与政府对当地教育工作领导小组的领导、组织、协调、督促职能，构建评价智慧云平台，引入专家线上指导，增加交流示范板块，促进评价改革点深度学习。二是邀请各地专家指导介入。各地党委与政府要加强调查研究力度，引入专门型专家进行定点研究，向全国或湖南省其他先进地区学习，积极与先进地区交流合作，邀请相关专家指导评价改革。同时，注重更为专门化的"点对点"指示指导，定期遴选具有代表性、示范性的典型案例进行宣传推介，以地方典型、职务典型、朋辈典型带动更多评价创新探索。

另一方面，在宣传范围的拓宽上要做到两点：一是充分调动并运用现有官方融媒体。各地党委与政府要主动推动主流媒体和"两微一端"集中宣传，及时总结、宣传、推广试点学校学生评价改革的成功经验和典型案例，扩大辐射面，提高影响力，加强"教育评价专栏"系列的设计、推广，广泛宣传教育评价改革的战略部署、总体要求。二是加强宣传的"三进"。党委与政府要丰富宣传媒介，实现教育评价宣传"进校园""进社区""进机关"，充分形成较为系统的宣传体系，加大宣传力度、拓宽宣传渠道、加快宣传速度，积极营造"比、学、赶、超"氛围，在浓厚氛围中加大各类主体对评价的参与及理解。

执笔人：熊乐天

幼儿园教育评价改革
分报告

引 言

（一）调研背景

幼儿园教育评价作为我国教育评价体系的发端，是基础教育评价的重要一环。进入新时代，学前教育仍是整个教育体系的短板，发展不平衡不充分问题十分突出，不完善的教育评价机制和评价导向，依旧是制约学前教育事业发展的现实因素。2020年，中共中央、国务院印发的《深化新时代教育评价改革总体方案》（以下简称《总体方案》）为幼儿园教育评价改革指明了方向。为深入贯彻落实《总体方案》的决策部署，湖南省委、省人民政府结合本省实际，出台《湖南省深化新时代教育评价改革实施方案》（以下简称《实施方案》），在全省开展教育评价改革试点工作，推进幼儿园教育评价关键领域改革取得实质性突破。

（二）调研内容

为全面了解和掌握湖南省幼儿园教育评价改革现状，深化全省幼儿园教育评价改革，本次调研围绕《总体方案》《实施方案》以及《幼儿园保育教育质量评估指南》涉及的幼儿园教育评价改革内容，主要从政府主体的县域学前教育普及普惠督导评估；幼儿园主体的科学保教、规范办园、安全卫生、队伍建设、克服小学化倾向等评价内容；教师主体的师德师风评价、保教实践评价、游戏教学评价与专业培训；幼儿主体的发展性评价等重点任务出发，聚焦"改革整体进展情况""改革具体保障措施""改革新思路、新方法、新举措的论证推广""改革新情况、新问题、新建议的分析研究"等方面，面向我省承担教育评价改革试点任务的5个市和13个县（市、区）展开专题调研。

（三）调研方法

本次调研主要采用文本分析、问卷调查、座谈访谈、实地考察四种方式。一是文本分析。主要以《总体方案》《实施方案》等政策文件及各地区的上报材料为参考依据，全面学习领会国家及湖南省教育评价改革精神，深入研读 18 个试点地区及试点项目的幼儿园教育评价改革论证方案和总结材料。二是问卷调查。调查范围面向 5 个市和 13 个县（市、区），调查对象涉及教育行政部门领导班子成员、幼儿园园长、幼儿园教职工和幼儿家长。其中，对于教育行政部门与园长均为纸质问卷，其他为电子问卷。在对问卷进行整理后，共回收有效教师卷 2798 份、家长卷 19558 份。三是座谈访谈。实地调研采取集中座谈和个人深度访谈相结合的方式，共开展集中座谈 18 次，涉及幼儿园教育评价改革的一对一深度访谈 10 次。全面了解湖南省各试点地区和试点项目的幼儿园教育评价改革总体情况和典型特征。四是实地考察。根据各地区的改革成效，对调研单位所在地区的典型学校进行实地考察，收集教育评价改革中涌现出来的典型经验和成功案例近百份。

本报告基于此次调研所收集的大范围资料及大批量数据，重点考察幼儿园教育评价改革的推进情况、成效表现、面临问题及其成因，并基于此提出改革发展建议，以期推动全省幼儿园教育评价改革工作提质增效。

一、进展与成效

自 2020 年以来，我省各地党委、政府在省委、省政府的坚强领导下，统筹部署，狠抓落实。贯彻以第四期学前教育三年行动计划为基础，以《总体方案》《实施方案》"两方案"，及部门举措清单、负面清单"两清单"为主线，以"实现学前教育更加公平、更有效率、更高质量、更可持续的发展"为目标，巧用"加减乘除"四则运算法，巧解教育评价改革"方程式"，推动全省幼儿园教育评价改革各项改革任务稳步推进，初显成效。

（一）合力攻坚，在育儿效能上做"乘法"

1. 健全队伍，牢筑改革领导力

党委、政府是深化幼儿园教育评价改革的关键推动力量。根据各调研单位提交的阶段性总结材料及实地调研座谈访谈情况，各地区牢牢抓住党政领导重教履职这一关键，逐步健全党对教育工作全面领导的体制机制，充分发挥政府履行教育职责评价功能，通过由党委和政府到幼儿园自上而下的队伍建设明确责任分工，逐级压实责任，形成主要领导亲自抓、分管领导牵头抓、相关科室联动抓、幼儿园园长具体抓的工作格局，加强对幼儿园教育评价改革的统筹协调、宣传引导和督促落实。

一是建设领导专班，夯实高位责任。发挥党委教育工作领导小组的作用，如湘西土家族苗族自治州泸溪县教育工作领导小组通过分层培训，及时向机关全体成员和幼儿园园长传达学习贯彻《总体方案》文件精神；郴州市资兴市教育评价改革工作领导小组加快督促幼儿园建立相应领导机构，明确各级领导小组职责，在上把深化幼儿园教育评价改革列入党委和政府重要议事日程，在下切实将推进立德树人示范园工作作为重要任务摆在幼儿园工作突出位置。建立健全市县级领导联系幼儿园长效机制，如衡阳市建立健全乡镇（园区）党政领导联系幼儿园制度、党政主要负责人不定期参加联点幼儿园主题党日活动制度；株洲市荷塘区由县级领导兼任联点幼儿园"荣誉园长"，指导联点幼儿园更新办学理念、改善办学条件、转变育人模式、深化教育教学改革、强化师德师风建设；协调各部门、乡镇（街道）和社会各界力量解决联点幼儿园所反映的工作难点。以此奠定教育评价改革基础框架体系，构建党委统一领导、党政齐抓共管、部门各负其责、园长带头实施的教育领导体制，有效推进幼儿园教育评价改革高质量发展。

二是健全园长队伍，下好改革先手棋。将园长队伍作为幼儿园高质量发展的先锋力量和重要保障，发挥幼儿园教育教学管理过程中的领导作用。如邵阳市教育局改革工作专班通过"乡村幼儿园园长任职条件研制及评价改革"试点项目，调研全市幼儿园园长队伍建设情况，以此作为制定乡村幼儿园园长任职资格标准和乡村幼儿园园长任期评价实施细则的研究依据。长沙市天心区积极试点党组织领导下的园长负责制：从岗位需求出发，组织公开选拔幼儿园的正副职，在干部调整中注重基层单位的民主推荐，在考察中注重品行、实绩和口碑。永州市东安县通过园长班，两年一轮对全体园长进行全覆盖、高密度培训。广泛组织邀请省示范性幼儿园园长讲学、优秀园长外出考察学习、教学比武等系列活动，带动提升幼教整体水平。永州市零陵区结合幼儿园改革工作实际，制定园长绩效考核方案，构建科学的园长工作绩效评价体系，打造一支会管理、勤学习、敢担当、能创新的园长队伍。为幼儿园教育评价改革实现"更加公平、更有效率、更高质量、更可持续的发展"筑牢组织基础。

2. 传帮带引，发挥示范牵引力

我省幼儿园教育评价改革坚持多个试点探索推进：坚持县级示范园评估，以校长、局长开局项目开展幼儿园、教师与幼儿评价改革；同时在国家级"安吉游戏"推广计划实验区、试点园，以及省级游戏活动实验区、试点园的基础上，开展幼小科学衔接实验区和试点园、校建设工作。各地区通过示范园、试点园的先行先试、结对帮扶，强化"示范创建与示范带动"的典型辐射作用，一方面推动县域学前教育事业发展，为幼儿园提高教师业务能力和收入、强化师德师风建设等各项办园管理的完善夯实基础；另一方面为全省提供可复制的典型模式和可操作性的实践样本，引导各园不断探索创新，边思边改，推动试点工作取得明显成效。

一是精准帮扶，续航动力。各地区以试点园、示范园为组长单位，成立结对帮扶小组，充分发挥示范园资源、师资、规模和管理优势，帮助提升非试点园、薄弱园或普惠性民办园的办园和改革水平，有力促进县域内学前教育均衡发展。如怀化市新晃侗族自治县按照"行政推动、研究先行、试点辐射"的"1+12+N"总体思路，以县幼儿园"李奕学前教育工作室"为龙头进行先行先试，首批12个试点园成功后采取一对一结队带动模式，推动教育评价改革两轮三年内在全县46个园所全面铺开；郴州市苏仙区教育局组织城区与农村幼儿园结对，充分发挥支援学校的示范引领和辐射带动作用，对受援学校从教育理念、学校管理、师资力量、教学资源、教育监测、办学条件等进行全面指导、帮扶，推动优质教育资源共享，整体提升农村学校办学水平和教育教学质量。不断推动城乡学前教育优质均衡发展，为农村与民办幼儿园的改革工作开好局、起好步奠定坚实基础，让各类幼儿园响应教育评价改革的系统性、高标准。

二是试点引领，激发活力。根据《总体方案》中对幼儿园克服小学化倾向、实施幼小科学衔接等重点工作部署，各地区围绕《湖南省推进幼儿园与小学科学衔接攻坚行动实施方案》中部署的六大重点任务、三项实施步骤和五条保障措施，相继出台本地幼小科学衔接攻坚行动实施方案，在长沙市岳麓区等14个区县的幼小科学衔接实验区和长沙市政府机关第三幼儿园等156

所试点园、芙蓉区育英二小等 170 所试点校建设的基础上，在每个区县都播撒一颗先试先行的种子，做到每个市州至少有 1 个实验区，每个区县至少有 1 对试点园、校，将科学衔接理念化为实际行动。如长沙、株洲、郴州、常德设立市级幼小科学衔接试点园、校，统筹推动区县幼小科学衔接工作。通过多点开花、层层试点，以点带面、整体推动，为全面推行幼小科学衔接打好基础。各地积极向全省评选的 8 个优秀实验区、62 所优秀试点园、51 所优秀试点校看齐，开展经验交流、现场观摩、系列报道等形式多样的典型宣传活动。如在湘微教育《学前教育宣传月》与湖南教育政务网"幼小衔接，我们在行动"专栏，推介各地幼小科学衔接相关政策、评价改革试点工作典型案例和经验做法。通过树立典型，示范带动，实现教育理念大变革、教育环境大改观、教育行为大转变、教育效果大改善。

3. 园校协同，紧密幼小衔接力

在教育评价改革与"双减"政策背景下，幼儿园与小学共同担负实现幼儿教育与小学教育科学衔接和平稳过渡的重要使命。根据教师卷调查数据（图 1），各地区幼儿园通过组织幼儿进小学参观（65.30%）、调整教学方法（55.90%）、调整作息时间（51.93%）、请小学生来园和幼儿交流（27.09%）、请小学教师来园教学（16.69%）等活动形式，推动幼儿园与小学开展结对合作与双边互动，加强两个学段教师儿童发展、课程建设、教育教学等方面的研究交流。如湘西土家族苗族自治州幼儿园高新区园与州溶江小学建立幼小协同合作机制，通过结对教研，采取专家讲座、优秀班主任经验交流、活动观摩等，从理论、政策、实践上对园校教师进行系统培训，建立适合幼小衔接的评价指标与方法；怀化市借力"幼小衔接线上工作室"，组织幼儿园和锦溪小学一年级教师开展一对一牵手结对活动，通过教研及时交流、探讨，总结幼小衔接工作，寻找相互衔接点。幼小衔接教研同盟共同策划"我与小学初相遇"的主题活动，让孩子走进校园，让小学教师走进幼儿园。如常德市武陵区中心幼儿园与北正街小学同构"一个课堂"，鼓励幼儿走进"我身边的小学"参观校园、体验课堂、参与小学德育活动，熟悉小学生活。引导教师树立正确的儿童观、教育观，改变衔接意识薄弱、小学和幼儿园教育分离的状况，实现了园校之间"同计划、同培训、同教研"的双向衔接。

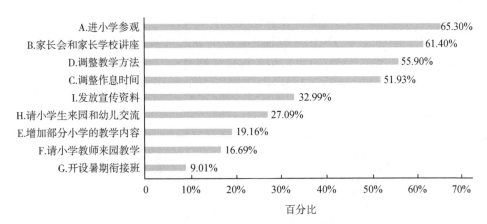

图1 教师所在幼儿园针对幼小衔接开展的主要工作内容

4. 家园合作，凝聚育人向心力

家长科学的育儿观在幼儿园教育评价改革工作中起着至关重要的作用。根据教师和家长问卷调查数据，为转变家长的教育观念与教育行为，发挥家园合作同频共振，我省各地幼儿园逐步完善家园共育机制，通过家长会、家长学校、家长讲座、家长志愿者等活动形式，幼儿成长手册、教师与幼儿评价问卷等评价方式，把家长作为教育评价改革的重要合作伙伴，及时接收家长评价反馈，宣传展示科学理念和做法，缓解家长压力和焦虑，促进教育观念、教育行为的转变。

一是系统推进家长学校。针对家长的问卷调查数据显示（图2），在幼儿园开展教育评价改革后，超过半数的家长除日常了解孩子在园情况外，以学习幼儿教育的知识与方法为参与幼儿园活动的主要内容（50.36%）。如长沙市岳麓区在幼儿园及一年级等四个阶段召开家长会，开展家长学校进行授课，同时通过电访调查、家长问卷等多种方式，向家长了解"幼小衔接"活动感受及建议意见，尽早统一家长与教师教育合力。娄底市试点园校在家长学校培训中邀请城区小学的优秀教师以家长身份至幼儿园授课、分享交流，成为幼小科学衔接的"宣传大使"。湘西土家族苗族自治州利用家长学校开展多主题的专题培训，形成园本特色的幼小衔接家长培训课程。采用案例分析、体验操作等形式，引导家长了解和发现幼儿园课程游戏化、生活化的价值。同时邀请小学教师、幼儿园和小学家长、教科院专家开展"三方联动　共话幼小衔接"的主题式研讨。常德市武陵区中心幼儿园与北正街小学共办家校论坛，从专家解读、园长说、校长说、教师说四个维度，为家长答疑解惑，明确幼小衔接理念，指导家长更快更好地转变角色，参与到评价改革的育人工程中来。发挥集体智慧，探索幼小合作、家园一体的幼小衔接新思路。

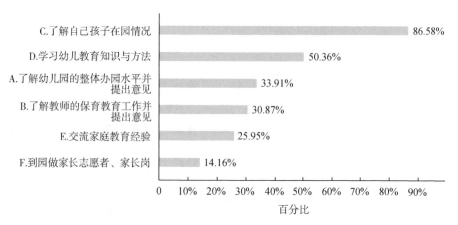

图2　家长近两年参加幼儿园活动的主要内容

二是科学规划家园活动。教师问卷调查数据显示（图3），超过半数（50.89%）的教师反映在幼儿园教育评价改革后，幼儿园与家长沟通的渠道、形式有所创新。除媒体宣传外，各幼儿园采取家长会、运动会、体验日、微信展示等多种家园共建的措施，引导家长逐步了解游戏对于幼儿的独特价值，不断认同幼儿园的教育理念，为家庭教育指导打下良好的基础。如怀化市新晃侗族自治县采取体验式家长会、开放活动、发布幼儿游戏参与影像资料等活动。益阳市安化县利用"家、园、社区"三位一体组织综合实践活动，让幼儿融入丰富多彩的社区环境，开阔视野，为深度学习和高质量发展提供最大可能。长沙市岳麓区通过家长开放日、家长助教等活动，引导家长观摩游戏、体验游戏；运用多媒体信息技术平台，以教育推文、游戏故事分享形式宣传游戏活动、幼小衔接的活动实况和试点成果；鼓励家长记录幼儿成长中的感受，将好的教育方法进行分享交流。以此让家长全方位、深层次走进"安吉游戏"，深刻理解"安吉游戏"理念内涵，逐渐认同游戏活动与幼小衔接实践，促进家长教育理念的转变，达成家园共育目标，自主形成家庭-社区-幼儿园立体交流网络。

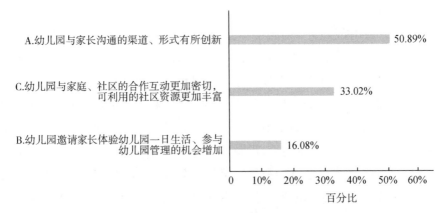

图3　教师认为幼儿园教育评价改革后在家园共育上的最大变化

（二）清风正气，在办园督导上做"除法"

贯彻落实教育评价改革是教育督导义不容辞的责任。当前，我省教育督导体制不断强化指导，深化监督，在怠惰因循上做"除法"，建成"督政、督学、评估监测"三位一体的教育督导体系。制定督导评估方案，开展从政府到幼儿园全覆盖的学前教育督导评估工作。继续聚焦普及普惠性幼儿园、持续规范办园，全面治理幼儿园"小学化"，加强幼儿园质量监管与业务指导，禁止教授小学阶段教育内容。实现问题排查到位、督促整改到位、建章立制到位。改善幼儿园办园条件，调动幼儿园办园积极性，督促、指导幼儿园依法办园、依法治园，切实提高幼儿园保教质量，为促进学前教育科学发展、幼儿园教育评价改革的全面贯彻实施提供有力的组织保障。

1. 强化幼儿园考核督导

教育局对全域所有公办园、民办园、村幼教点开展专项督导，把督导评估与乡镇中心校、幼儿园管理绩效评价有机结合起来，并进行通报表彰。一是坚持项目结合，点面结合。如岳阳市君山区围绕局长开局项目——中小学校（幼儿园）综合考核评价改革，由督导室制定并下发年度学校目标管理督导评估实施方案和综合考核总体评价方案，开展幼儿园各项改革工作落实情况督查；怀化市新晃侗族自治县开展年度幼儿园发展性目标现场评价，由教育督导事务中心牵头考评幼儿园发展目标、现状，对幼儿园发展情况进行量化打分并予以通报。

二是坚持"督""评"结合，"督""研"结合。各地督导部门以"一园一座谈""一市一研讨"为创新方法，将"双减"工作成效纳入全域和幼儿园质量评价中，把幼小科学衔接等相关情况作为重要评价内容，帮助幼儿园树立正确的办园理念，通过规范办园的实施路径和切实可行的方法策略以提升办园质量。如长沙市岳麓区围绕"以游戏为基本活动形式，无小学化教学倾向""入学准备和入学适应"开展日常检查、专项督导，并纳入幼儿园年度评估；株洲市芦淞区教育局督导室统筹整合各股室管理资源，通过组织幼儿园参与研讨、充分征求股室意见、专职督学积极指导，研制兼具校本特色和导向价值的"共性+个性"年度发展目标，完成机制创建并研发幼儿园年度考核方案，创新幼儿园目标化管理考核评估。益阳市赫山区教育督导部门完善幼儿园办学水平督导评估制度，建立分等定级的幼儿园督导评价体系。按照市级督导评估模式，分年度对幼儿园开展分类评估。在评估中既重督又重导，组织精干专家就幼儿园教学、管理等各方面提供指导，为提高办园水平提供帮助，努力促进幼儿园保育教育质量的整体提升。

2. 强化"双减"整改监督

一是开展教育教学专项治理。各地教育部门坚持问题导向，以市（州）为单位，通过专项督查、治理整改、专题研讨等方式，对幼儿园办园行为中存在的"小学化倾向"、民办幼儿园教师权益保障不到位、普惠性幼儿园生均公用经费收支不规范等突出共性问题开展专项整治。有效促进专项治理，在大力纠正幼儿园教育"小学化"倾向上取得阶段性成果。如郴州市教育局联合县（市、区）教育局开展全市幼儿园办园行为和幼小衔接专项治理工作，坚持幼儿园去"小学化"和小学"零起点"教学的持续调度督导，加强指导督促辖区内幼儿园的问题排查整改。在校外培训机构督查行动中，教育部门会同有关部门持续加大对校外培训机构、小学、幼儿园违反教育规律行为的治理力度。如长沙市岳麓区采用"互联网+监督"模式开展校外培训机构治理，打造强效能的"岳麓区校外监管平台"，将常态化监督与每月专项督查相结合，召开规范办学行为会议与检查，全面叫停开展学龄前阶段幼小衔接、英语等以知识技能为主的培训机构，并依法依规予以处置；邵阳市新邵县落实"双减"工作责任清单，严控幼儿园内商业广告活动，开展校外培训治理及广告清理整顿工作。根据家长问卷数据反馈（图4），受访家长为孩子报名知识类校外培训课程的现象减少，幼儿园和校外培训机构违背儿童身心发展规律的做法和行为得到纠正和扭转。

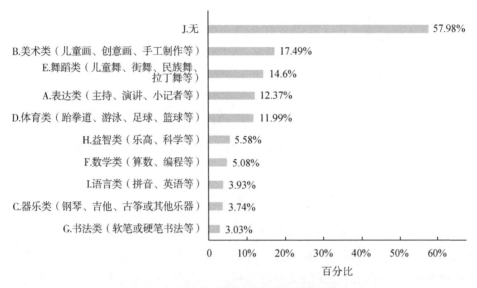

图4　家长为孩子报名的校外培训课程情况

　　二是设立教育服务监督通道。针对家长的问卷调查数据显示（图5），各地学前教育服务监督渠道通畅、监管力度到位，教育管理部门或幼儿园对家长提出的合理建议和诉求能够做到及时回复、及时解决。此外，长沙市岳麓区在12345政务服务便民热线、市长信箱等公共服务平台的基础上，设立岳麓区教育服务监督专项通道，解答市民对于幼小衔接问题的困惑，受理并处理幼儿园小学化问题的投诉反馈。郴州市将群众举报电话通过"郴州教育发布"微信公众号对外公布。对发现问题的幼儿园下发整改通知单限期整改，对整改不到位的依法进行处罚。强化社会监督的力度和手段，确保每所幼儿园都能提供规范、优质的教育服务，使不规范的教育教学行为得到及时有效的纠正。

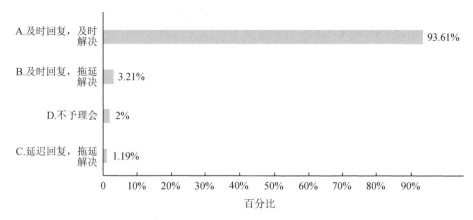

图 5　当地教育管理部门或幼儿园对受访家长建议和诉求的反馈情况

（三）提质增效，在保教质量上做"加法"

各幼儿园深入贯彻落实《总体方案》中针对不同学段的"新国标"，突出保教实践，把以游戏为基本活动促进儿童主动学习和全面发展的能力作为关键指标，以面向新时代幼儿教育的视角，积极推进试点改革工作，促进办园质量提升和教师专业发展。

1. 以评促建，提升园所保教质量

2022 年 2 月，教育部印发《幼儿园保育教育质量评估指南》（以下简称《评估指南》），以 48 个考查要点构建了引领幼儿园高质量发展的评估指标体系，强化过程评估和自我评估，突出评估对幼儿园自我完善、自我提升的作用，对深化幼儿园教育评价改革、扭转评估实践中存在的非科学导向提供了可操作的指导。

一是幼儿园保教质量评估标准逐渐完善。根据教师问卷调查数据，为保证试点工作落实落细，各地区幼儿园结合《总体方案》《实施方案》要求，制定建设方案、确定试点内容，改革小组组织学习《评估指南》相关文件精神，在前期实践探索的基础上，重新制定了幼儿园保教质量评估细则、幼儿园教师教育教学质量评估标准、幼儿园教师工作考评细则等具体管理评估标准细则，以此确立任务清单和负面清单，按照进度安排和时间节点有序推进，定期开展自评工作、定期公布评估结果。如长沙市教育部门联合幼儿园、学前教育协会及专家团队，从幼儿、教师、园所三类评价维度出发，在《评估指南》的基础上，自主研制兼具结构性、过程性与结果性评价，涵盖282个评价指标细则的《长沙市幼儿园保教质量评价指南》，推动幼儿园高质量发展，全面提高办园质量。

二是幼儿园师资队伍配备不断优化。逐步加大幼师编制比例，积极应对幼师人才缺口。如长沙市岳麓区为每所公办园配备2—3名在编教师，落实"两教一保"要求。怀化市新晃侗族自治县县委、县政府采取"清、扩、买、育、考、员额制"六条措施，清回乡镇幼师编制，扩充幼师编制，由政府购买服务岗位、将幼师专业纳入免费师范生培养计划、安排员额制岗位，县职业中专将学前教育专业学生优先安排在县内乡镇公办园顶岗实习，全县乡镇公办幼儿园全部实现"法人、账户、场所、管理"四独立。邵阳市邵东市每年通过考试筛选优秀初中毕业生进行定向委培，建立幼儿园师资队伍储备。永州市东安县将幼师纳入年度教师招聘和培养培训计划，与中小学教师队伍建设同步同等推进。同时，教师职称评审制度日趋科学，公办园教职工待遇逐年提高，民办园幼师在评优评先、绩效考评等方面享受公办园同等待遇保障得到一定落实。如益阳市安化县打造幼师职称晋升的天花板，幼师也可评高级教师和正高级教师，并根据幼师的职业特点，制定幼师中级职称的具体要求。

2. 以评促教，引领教师专业成长

《总体方案》对幼师的专业知识结构和专业能力提出了更高的挑战。幼儿园着重加强教师能力素质培养，从环境的创设与利用、一日生活的组织与保育、游戏活动的支持与引导、教育活动的计划与实施、激励与评价、沟通与合作、反思与发展等多个方面对教师加强培养，尤其在以游戏为基本活动，促进幼儿主动学习和全面发展方面加强提升。

一是关注教师成长，广开幼师培训途径。各地教育局利用专家资源，开展专业培训。如怀化市新晃侗族自治县依托省教科院"教研训一体化"国培项目，通过省级专家团队的指导与引领，规范细则管理、流程管理、绩效考核等评价与管理模式。长沙市岳麓区加强学前教育名师工作室建设，科学制订师资培养计划，确保公办园、普惠性民办园教职工三年一轮训；邵阳市邵东市教育局基础教育股不定期举办"送教下乡""发展论坛""专题研讨会"

以及园长、骨干教师及保育员专业技能培训，采取四轮研课法，帮助幼师提升理论水平和专业技能。各地幼儿园利用园本教师资源，实施自培策略。如怀化市新晃侗族自治县实施名师领航工程，创建县域学前教育李奕名师工作室，组织教师学习《评估指南》，邀请省内外名师对全县幼师特别是园长进行理论宣讲、带动培养，组织园本培训、集体研读、教师互动、云端研读等活动，提升业务素质。落实园所内部常态化研学活动，加强总结反思，增强研训效果。

二是坚持立德树人，完善师德师风建设体制机制。根据教师问卷调查数据，在幼儿园师德师风评价中，教师对幼儿的关爱程度、道德情操与专业功底是幼儿园普遍最为关注的三项考核指标。各地幼儿园加强师德师风建设，把每一位教师每学期、每学年在政治思想、师德修养、师风表现、家庭美德、社会公德等方面的实际行为、现实努力与取得的进步，给予科学而全面的考核并推行师德师风考核公示制度。如株洲市渌口区落实局长开局"改革教师评价，推进践行教书育人使命"项目，健全教师荣誉制度，形成考核评议机制，发挥典型示范引领作用；郴州市落实书记局长开局"党建引领，强化师德师风建设"项目，组织幼儿园教职工参加全市幼儿园教师师德师风及职业行为准则应知应会测试活动，将测试结果作为年度师德师风考核重要参考；郴州市资兴市建立师德考核评价体系，搭建教师资格定期注册、业绩考核、职称评聘、评优奖励门槛。建立师德失范数据库，关闭失德干部和教师职称晋级、评先评优、提拔任用大门。

三是拓宽教师评价内容，创新教师评价方式。在评价内容上，幼儿园将保教工作实绩作为教师多维评价中的关键指标，把结果评价与过程评价、定性评价与定量评价结合起来，坚持"从入口看出口，从起点看变化"，持续探索开展教师综合素质评定，以促进增值评价改革整体助推青年教师快速成长。如郴州市嘉禾县幼儿园参考"五维一体"发展性教学评价体系，以教师发展为本，以制度创新为先，以多元主体协同为关键，以评价结果的激励性和可改进性为着力点，不断探索完善教育评价机制。教师问卷调查数据显示，教师评价制度改革后，幼儿园教师的绩效工资更向保教工作量、教学能力与师德师风表现倾斜。在评价方式上，幼儿园本着公正性、全面性、层次性、多元化原则，把自我评价、同行评价、幼儿家长评价、领导评价结合起来，坚持评价方式的多样化。如怀化市芷江侗族自治县在教师"141评价体系"的基础上，增加教师育人能力方面的评价内容，通过广泛调研制定教师评价细则，建立教师自评占10%、同行评价占20%、家长评价占40%、教育质量占30%的教师评价体系，并强化结果运用，促进教师对评价所反映问题的反思，极大提高了教师管理班级的能力和水平。

幼儿园教师评价体系的优化使教师的专业成长"看得见"，得到家长和幼儿的广泛认可。针对家长的问卷调查数据显示（图6、图7），较多家长对幼儿园保教质量的评价标准以教师队伍建设为首（44.63%），将师德素养置于教师评价标准首位（49.85%）。受访家长积极参加教师教学工作评价、保育员工作评价与师德师风评价，且表示对孩子所在幼儿园的师资质量很满意，体现出当前幼儿园教师队伍建设已有成效。根据教师问卷的调查结果（图8），通过教育评价探索与实践，教师教学理论、思想政治、教学基本功和教学方法与信息技术手段等方面素质有了极大提高，教师自身的班级管理能力（25.77%）、分析和评估幼儿发展水平的能力（20.94%）、保教活动组织能力（21.55%）以及通过分析和评估调整保教行为的能力（26.55%）有了较大提升，教师在观察—发现—分析—支持幼儿的道路上不断前行，专业能力得到显著提高，为幼儿终身学习与发展奠定了坚实的基础。

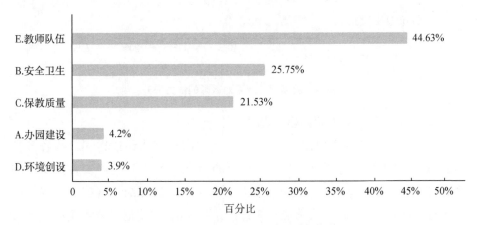

图6　家长对孩子所在幼儿园最满意的地方

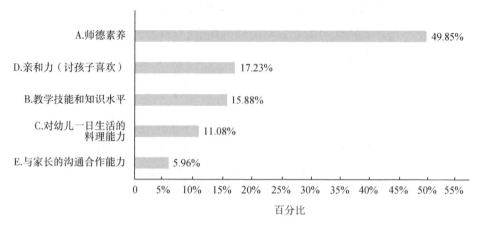

图7 家长进行教师评价的首要标准

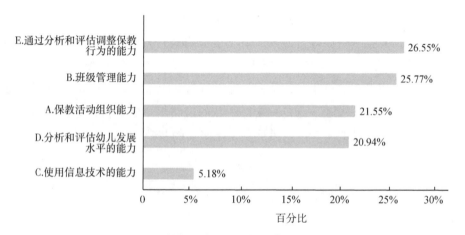

图8 教师评价结果对教师的能力提升

3. 寓教于乐，助力幼儿全面发展

根据教师问卷调查数据（图9），以及和园长座谈访谈得知，我省各县（市、区）幼儿园将办园理念与"以游戏点亮儿童生命"的"安吉游戏"理念有机结合，整体谋划推进幼儿园保育教育工作。教师结合《安吉游戏推广三年行动计划》《幼儿园入学准备教育指导要点》，主要通过改革集体教育活动（26.98%）和游戏活动（24.12%），贯彻落实教育评价改革中对教师"以游戏为基本活动促进儿童主动学习和全面发展"的教育职责要求，"放手让孩子在游戏中自主学习，做好入学准备"。从保障幼儿"有权利玩""有地

方玩""有材料玩""有时间玩"四个方面,更新教育理念,调整游戏场地、游戏材料和一日作息安排,让幼儿在做中学、玩中学,呈现教育理念变革、教育环境改观、教育效果增强的良好势头,打开幼儿园教育评价改革新局面。

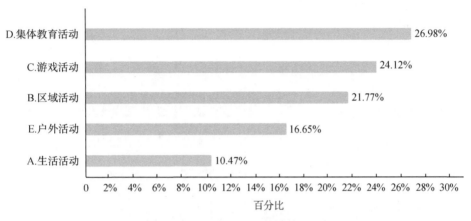

图9 教师所在幼儿园教育评价改革重点改革的活动

一是构建游戏故事评价体系,探索幼儿发展性评价。如郴州市嘉禾县幼儿园以安吉自主游戏为载体,加强制度设计,结合"生成于游戏的教学"构建"幼儿游戏故事"评价体系,聚焦自然情境下幼儿对动物、自然、亲人等的真实想法和思考,通过真实记录来认识真实的幼儿。常德市临澧县全面落实"以游戏为基本活动,寓教育于各项活动中"的理念,在全县幼儿园开展游戏故事征集、优秀班级大型主题表演游戏案例征集活动、自制玩教具比赛及研究论文评选活动。

二是聚焦环境改造与材料投放,开设生活化游戏课程。教师问卷调查数据显示(图10、图11),"环境创设"是当前幼儿园教育评价重点改革方向。在幼儿园对班级集体教育活动和游戏活动的评价改革中,活动组织成效最为突出,保障幼儿"有权利玩""有地方玩""有材料玩""有时间玩"。如常德市石门县着力推广科学保教理念,改变以往"填鸭式"的学习模式,按"多场地、多器材、多时间、少管控"的原则合理安排和组织幼儿在园一日生活,最大限度地支持和满足幼儿通过直接感知、实际操作和亲身体验获取经验的需要。怀化市新晃侗族自治县将游戏项目与侗族文化、传统玩法相结合，通过更新拓展游戏空间和打造本土文化环境平台建设"慧玩空间"。邵阳市邵东市聚焦"游戏材料自然生态且探索空间无限，游戏环境具有多种特征且富有自然野趣，游戏时间充足且灵活"，遵循"可组合""可移动"的开放原则，保持材料"数量充足""分类陈列""可及可得"，打造户外游戏课堂。

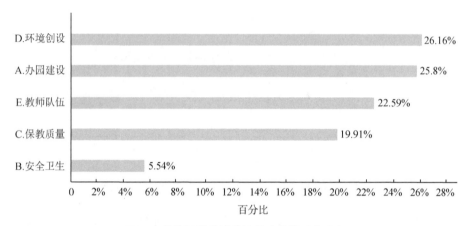

图 10　幼儿园教学活动评价改革的重点方向

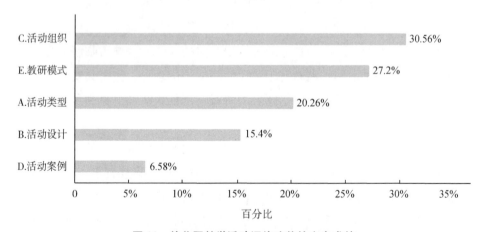

图 11　幼儿园教学活动评价改革的突出成效

三是将幼儿纳入评价主体，培养幼儿自主评价能力。如怀化市新晃侗族自治县在游戏中鼓励幼儿自由探索、思考，解锁新玩法，充分激发幼儿学习潜能。永州市冷水滩区长丰幼儿园鼓励教师在阅读分析会中"睁大眼、竖起耳、管住嘴、管住手"，记录活动过程、关注幼儿安全，同时适时捕捉教育契机，引导幼儿发现游戏过程中的新问题、探寻新方法，充分调动幼儿独立思考和表达的能力；会后邀请幼儿评价活动过程与成效，共同参与活动反思与改进。

教师问卷调查数据显示（图12），超过五成（56.22%）的教师在幼儿发展评价中普遍更加重视指向自理能力、自我保护、动作发展的健康领域，这与家长对孩子增值性评价结果的反馈一致（图13）。在全省试点园坚持以游戏为基本活动、积极探索园本化实践的过程中，儿童的成长由单一走向全面，幼儿各方面能力得到充分发展。

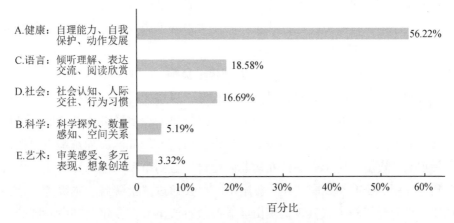

图 12　教师在幼儿发展评价中最重视的评价指标

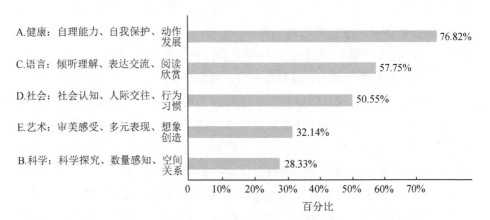

图 13　家长眼中孩子在班级活动中显著提升的能力

（四）降压减负，在优化生态上做"减法"

近年来，我省把实现学前教育普及普惠安全优质发展作为教育评价改革的先行任务。持续实施学位配建和捐资兴教，鼓励社会资本开展校车运营等外围业务，有效减轻公办园与普惠性民办园建设压力；坚持"改造提升一批、降格处理一批、整合撤并一批"的方式，有效减少薄弱园存量；在建设公办园的同时大力推进民办幼儿园分类管理改革，整治条件简陋、师资薄弱、管理不规范、存在安全隐患的无证幼儿园。目前，全省"入园难""入园贵"问题基本得到解决。为幼儿和家长提供价格便宜、方便就近、灵活多样、多种层次的学前教育服务，通过减轻择园压力引导家长等各方形成正确的择园观念，树立、培养民众科学的学前教育观。

1. 多途筹资争资引项，减轻公办园建设负担

各地区全力落实省政府为民办实事任务，以多元化投入狠抓幼儿园基础建设。筹措公办幼儿园建设补助资金，重点推进空白乡镇公办幼儿园、城镇小区配套园建设，确保每个乡镇至少建设一所公办幼儿园。如益阳市财政设立专项奖补资金，用于激励公办幼儿园建设。益阳市赫山区从专项债券中安排资金，用于公办幼儿园建设。益阳市安化县通过"上级投、本级筹、社会捐"的多元化筹资方式实现贫困山区学前教育改革，在乡镇公办中心园和片区公办园的建设上，积极争取国家资金，实行先建后补，不足部分由各中心园争取捐赠等方式自筹；同时，根据动态需求，利用闲置校舍，投入建设村级幼教点 80 余个，极大优化幼儿园的办园条件，做到乡镇公办中心园、公办片区园（原撤并乡镇）、幼教点的同频共振，条件提质改造同步。

2. 推进分类评估认定，减轻普惠性民办园压力

推动普惠性民办幼儿园建设，广泛开展普惠性民办园认定。如株洲市醴陵市加强普惠性民办幼儿园评估认定工作，制定普惠性民办幼儿园考核及遴选认定工作方案，将高质量的民办幼儿园纳入生均保障范围，支持民办幼儿园降低收费标准，面向大众提供普惠服务；益阳市安化县不断扩大城镇公办资源供给，通过公办园提速发展撬动民办园提质改造，深度推进"一体化"管理；邵阳市大祥区实施学前教育公益普惠工程和民办教育促进工程，做好民办教育分类管理改革，明确各类民办学校主管部门全面完成分类登记工作。

3. 加强规范整治，减少薄弱园存量

全面加强民办幼儿园管理，县政府牵头，相关部门联合执法，责令关闭规模小、办园条件差的民办幼儿园。如邵阳市大祥区持续开展民办幼儿园专项治理，清理整顿无证无照机构，落实民办教育相关优惠政策，积极引入有诚意、有实力、有办学经验的优质民办教育集团到大祥区投资办学；邵阳市新宁县出台《民办幼儿园积分管理办法》等文件，对民办幼儿园实行积分制管理，依法评优、整改或吊销民办幼儿园办学许可证。组织召开民办幼儿园安全工作会议，进一步强化安全管理工作。会同市场监督、民政、消防、公安、应急、住建等职能部门开展校外培训机构和无证幼儿园专项整治，规范民办教育机构和幼儿园的办学行为。

二、问题与分析

从座谈访谈中得知，自教育评价改革实施以来，我省大部分地区针对公办园和民办园、城乡园、试点园和非试点园都结合实际在"批建管评"一体化的基础上，在分类标准界定、分类改革、分类发展、分类考核、分类监管方面取得了实质进展与积极成效。但改革发展不均衡现象依然存在：地区、城乡之间发展不平衡，与经济社会发展和人民群众日益增长的需求还不相适应；各级各类的评价指标体系尚未建立完善，整体考核体系并没有呈现特色差异和引领帮扶，或者说其分类考核还在策划过程中；与分类考核相对应的激励配套政策不完善，激励保障政策制度与措施需要进一步细化明确。表现在：一些地方对学前教育事业的投入与支持不足，对幼儿园教育评价改革的重要性认识不够，对幼师队伍建设及教师合法权益保障不到位；一些地方幼儿园管理力量薄弱，小学化倾向尚未根治。

（一）观念转变不彻底，改革共识难统一

幼儿园教育评价改革关系亿万儿童健康成长，关系社会和谐稳定，关系党和国家的事业，因此离不开来自各方力量的共同支持与配合。改革合力始于各类主体的观念转变，综合调研情况，目前政府改革观、家长育儿观、幼

儿园育儿观、园校教学观尚未完全达成共识，存在观念不重视、不科学、不统一、不衔接等现象。

1. 党委和政府学前教育观与评价改革理念模糊

首先，部分地方教育行政管理部门对学前教育的重要性缺乏应有认识，对学前教育在儿童个体成长与国家教育事业发展中的作用缺乏宏观的战略眼光。表现在实地调研的 18 个地区中，仅有常德市、益阳市赫山区、湘西土家族苗族自治州泸溪县教育局单独设有学前教育管理办公室、学前教育股作为幼儿园教育管理专门机构；湘潭市、岳阳市平江县、株洲市渌口区教育局设置了学前教育与特殊教育科、职成与学前教育股、社办职成幼教股作为主要负责幼儿园教育管理的综合机构。其余地区政府在当前政府精简机构的改革背景下，都将作为幼教管理机构的学前教育处撤销，只保留了兼职幼教管理干部。专门管理机构的撤销与专任管理人员的流失，客观上削弱了对幼儿园教育的宏观管理，使评价改革的组织与管理失去了基本保障。

其次，部分地方教育行政管理部门对幼儿园教育评价改革的整体认识不够。表现在各调研单位提交的阶段性总结材料及实地调研座谈访谈内容中，提及的幼儿园教育评价改革的篇幅明显小于其他学段。党委和政府职能部门针对幼儿园教育评价的深化改革很大程度上停留在学前教育综合改革层面，改革进展与成效离不开学前教育"安全、普惠、优质、均衡"发展的题中之义，而鲜少聚焦园所、教师、幼儿评价本身。部分原因也在于一些地区学前教育基础差、底子薄，难以达到深化评价改革的基础条件。综合考量改革难度与经费分配，政府往往将主要精力放在普及九年制义务教育上，无论是在经费保障还是在行政管理方面都无暇顾及幼儿园管理工作。

2. 家长与幼儿园教育观念冲突矛盾

帮助家长更新、端正、树立正确的教育观念，是教育评价改革顺利推进的首要保证。目前，我国以考试为主的升学标准没有改变，基础教育改革碍于以知识的掌握程度为衡量标准的考试制度，难以采用新的教育理念进行教学，这种真实的教育情况也对我国幼儿园教育评价改革的发展产生重大影响。针对教师的问卷调查数据显示（图14、图15），教师在幼儿评价工作中遇到的主要困难是"家长与教师的育儿观念不一致"（33.27%），在幼小衔接工作中发现的主要问题是"家长希望幼儿园超前教育"（63.9%），故将所在幼儿园开展教育评价改革的最大阻碍归结为"家长传统的育儿观念难以转变"（62.08%）。

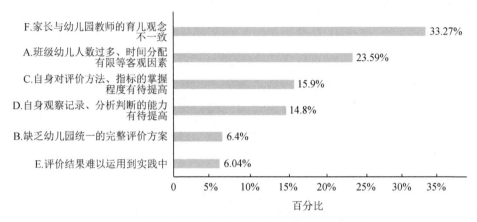

图14 教师在幼儿发展评价工作中遇到的主要困难

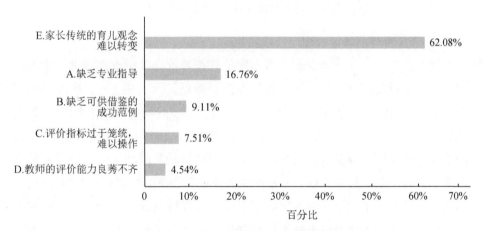

图15 教师认为幼儿园开展教育评价改革的最大阻碍

而在针对家长的问卷调查中，大专以下学历家长占76.43%，大班家长占51.08%。如图16所示，大部分家长倾向于幼儿园注重孩子拼音、算数、识字认字等基础知识的教授，仅次于对"生活习惯、自理能力与体质健康"和"学习素养、习惯、兴趣"的重视程度。体现了部分家长的教育观念尚未完全转变，不明白幼儿的学习是以直接经验为基础、在游戏和日常生活中进行的；不理解"双减"背景下小学教学、测试内容、学习方式与习惯养成要求的变化；不明晰"零起点"的教育本质，对于幼升小仍存在认知误区与焦虑情绪，对如何"适应小学的学习方式"与"适应小学的生活学习作息"存在担忧。急功近利、一味追求孩子知识掌握的多少而忽视孩子的身心健康发展。

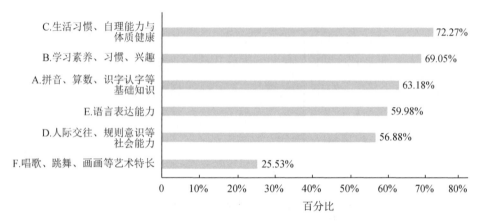

图16　家长对幼儿能力培养的重视类型

3. 幼儿园与小学评价观念衔接困难

幼儿园与小学在评价观念上的不同是教育评价改革中重点推进幼小衔接面临的一个重要问题。针对教师的问卷调查数据显示（图17），当前幼小衔接工作中存在的问题还体现在幼小学段教学内容、教学模式跨度太大（53.47%），且两个学段教师沟通交流仍不够充分（42.21%），缺乏充分研讨的系统科学的衔接方案（39.96%）。幼小衔接是幼儿园和小学两个相邻教育阶段在教育上的承接和连续。园校间在课程设置和活动组织形式上各具特色，幼儿园以游戏为主的活动内容决定了对幼儿的发展性评价更倾向于情感和态度方面，故该评价较为尊重孩子的心理需求和学习品质，但容易带有主观判断；而小学阶段更加强调知识的获得，因此认知相关的评价指标在评价体系中占有很大比重，评价标准相对客观，但容易忽略个体差异。

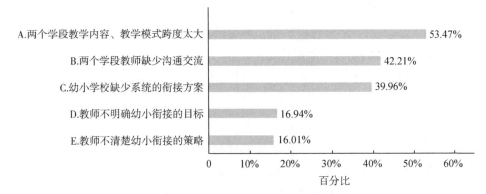

A.两个学段教学内容、教学模式跨度太大　53.47%
B.两个学段教师缺少沟通交流　42.21%
C.幼小学校缺少系统的衔接方案　39.96%
D.教师不明确幼小衔接的目标　16.94%
E.教师不清楚幼小衔接的策略　16.01%

百分比

图17　教师认为当前幼儿园幼小衔接工作中存在的主要问题

4. 不同类型幼儿园办园观念鸿沟明显

一些农村公办幼儿园、民办幼儿园与幼教点在思想观念上存在"等、靠、要"思想，总是被动地等待政府投入，缺乏改革工作的主动性和积极性。许多民办园由于办园宗旨不明确，过分重视办园效益，为了吸引和维持生源，盲目迎合家长的需求，不顾儿童身心发展的特点，过于重视知识技能的传授，忽视儿童全面发展；过于重视安全，限制了儿童活动；过于注重特色教育，忽视日常教育，教学内容明显具有功利色彩。采用各种名目来标榜和包装名不副实的课程，达到高收费的目的。保教工作欠规范，导致保育教育质量不高，公办园和民办园、城乡幼儿园在改革上步伐差距明显。

（二）评价体系不规范，科学指标难构建

《总体方案》中明确国家要制定幼儿园保教质量评估指南，并要求各省、自治区和直辖市完善幼儿园质量评估标准，将各类幼儿园纳入质量评估范围。但我省对《评估指南》的理解、运用和发挥呈现出幼儿园内部评估体系不够完善，学前教育的科学发展和监督管理尚缺乏有效的价值引领等问题。幼儿园教育评价既存在指标体系不够科学导致的评价的信度、效度不高这一现象，也存在缺乏直接测量评价内容信息量的科学方法，从而使得幼儿园回避对这些因素的测评，加之评价指标过于抽象、操作性差，造成评价结论的主观性强等问题，影响了教育评价的科学性。一方面，在地方层面上，幼儿园质量评估标准的落地落实尚缺乏具体的评估细则；另一方面，为数众多的民办幼

儿园并未被完全纳入学前教育监管和评估体系。这种情况不利于幼儿园教育评价改革的高质量、科学化以及幼儿园建设发展的规范化、标准化。

1. 缺乏细化的幼儿园质量评估标准

在国家文件的背景下，各地幼儿园质量评估具体标准的制定仍处于探索起步阶段，部分地区公立幼儿园甚至对《评估指南》的出台情况表示不知情，部分幼儿园在座谈访谈中提出希望借助政府力量，为园所提供或参与指导园所研制具体实施细则。幼儿园虽然能通过各方途径初步建立量化评价体系，但其中不乏不适合本园实际的评价指标，而教师又不知如何根据不同地区、不同性质的幼儿园对其进行详细修订，保证评价工作在幼儿园得以开展。有的幼儿园虽然建立了量化评价指标体系，但评价指标较为粗放，内容简单，如幼儿园对教师的评价简单地分为职业道德、教育能力、教育质量三个维度，比较笼统。目前长沙市已在自主研制本地评估指南上取得突破进展，但亦在专家论证与技术工具开发阶段遇到现实困难：一是当前幼儿园教育评价改革对评价过程的操作性、技术性及评价主体专业性的高标准、高要求与当前幼儿园的评价队伍、工具指标及技术手段的低水平、低效率之间存在明显矛盾；二是国家文件主张对幼儿进行情境式观察，反对测评。因此幼儿园的幼儿发展评价是建立在教师对幼儿日常观察基础上的模糊评价，这使得评价指标的科学性难以界定，更难以保证。评价过程性数据的应用与幼儿评价的性质存在天然矛盾，容易造成评价目的与评价效果非主观意愿上的背离，对评价指标制定的科学性、精确性提出了更高的要求。

2. 缺乏统一的民办幼儿园监督管理标准

健全的监管标准是保障改革效力的前提条件，但当前专门的普惠性民办园监管标准尚未建立。民办园在审批登记、分类定级、评估指导、教师培训、职称评定、资格认定、表彰奖励种种实际情况中尚未与公办园具有同等地位，导致其在改革中掉队落单。政府对民办园的管理还存在着批管分离而导致的标准不一、权责不清、多头管理，以及源头监管与过程监管不力甚至缺失等现象。如有些地方在承办民办园过程中的审批及日常管理涉及土地城建、教育、卫生防疫、水电暖气、财政和价格、民政、劳动保障、妇女儿童等十多个主管单位和部门。单位之间在学前教育领域的权责界限不清，相互协调统一尤为困难。由于审批手续烦琐，大量民办园不得不放弃申请，甘当"黑户"幼儿园。且由于民办园管理者对国家教育政策缺乏系统的指导和深入的理解，在办园过程中容易出现违背教育规律的不当行为。如衡阳市衡南县反映个别民办园小学化倾向严重，小学一年级教学起点不一致。这不仅阻碍了学前教育事业的发展，而且没法让教育评价改革成果惠及全体幼儿，难以达到全面协调可持续发展的目标。缺乏上级有关部门进一步统一公办园和民办园的审批与管理，规范化引领各类幼儿园推进改革同频同向。

（三） 资源配置不均衡，评价队伍难建设

目前城乡园所发展不均衡问题尚未完全转变，大班额现象依然存在。随着学位需求持续扩张、办园规模不断扩大、教育评价改革深入推进，各地幼儿园都或多或少面临教师队伍不稳定、师资力量薄弱的问题。其中教师队伍不稳定、幼教专业教师少与推进教师发展性评价之间矛盾凸显。

1. 改革工作任务重，幼师编制数量少

针对教师的问卷调查数据显示（图18），46.89%的教师在幼儿发展性评价中的主要工作是观察幼儿，这是由于学前儿童具有其发展阶段的年龄特殊性和个体差异性，不识字或无法理解评价指标，因而不适用于学业测试与文字调查等评价形式，观察记录成为教师的主要评价手段。但班级幼儿人数过多、时间分配有限等客观因素也成为教师在幼儿评价工作中遇到的主要困难之一。

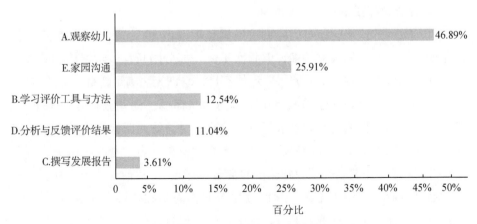

图18　教师在幼儿发展性评价中的主要工作量

幼儿园保育教育工作具有特殊性。长期以来，幼儿教师负担重，既有学前教育系统自身原因，也有评价体系不完善和治理能力不足等深层次原因。教职工日常工作量已十分繁重，按《幼儿园教职工配备标准（暂行）》师生比1：6计算，幼儿园现有教师编制数量难以满足幼儿园师资队伍需要。加上相关补贴补助、奖励倾斜的减少给"一编难求"现象"雪上加霜"，导致幼师离职离岗率高，师资队伍萎缩严重，难以承担额外的教育评价相关改革任务。为化解班生额大、乡村学校生源萎缩等因素的影响，在现有教师编制数不改变的政策环境下，幼师编制配备不均衡现象将进一步加剧。

2. 公办幼师外调多，骨干幼师留不住

由于幼儿教师的社会地位与职业认可度仍处于较低水平，因而在教师评价体系中无法得到有效保障，如幼儿教师在职称评审方面不占优势，职称名额存量少、空缺少、竞争大。教师问卷调查数据显示，受访园长等幼儿园管理者占15%，主配班教师占70%，保育员占15%，其中73%的教师未定职级。优秀的年轻教师没有盼头，职业倦怠频发，教师流动性大。加之幼师经济保障不足，年终绩效收入与其他学段教师之间存在较大差距，公办园有经验、有能力的在编教师不是走上管理岗位，就是加入中小学教师队伍。如岳阳市平江县幼教中心幼师三年内外调12人，临聘幼师近年来考编往乡镇21人，辞职14人。这样的流动导致部分幼儿园一线教师队伍缺少经验丰富的中青年教师，极大地影响了幼师的专业化发展。

3. 专业幼师招不到，师资水平保不齐

针对教师的座谈访谈与问卷调查数据显示（图19），教师参加教育评价改革专题学习培训的人数较多，但频次不高。部分园长反映学习培训效果不痛不痒，原因不仅在于幼儿园入职评估不足，培训无法满足新型幼师的需求，还在于幼儿园为代表的学前教育师资本身力量薄弱，幼儿教师专业水平低，整体素质不高。根据问卷调查数据（图20），受访幼儿园教师的学历主要集中在大专及以下水平（75.45%）。其中无教师资格证者占很大一部分。可见"不专业"成为当前幼儿园教师队伍的突出"痛点"。目前幼儿园及社会对幼儿园教师专业化认识不全面，学前教育专业作为基础学科，发展历程较短，尚未得到社会的平等尊重。学前教育毕业生不愿进入幼儿园就职。未受过系统学习的非专业生进入该领域，影响幼儿园整体保育教育质量。师资力量稀缺，遑论教育观与评价能力素养的培育。

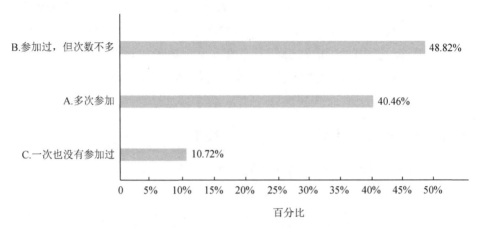

图 19　教师参加教育评价改革专题学习培训的次数

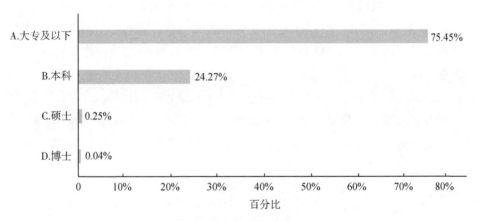

图 20　教师学历基本情况

4. 公办教师数量少，临聘人员难管理

目前公办幼儿园由于师资编制过少，临聘教师队伍庞大。学前幼儿教师同工不同酬现象普遍存在，教师教学水平参差不齐且待遇较低、流动性大，师资队伍不稳定，退出机制难以落实，增加园所管理难度。另外，临聘教师经费支出较大，挤占幼儿园公用经费，给当地教育部门和幼儿园带来困难，制约幼儿园保教质量发展。

幼教师资短缺的现象从外因看，是本专科人才供给不足；从内因上看，则是幼教岗位对优秀年轻人来说缺乏吸引力。归根结底是学前教育的"欠账"积弊已久。虽说国家近年来在各级教育财政经费中优先补齐学前教育，但相比义务教育占比始终保持一半以上的优先保障地位，学前教育仍是国家财政性教育经费中的"短中之短"。"投入少"导致"缺口大"，"缺口大"导致"不专业"，教育资源配置的失衡成为幼师队伍结构短板的"死循环"的起点。

（四）资源整合有欠缺，评价平台难共建

1. 家园社育人平台共建力度有待加强

在问卷调查中，多数受访家长反映与幼儿园的联系方式仍以线上沟通为主。如图 21 所示，排除时间与精力等外部因素，仍有部分家长对评价内容与标准概念模糊，评价实施手段与反馈渠道缺乏。教师参与教育评价改革专题学习培训的人数较多，但频次不高，尚未建立健全聚焦教育评价改革工作的"教学研"共同体良好氛围。近半数受访教师反映，园所评价与管理中的家长参与度、社区资源的整合与利用率不高，家校社的互动合作有待进一步增强。

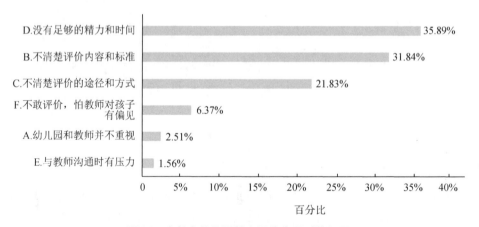

图 21　家长在幼儿园教育评价中遇到的问题

2. "数字化"智能平台配套设施尚需跟进

信息技术是实现科学幼儿评价的重要保证和支撑，是支持教师组织保教活动的基础。一方面，教师在幼儿评价工作中庞大的观察记录工作需要大数

据赋能下的信息技术支撑，评价指标的构建与操作缺乏专家团队支持；另一方面，科学评价工具和信息化智慧平台的开发需要后续一系列指向操作的配套措施，评价工具的开发与应用缺乏基础设施扶持，对人力物力造成极大挑战，如资金投入大、操作规范多、对教师水平要求高、工作量大等。

一是幼儿园信息化基础设施建设薄弱，区域性差异显著。当前幼儿园信息化基础设施已成为幼儿园推进教育评价改革进程的瓶颈之一。学前教育信息化基础设施建设薄弱，区域性差异显著，在宏观上区域发展不平衡，微观上内部应用不协调。并非所有的幼儿园可以实现网络连通，信息化设备不断升级更新，而对于农村地区和边远山区，这样的目标遥不可及，因为基本的"入园"问题都还未解决。这造成教育评价改革过程中的"数字鸿沟"。

二是幼儿园信息化资源严重匮乏，专业化水平低。资源的数量和质量决定着学前教育信息化的质量。集成优质教育资源，推进资源共享是幼儿园教育评价信息化的当务之急。目前专门针对幼儿的网络资源较少，适合幼儿发展性评价的软件开发技术在国内还很不成熟。学前教育信息化资源的匮乏是阻碍幼儿园教师利用现代信息技术进行教学和评价的重要因素，即使幼儿园配备良好的现代教育技术装备，也无法在实际的教学和评价管理中发挥作用。另外，信息化资源的专业化水平仍有很大的提高空间，现有的资源很难满足一线教师教研和评价改革工作的需要。

三是幼儿园教师的信息素养与评价能力不高，缺乏有效培训。学前幼儿具有个体差异性和发展阶段的年龄特殊性，不识字或无法理解评价指标，因而不适用于学业测试与文字调查等评价形式，更需要具备评价能力素养的教师一对一进行指导和解读。但现代信息技术在学前教育领域中的应用理论和实践研究并不像中小学领域、高等教育以及职业教育领域那样成熟。目前，幼儿园教师对录音机、电视机、计算机等传统的现代教育技术设备掌握得较好，而对投影仪、幻灯机、打印机、摄像机等设备的掌握水平较低，绝大部分农村幼儿园教师对课件制作、素材处理等多媒体工具，以及科学量表、数据收集软件等评价工具的使用能力显得尤为欠缺。

总体而言，改革过程中出现的各方观念难以协调；宏观管理不够、经费投入不足、编制分配不公；师资力量欠缺；办园缺乏体系规范、评价缺乏平台技术等一系列问题，都显示出当前学前教育的基础建设依然是各级教育中的薄弱环节，难以保障幼儿园教育评价改革的进一步深化落实，致使改革的内驱力不强。究其原因是国家在制度、立法上对学前教育缺乏重视，更多将学前教育视作减轻家庭与社会负担的民生工程，而未切实将其制度化为与大中小学教育同等地位的一个教育实体，并未将其纳入国民教育体系并作为义务教育组成部分来统筹考虑。幼儿园教育的"边缘化"不可避免地带来幼儿园教育评价改革整体滞后，因而有关幼儿园教育评价的改革内容总是裹挟于提高普惠学前教育覆盖率和办园规范的余力之下，无论是在文件出台、经费保障，还是在政策落实上都难以得到与其他学段同等的改革力量支持。

三、对策及建议

把幼儿园教育评价改革工作摆在与各学段教育评价改革工程同等发展的战略地位，需优先将学前教育事业发展纳入国民教育体系，同时进一步实施分类改革策略：统筹协调平稳推进，加大分类改革宣传力度，营造良好的改革氛围；继续细化优化分类标准，科学制定分类考核指标体系，创新与优化评价方法；开展差别化、包容性的分类激励，充分调动改革积极性。

（一）加大投入力度，夯实改革基础

推行幼儿园教育评价改革，政府部门不能单凭下发禁止性文件与负面清单施蛮力，而应以巧力建立动态监管的长效机制，完善高位推动机制、政策保障机制、投入激励机制与督导考核机制，督促各地落实教育评价改革立法保障，为有效破除改革的瓶颈问题，提供强有力的政策与制度保障，使幼儿园教育评价改革有法可依。

1. 完善以财政投入为主的学前教育经费保障机制

各级财政应持续稳步增加学前教育投入，有效保障学前教育三年行动计划的实施。一是建立健全与公办园、民办园并举管理体制相适应的生均拨款、收费、资助一体化的学前教育经费投入机制，将学前教育经费纳入政府年度财政预算予以保障。二是完善教育成本分担机制，推动落实完善扩大教育社会投入政策。在积极争取中央财政的政策和资金支持的同时引导各县（市、区）加大学前教育投入。三是创新普惠性民办幼儿园奖补机制，多元化、多渠道筹措办园经费，充分调动民办教育投入和社会捐赠投入积极性，促进学前教育规模与内涵同步发展，为适龄儿童提供办园条件基本均衡、入园机会基本均等的学前教育资源，满足人民群众对学前教育的多元需求。

2. 补充以师德师风为先的幼儿教师待遇保障机制

依法实施幼儿教师资格制度和任用制度，明确幼儿教师的身份和地位，建立幼儿教师考核奖励制度。一是在财政支持上强化地方政府主体责任，着力改善教师待遇。制定学前教育规划时有针对性地将财政资金向专项幼儿教师培养和培训方面倾斜，通过财政补助和学前教育专项来解决教师地位差异问题，建立新的财政拨款制度，从根本上解决教师同工同酬，以及事业单位人事制度改革相关问题，完善幼儿园教师绩效工资政策，推动各级政府优先保障幼儿园教师工资发放，研制幼儿园教师绩效工资总量核定办法。二是在考核评价上完善幼儿园职称晋升机制，建立专业素质与人格修养并重的任职资格。将师德师风考核、教师技能竞赛等保教实绩作为教师岗位考核、岗位选聘的重要指标。鼓励幼儿园不仅把幼儿教师的教师资格视为考查的基本标准，而且从专业知识、人文素质、实践智慧等方面进行考察，了解教师是否具有学前教师应具备的素质。三是在城乡均衡上注重提高农村幼儿教师待遇。落实农村教师补贴、职称评审倾斜政策，联合劳动保障部门统筹研究农村幼儿教师的养老保险问题，加快推进农村教师周转房建设，落实城市幼儿教师按照国家有关规定参加城镇职工社会保险，消除教师的后顾之忧，保障幼儿教师的合法权益。

（二）闭合工作链条，打通改革路线

幼儿园质量评价与其建设和管理相关，在建立以政府为主导的学前教育管理机构的同时，更要建立"地方负责，分级管理和有关部门分工负责"的幼儿园教育评价管理体制，形成脉络贯通的"全链条"闭环式线性工作体系。

1. 建立多部门参与的综合治理联合执法机制

按照"疏堵结合、分类治理"原则，会同各部门成立幼儿园综合治理联席会议办公室，打破以往各职能部门单打独斗、各自为政的被动局面。由教育局牵头，公安、城管、市场监管、卫健、消防、乡镇（街道）等共同参与，实行信息互通、资源整合，开展幼儿园督导治理联合执法行动。明确乡镇街道在治理中的主体责任，充分发挥乡镇街道网格化管理作用，落实排查、分流、维稳等举措，发现一处，查处一处。从政策上、根本上杜绝不科学、不合理的办园行为出现。

2. 落实多部门参与的评价改革动态管理机制

健全政府统筹，教育行政部门主管，有关部门协调配合，社区内各类幼儿园（班）和家长共同参与的学前教育管理体制。理顺各部门在教育评价工作中的交叉点与衔接处，如民政部门要把发展学前教育作为城市社区教育的重要内容，与教育部门共同探索依托社区发展幼儿园教育评价的管理机制和有关政策。充分发挥城镇社区居委会和农村村民自治组织的作用，综合协调、动员并利用各种社会资源，如各级妇女儿童工作委员会和妇联组织利用校园网络、公众号、视频号等新闻媒体的宣传，将各园教育评价改革成果形成典型经验，并广泛推广，营造良好的社会氛围。

（三）细化质量标准，完善分类评价

1. 推动各地分区规划、分类指导、分头改革

一是进一步放开全省各地区政府机关部门与幼儿园可自主安排的改革内容与年度完成时间，为增强基层教育落实的自主性提供时空条件。二是指导各地区按照积极进取、实事求是、分区规划、分类指导的原则，结合本地区实际，制定幼儿园教育评价改革与发展的工作规划。三是各开局、试点项目改革成效不再只以年终总结和材料汇报的形式呈现，从内容上实现教育评价改革"供给侧"与"需求侧"的有机对接，"试点任务"与"因地制宜"的科学统一；从形式上实现教育规定动作和自选动作的完美结合，让规定动作"出效"、自选动作"出色"。

2. 健全省市两级幼儿园保育教育质量评估体系

根据各地区的实际情况，因地施策推动幼儿园保育教育质量评估全覆盖，将包括农村、民办幼儿园在内的所有幼儿园都纳入评估范围。在专业技术与财政资金上帮扶各地教育部门与幼儿园根据《评估指南》制定基于本地本园的特色评估方案、实施办法与考评细则。如将硬件作为评估评价和考核农村、民办幼儿园的指标之一，引导扶持薄弱园增加教育道具和游戏场地以改善园所基础设施和办园质量。

3. 推进幼儿园分级分类评估

完善学前教育机构年度办学评估、普惠性民办园认定及复查制度，健全退出和补充机制，实现动态升降制。设立"创优定补"奖补资金，年内新争创为省级示范幼儿园、市级"十佳"幼儿园、市级示范幼儿园的给予资金补助，用于改善幼儿园办园条件，提高幼儿园办园水平，鼓励引导各级各类幼儿园主动提供优质普惠服务，同时巩固提高达到省定基本办园条件的比例。

（四）扩充教师存量，减轻教师负担

1. 畅通幼儿园教师补充渠道，力争进得来、留得住

持续把补充教师队伍纳入重点民生实事之一，及时配齐补足教师，为消除超大班额提供师资支撑。一是持续扩充教师资源存量。编制部门要会同教育部门、财政部门制定幼儿园教职工的编制标准，加强幼儿园教师的编制管理，保证学前教育事业发展的基本需要。二是严格幼儿园教师准入制度，加大幼教人才培养力度。建立健全幼儿园教师公费定向培养制度，加强学前教师培训的"五年连续体系"，为幼儿园教育评价改革提供高水平的师资力量保障。

2. 去芜存精减负担，营造潜心育人氛围

下大气力整改"一刀切"和"轻实绩"等惯性思维，去除幼儿园管理中的形式主义，减轻幼儿教师的非教学负担。一是在政府层面建立减轻幼儿园教师负担工作备案审查制度。在中小学教师减负 10 项规定的先行之鉴上，规范各类涉校活动，避免多头评价与重复评价，减少与教育教学非直接相关的评比考核、报表填写、接待参观等额外工作，将幼儿园教师从无效的课题研究、各种名目的论文评比中解放出来。二是在幼儿园层面构建"三化"工作体系，推动教师减负工作落到实处。即会议数量"精简化"，严格会议审批制度，严控会议数量，让教师有更多时间回归班级、回归教学；文字材料"精准化"，工作总结由"周结""月结"改为"期末结"，不说空话，只讲"干货"，减轻各处室和教师的文字负担；教研培训"精细化"，以精准化、滴灌式培训为主，减少全员参加的长时间、低效能的培训活动。让教师真正

有时间深入到保教实践中研究幼儿及其活动，在安心从教、静心从教的良好氛围中增强教师的职业幸福感。

（五）协同多方资源，实现同频共振

面对教育评价改革这项持续性的系统工程，整合资源是关键，共同衔接是保障，需要全社会齐发力、成合力。

1. 宣传凝聚共识，更新评价育人观念

观念是行动的先导，认识高度决定行动强度。一是加强地方政府对学前教育发展重要性的深刻认识。树立与中小学教育、职业教育、高等教育"等量齐观"的幼儿园教育评价改革理念。二是加大学前教育各方面知识、幼儿园教育评价改革相关理念的宣传力度。提升所有幼教工作者对学前教育的全面认识，加强对于幼教事业的责任感和紧迫感。三是搭建各方协同育人的有效运行机制和资源网络平台。积极利用社区资源，为家长提供再教育平台与家庭教育资源包，明确科学育儿与评价理念的重要性。提高家长文化素质，更新家长教育观念。促进幼儿园教育、家庭教育、社会教育协调发展，使幼儿园成为育人主体，家庭成为育人共同体，社会成为育人有益补充，从而以良好的学校环境、家庭氛围、社会风气巩固改革攻坚之硕果。

2. 示范带动实践，共享改革经验资源

一是建立健全试点园、示范园的长效对口支援机制。加大省、市级示范园与普惠性民办园、新建园、农村园的结对帮扶力度。联合全省包含城市和农村、公办和民办、优质和薄弱不同类别的 14 个实验区、156 所试点园和170 所幼小衔接试点校，实施城乡园长交流、挂职和支教制度。二是积极搭建全省试点交流平台，通过试点工作联络群实现省域资源共享。如组织志愿者团队公益论坛、圆桌沙龙、研修班等教研交流活动，将"校、园、师、家"纳入培训对象，邀请国家、省级专家实地诊断。打造全方面、立体化学习共同体，促进试点单位双向、多边交流。

3. 教研引领理念，共享幼小衔接资源

一是积极召开幼儿园教育评价改革部署及研讨会。提升园长思想站位，更新教师儿童观、教育观、游戏观、评价观。在深入贯彻《评估指南》的基础上，通过"理论学习+实践+研讨"循环的方式，以问题为导向，引领教师不断探索、总结和提炼,将游戏精神贯彻到幼儿园的一日活动中。同时,通过召开家长会、问卷调查、发布幼儿游戏活动资料等多种形式,向家长普及游戏理念,更新家长的育儿观,调动家长参与到改革中来,达成家园共育目标。二是建立省、市、县、幼儿园(小学)四级联动的教研体系。开展多种形式的双向教研,特别是通过幼小联系机制,加强幼儿园与小学双方教师在活动开展、课程建构、教学管理等方面的研究与交流,推动幼小学段互通、内容融合,共同探讨幼小科学衔接策略,共同参与教育评价改革实践。建立改革工作视察督导组与教研指导责任区,定期组织到各地区对各类幼儿园开展教研视察督导与业务指导,通过听汇报,查资料,看活动,访园长、教师、幼儿、家长,总结与反馈等形式,检视工作,提出建议,引导改进,整体提升各地幼儿园一线教师的保育、教育能力。

(六)利用信息技术,数字赋能评价

学前教育量大面广,其信息化关键在于资源共建共享。需要建设集管理、教学、队伍、空间、智库、平台等为一体的评价体系及量表,通过技术软件、应用系统的融通,形成数据收集终端平台,逐步实现各类信息化设备与平台横向互联、垂直贯通。以智慧型幼儿园科学评价推动教育范式由经验向数据转变、教育机制由管理向治理转变、教育过程由阶段向终身转变,以评价赋能幼儿园基层治理,实现幼儿园管理决策科学化、职能部门服务精准化及资源配置合理化。

1. 搭建学前教育信息资源平台

由政府统筹主导,完善国家数字教育资源公共服务体系,深入开展"一师一优课、一课一名师"活动,有序推进学前教育专业教学资源库建设。一方面,设计与当前幼儿园教育评价改革的目标、内容与特点相一致的,符合幼儿学习习惯和心理特点的地方学前教育资源平台。将幼儿园一日活动、教学活动、观摩课等相关资料进行收集整理,以图片、文字、音频、视频、动画等形式整合呈现;同时根据幼儿各年龄段的身心发展特点和教学需要,将资料转化为专业的信息化资源,借助基础教育信息化网络平台或"园园通"进行共享。另一方面,建立幼儿园内部局域网、功能齐全的多媒体教室和幼儿园网站等,逐步与互联网、远程教育网及中国教育卫星网实现宽带连接,在向家长介绍幼儿园教育特色的同时，开辟"互动空间"等专栏，通过多元互动形式使家长对幼儿园有更快捷、直观的了解，鼓励其对幼儿园的保育教育工作提出更多建议和意见，从而更好地实现家园共育。

2. 引进第三方评价技术与团队

积极尝试推动幼儿园与企业、学前教育专业院校、第三方评价机构、学前教育专家团队等组织建立长期合作，形成学前专业知识与信息技术深度融合的协同育人模式。汇聚资本、人才、技术等创新资源，激发评价活力，培育学前教育发展生态。政府在其中为幼儿园教育评价改革建设提供政策、经费支持；高校为幼儿园评教育价队伍提供专业人才支持；企业为幼儿园教育评价平台建设提供技术支持。借助专业力量探索科学的评价体系、评价技术及工具应用，通过多方对话，探析内容与技术、教育与数据的深度融合，做到资金、技术、专业知识等支持，以保证信息化背景下幼儿园教育评价的智能开展。

结　语

行之力，则知愈进；知之深，则行愈达。通过高位推动投入支持、专家团队示范引领、政府部门监督治理、试点项目先行先试、家园校社多轨并行，我省的幼儿园教育评价改革工作初见成效。但在教育评价改革驶入"深水区"的当下，推动全省幼儿园教育评价改革工作提质增效的任务依然任重道远，每一步都需"蹄疾而步稳"。幼儿园教育评价改革事在评价，功在事外。改革的重点是祛顽疾、除痼疾，不但要在评价具体指标、方法、工具上下足功夫，而且要以此为契机，坚持把发展学前教育作为教育现代化建设和改善民生的重要内容，积极呼应社会需求，在整合资源、聚焦公平、精准施策的基础上，继续巧用"加减乘除"四则运算：通过加法增加教育存量，减法消除教育负载，乘法倍增教育动能，除法优化教育结构。立足国家"为党育人，为国育才"的根本使命，满足人民群众对"幼有所育，幼有优育"的美好期盼，以最快速度、最大力度、最佳行动打好改革组合拳，破解改革难题，真正实现育人的无痕与和谐，实现学前教育普及普惠的高质量发展。

执笔人：廖靖琳

中小学教育评价改革
分报告

引 言

　　教育是民族的未来，承载着民族的希望，教育如何发展要看评价的指挥棒指向哪里。中小学教育是学校教育中承上启下的关键阶段，如何推动中小学教育的发展更是改革的重要问题，2020 年 10 月《深化新时代教育评价改革总体方案》（以下简称《总体方案》）的出台为中小学教育的发展指明了新的方向，提出了新的要求。为贯彻落实新时代教育评价改革的总体精神，推进教育的全面发展，湖南省于 2021 年出台《湖南省深化新时代教育评价改革实施方案》（以下简称《实施方案》），以方案为导向着力开展各地中小学教育评价改革的针对性试点工作。

（一）调研内容

　　本次调研围绕《总体方案》《实施方案》以及《湖南省教育评价改革试点工作方案》涉及的中小学教育评价改革内容，主要从学校主体的义务教育质量监测评价、招生办学评价、办学质量评价标准，教师主体的师德师风评价、教育教学实绩评价、学生工作参与评价，学生主体的五育并举、综合素质评价改革等主要任务出发，关注"改革的整体进展情况""具体的改革措施""改革过程中的问题""改革实践中的新思路、新方法、新举措、新建议"等方面。

（二）调研范围及方式

　　本次调研范围面向承担教育评价改革试点任务的 5 个市和 13 个县（市、区），调研对象涉及教育行政部门领导班子成员、中小学校长、骨干教师和学生家长。本次调研主要采用文本分析、问卷调查、座谈访谈、实地考察四种方式。文本分析针对不限于 18 个地区的区域性中小学教育评价改革现状进行前期了解；问卷调查分为通用卷、中小学教师卷以及中小学家长卷，面向 18 个地区的 270 余名领导班子成员、3806 名教师、15250 名家长进行整体情况的全面摸排；开展集中座谈 18 次和个人深度访谈 60 余次，涉及中小学评价改革的一对一深度访谈 30 余次；在此基础上，对能够代表各地改革成效的 27 所中小学校开展实地考察。

一、整体推进落实

在调研组对 18 个地区及 27 所学校开展试点工作的阶段性成果进行评价与验收的过程中，对全省开展中小学教育评价改革的整体推进情况进行全面了解，汇报情况如下。

（一）坚持高位推动，统筹把控全局

为贯彻落实党中央的决策部署，湖南省坚持高位推动、试点先行。一是高度重视教育评价改革工作。湖南省委、省政府将深化教育评价改革列入 2021 年度省委常委会和省委深改委的工作要点。省委教育工作领导小组将深化教育评价改革列入 2021 年重点工作任务中。湖南省重视对试点情况的定期掌握，2021 年在长沙召开全省基础教育评价改革现场推介会，了解承担教育评价改革试点任务的 5 个市、13 个县（市、区）的工作推进情况。各地将教育评价改革纳入重点的改革项目中全力推进，各地教育工作领导小组牵头，各部门根据职责分工抓落实，其中基础教育改革又是重中之重。二是明确责任分工。中共湖南省委教育工作领导小组发布部门工作安排和部门重点举措清单、负面清单的通知（湘教小组通〔2021〕1 号），提出了 69 条部门举措、27 项负面清单。在市委、县（市、区）委的带领下，领导小组发挥关键作用，将中小学的教育评价改革工作分解落实到各职能部门，联合机关处室、教育局和市直学校形成内外发力、系统推进的工作格局，如娄底市新化县委主要领导包片蹲点帮扶学校和乡镇联点帮扶学校制度，株洲市渌口区建立健全区级领导兼任学校"第一校长"制度。三是强化督导评估考核。湖南省在全国首创督学责任区制度，由县级政府教育督导机构划定督学责任区，对责任片区的各级各类学校实施经常性监督与指导。2016—2020 年，全省县域义务教育基本均衡发展，整体通过国家督导评估，并督促义务教育教师工资保障的机制落实。"关于推动义务教育优质均衡发展和城乡一体化"的完成程度也被纳入 2021 年度省政府真抓实干督查激励措施重要内容，占据遴选标准40%的比重，并在全国率先实施"在线督导"与"现场督导"相结合的省示范性高中督导工作机制。这些措施有力地加强了党委、政府对教育评价的把控力度。

（二）健全制度方案，构建评价体系

一是制定相关制度方案。2021年6月，湖南省下发了《关于进一步严肃中高考宣传工作纪律的通知》，提出严肃中高考宣传工作"十个严禁"纪律。各地各单位贯彻改革要求，做到即行即改。2021年11月，湖南省委、省政府在《深化新时代教育评价改革总体方案》的基础上，结合实际印发了《湖南省深化新时代教育评价改革实施方案》，进一步明确了中小学的学校、教师、学生评价的重要任务。2021年研究确定长沙等18个地区作为整体推进试点地区，试点地区在《总体方案》与《实施方案》的基础上，制定了各自的任务清单与负面清单，有针对性地出台各种实施方案。作为教育评价改革实施方案的补充，很多地区结合当地教育发展实际出台相关的配套制度政策，如郴州市嘉禾县教育局根据义务教育学校、普通高中和其他学校三种不同类型学校，分类制定学生学业评价办法；湘西土家族苗族自治州泸溪县出台《泸溪县初中学生综合素质评价实施方案》《泸溪县义务教育学生发展质量评价办法》等。二是开发宏观评价体系。除加强义务教育阶段的督导评价外，湖南省按照教育部部署，推进普通高中课程改革，出台《湖南省普通高中学生综合素质评价实施办法》。很多地区在探索不同主体的评价体系上也有所突破，如怀化市芷江侗族自治县开发的"131"学校评价体系、"141"教师评价体系、"151"学生评价体系，益阳市赫山区建立了"学生核心素养-教师综合发展-学校和谐发展"的套筒式教育评价体系。制度方案的落实，为教育评价改革提供了文本依据与方向引领。

（三）回应社会关切，聚焦重点难点

湖南省力求通过整体推进、重点突破、示范引领，推动全省教育评价改革走深走实，要求各地教育局重点围绕学校、教师、学生三类主体进行改革试点探索。中小学教育评价改革是全面而系统的，改革也要依靠多元力量的推动，主体参与积极性的调动要靠回应社会的关切问题来达到，因此各地有针对性地选择当地教育系统内部的重点与难点问题作为改革的切入点。一是推动"五项管理"与"双减"工作稳步开展。湖南省委、省政府高度重视"双减"工作,省教育厅曾组织实地督导组以"四不两直"方式深入长沙、湘潭、娄底等 7 个市州,对义务教育阶段中小学(含学科类培训机构)的"五项管理"开展情况进行专项督导,并先后出台《关于制定校外培训机构设置标准的意见》《湖南省校外培训机构管理办法》《关于进一步加强校外培训机构管理工作的通知》等系列文件以规范监管校外培训机构。各地也大力推进对中小学校开展作业、睡眠、手机、课外读物、体质健康"五项管理"专项督导,并落实"双减"的工作成效,广泛开展课后服务,规范学科类校外培训机构。二是有效探索家校共育。良好的家庭教育是孩子成长的重要法宝,衡阳市衡南县常态化开展中小学教师家访、校园开放日、"校园恳谈"活动,打造了可复制推广的家校共育"12345"模式。怀化市以家校共育为中心,由教育局主办、各学校承办了以"榜样""情绪""赋能"为主题的家长夜校,从而提高家庭教育的水平,实现多元主体对教育评价的共同参与。各地区能够以中小学教育评价中的热点、难点为主要工作方向,以点带面,为后续的评价改革形成前期的准备基础与社会共识氛围,以推动中小学教育评价改革实践的深入。

二、具体举措成效

湖南省中小学教育评价改革试点工作的重要举措与成效进一步表现在学校、教师、学生评价的方式、标准、工具以及结果运用上,各地区各有所长,形成了具有区域特色的评价改革经验。

(一)改革成效与教育生态净化良好

1. 中小学教育评价改革成效突出

在各级党委、政府的宏观布局下,中小学教育评价改革得以按照一定的轨迹前行,湖南省域各中小学对于此次教育评价改革在态度及做法上都是非常认真的。在实地调研 270 余位教育工作者后发现,有 37.5% 的人认为当地学校教育评价改革成效很明显，67.4%的人认为所在地区或学校的整体办学水平与教育质量提升非常明显，90%左右的人认为本次教育评价改革对推进义务教育优质均衡发展的效果明显、普通高中办学质量评价标准落地落实效果良好。通过线上的 3806 份教师问卷反馈也得以发现，改革机制已初步建立，相关举措也已启动（图 1）。

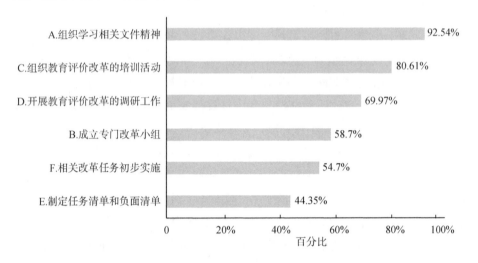

图 1　学校教育评价改革开展情况（教师问卷）

从教师问卷来看，95%以上的教师认为学校当前的教育评价改革是有成效的，75%的教师对本次教师评价改革整体上持满意的态度。从家长问卷的反馈意见看来，79%的家长对孩子所在学校当前开展的各种评价工作是比较满意或非常满意的，分别有 30%、35%的家长认为评价改革实施后教师教学质量、行为素质有了显著提高，87%的家长认为综合素质评价的分数与评语是符合孩子真实水平的，80%的家长认为学校当前开设的艺术类课程及活动基本或完全满足孩子的学习需求，无论是劳动教育或者体育，家长的反馈都基本一致。种种数据表明，当前中小学教育评价改革成效还是较为突出的。

2. 教育生态境况净化良好

在本次实地调研过程中，超过 80%的教育工作者认为片面追求升学率和"名校"录取率的倾向得到纠正。从线上问卷的情况来看，超过 50%的家长表示近两年当地对于中高考状元、中高考升学率是不公布、不宣传的，仅有

10%的家长表示所在地区会宣传炒作相关信息；26%的家长认为实施"双减"政策后，孩子的课业负担大大减轻，55%的家长认为课业负担有所减轻，与教育评价改革实施前相比，中小学教育发展的风气得到了很大的改善，"唯分数""唯升学""死记硬背""题海战术"等关键词在慢慢淡化。

与此同时，教育评价改革的观念也逐渐深入人心。在教师问卷中，66%的教师认为中小学开展教育评价改革的目的是促进学生的全面发展，仅有不足2%的教师认为这只是为了配合改革的任务。这也从侧面反映了教师对于教育评价改革的观念是积极正面的。教育生态境况的改善与家长的支持、关注是分不开的，对于"什么才是孩子成长发展最重要的因素"这一问题，45%的家长选择了"身心健康"，36%的家长选择了"品行修养"，同时有85%以上的家长赞同"双减"政策中的相关规定。可见，从上至下的改革推动、自下而上的改革认同，使得教育评价改革的正确观念渗透到中小学教育系统内外的各主体之中，从而为教育生态的良好境况奠定了坚实的思想基础。

（二）激活学校提质发展的评价智慧

1. 推动学校分级分类评价，考核增值效益

按照学校所处区域、所属类别、各自特点分别进行评价是此次教育评价改革的一大亮点。株洲市芦淞区所开发的学校评价模式便是以校本目标为导向，在增值评价的基础上重视"标准评价+常模评价"作为学校评价的方式。岳阳市平江县则根据地域、人数、资源等因素将义务教育阶段学校分成城区学校、农村初中学校、县直小学（含乡镇中心小学）、农村一般完小，区分城乡学校的评价方式与标准。在分级分类评价的基础上，各地区也在积极探索学校评价结果的应用，张家界市慈利县利用大数据分析，对薄弱片区、薄弱学校的弱势科目做到心中有数，从而展开针对性的评价。永州市冷水滩区广泛收集学校发展的过程性材料、结果性材料、增值性材料等，作为学校等级考评的依据。以分级分类评价为亮点的地区会根据学校的通报情况建立问题整改清单，保证评价结果作为评优评先、综合考核重要依据的科学性与公平性。

2. 着眼于义务教育质量检测方式与结果运用的革新

义务教育质量检测是教育重点，更应是教育常态，在确保其正常开展的

基础上应更加注重其与中小学教育评价改革之间的互动联通关系，与评价改革打好配合战，不断创新检测办法与结果运用。邵阳市洞口县以抽样调查的方式组织开展四到九年级的质量检测，将德育、科学、艺术、实验考查纳入检测范围，并形成详细的分析报告。张家界市武陵源区结合区内学校办学基础和生源素质水平等实际，出台了《张家界市武陵源区中小学考查科目教学质量检测办法》，创新了"3+1+2"学科评价模式，语文、数学、英语3科采用试卷检测方式，科学、道德与法治学科综合采用"试卷检测+实验考查"方式，音乐、体育、美术、信息技术中抽取2门，基于学科考查结果对学生形成综合素质评价报告，并将评价结果作为评价学生的主要依据。通过采用调研检测与随机抽查、资料审核与现场考查、形成性评价与终结性评价相结合的多元方式，能有效控制学校"重智育轻德育、美育、体育、劳育"的不良风气，自上而下形成良好的教育氛围。

（三）探索教师教书育人的多维评价

1. 量化与质性评价方式相结合，注重多维场景

在《总体方案》的引领下，我们看到了教师评价从单一教学场景向教师工作多维场景进行信息数据收集的可能性。益阳市赫山区在大数据赋能下，以过程性评价为基本理念，构建课堂、作业、平时管理等场景的评价模式，注重伴随性数据收集，实施"五类标准"评价举措。株洲市芦淞区的白关中心小学以"师德+师能"作为教师评价的标准，对教师的行为规范设置细则和指标来对教师进行量化考核，同时通过结合教师自主确定可量化的目标任务、期末检查成效的"定量+质性"的方式评价教师能力，科学、有效、客观地对教师进行评价。邵阳市双清区以"三定"为基础，建立了科学的教师绩效考核机制，既有定量标准使得教师的工作量更具有可操作性，同时对无法量化的指标还设置了定性考核指标，使得绩效向一线教师、骨干教师、班主任、行政管理人员，以及有突出成绩的教师倾斜。教师评价改革的举措为教师的全面、全程发展提供了更加翔实的评价依据，使得结果更精准科学。

2. 强调教师教书育人的本职评价

对于教师的师德评价与学生的综合素质评价的关注度可以说是并驾齐驱的，35%的家长认为要加强对教师的师德师风评价，学校方面更是将改革办

学理念与育人观念、师德师风评价等文化建设放在了重要位置。通过教师自纠自查、学校定期筛查、政府专项督导、社会监督举报等多种方式，各地学校在有序、深入地推进教师的师德师风评价工作。将师德师风作为教师评价的首要内容与底线要求，作为教师招聘、评优评先、年度考核的重要内容，是很多地区、学校开展教师评价改革的重要体现，各地普遍开展的办法是实行师德师风的"一票否决"，也有不少学校对教师的师德考核实行动态的积分管理，如将师德细化为可加减分的量化指标等。

教书育人是教师的本职任务，教师的教学能力不仅关系到学校的教育质量，而且影响到学生的全面发展，因此湖南省针对教师专业能力的培养考核是自上而下坚持施行的。2010年以来，湖南省利用中央财政专项资金9亿多元，通过"国培计划"共培训中小学幼儿园教师、校（园）长超80万人次，被教育部誉为教师培训的"湖南模式"。此次调研中有40%的学生家长表示最关注的就是教师教学质量的评价改革，而根据数据反映最能够拉开教师绩效差距的是教学工作量，教学成绩、个人成果荣誉、班级管理工作量等指标则并列第二。

（四）创新学生全面发展的综合评价

1. 探索建立五育并举的学生综合素质评价体系

创新发展学生的综合素质评价作为当前评价改革的必要任务，在评价体系以及具体指标上的推敲打磨是不可避免的，在学生评价的探索上，各地各校可谓遍地开花。有学校重视多元主体的共同参与，如郴州市嘉禾县的文家学校建立了学生、教师、学校、家庭四方同步互动的"一体两翼"综合评价体系。更多学校重视从学生培养目标倒推评价内容。湘潭市风车坪学校以厚德、启智、健体、尚美、爱劳为重要内容的"1+3+5"立体评价体系，建元学校的德、智、体、美、劳、实践、创新七彩赋能评价。株洲市芦淞区的何家坳小学以品德、健康、交际、阅读、艺术、学习、生活素养为目标的七彩阳光激励性评价体系，樟树坪小学以意识、知识、技能、健康和行为为指标的"五维"体育评价体系。在五育之中，劳动教育又格外突出，怀化市的大汉小学以劳动基地、劳动课程、劳动基金、售卖活动等对学生的劳动素养进行培育与观察；岳阳市平江县的三阳乡芙蓉学校构建了"芙蓉少年"评价体系，将劳动教育各项指标纳入学生综合素质评价；益阳市的沧水浦镇芙蓉学校创建了 PBL 劳动教育评价体系，实现了以"五纵·五横·五维"为支撑的多元评价。

2. 创新学生多元评价方式，关注动态过程

通过问卷调研发现，教育评价改革后的评价方式充分体现了量化结果与质性材料、终结评价与过程评价的结合（图 2），可见如何改变单一的纸笔测验评价方式以适应评价的多元个性化发展是诸多地区、学校改革的重要内容。

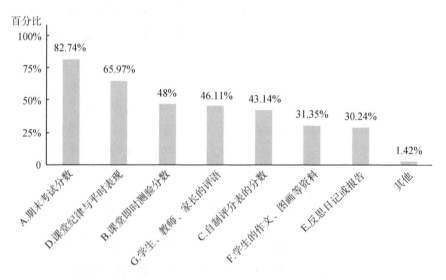

图 2　影响学生成绩因素的问卷数据结果（教师问卷）

湘潭市岳塘区采用纸质试卷测评与面试、人机对话测评、实验操作、现场测试、问卷调查相结合的多元检测方式对语数外、科学、道德与法治课程进行测试。株洲市醴陵市的左权红军小学采取以思想道德素养与五育发展为指标内容的"红+绿"学生评价体系。永州市冷水滩区的一二年级采取活动闯关的形式，三至六年级采取学业成绩与德育评价相结合的方式，学生的学业表现在班级内部以等级制的形式呈现。很多学校在将原有的分数变为等级的基础上，开发了少先队雏鹰章、七彩徽章、创优争星等争章机制。长沙市开福区各中小学统一采用了学分认证的方式，从学生综合素质发展的不同维度进行评价考量并设置奖励制度。评价方式的多元化，变静态学业结果为

"动态过程表现+学业结果",强化了学生的目标导向,激励了学生的成长,使得以评促教更加扎实。

3. 挖掘评价结果,探索学段衔接的学生评价

评价只有发挥诊断、鉴定、反馈、改进的作用才能与教育本身建立联系,教育评价改革的结果只有真正实现应用化,才能形成教育发展的闭环,实现以评促教。张家界市武陵源区为促进学生综合素质评价的结果发生时效,不仅会在转学时查看学生的综合素质评价手册,还会在小升初、初升高的升学之时将其作为了解掌握学生情况的重要依据。建立起学生综合素质评价的学段衔接,使个体的持续发展看得见,个体的教育方案有思路。长沙市在探索幼小初高一体化的综合素质评价过程中,采取共性指标和个性指标相结合,进而形成幼小初高一体化的综合素质评价体系。只有逐步实现学生评价的学段衔接,才能保证学生的综合素质评价真实可靠,从而倒逼评价结果在中高考中成为重要的参考和依据。

(五) 技术赋能促进评价的科学精准

1. 整合分析数据信息,构建智能教育社区

信息化手段的加持将会使教育评价改革事半功倍,近年来湖南省始终探索学校教育与智能评价工具的结合,技术为教育评价赋能也成了湖南省的亮点经验。长沙市利用省厅开发的高中学生综合素质评价系统,结合长沙市中小学生综合素质评价云平台"人人通",开启"长沙市教育质量综合评价结果数据地图",将数据分类整理、分级储存、分层呈现、分权调取,集成学生数据社区。株洲市通过建立仓储式"电子档案袋"、"芦淞区智慧教育管理及大数据应用研究中心"整体搭建市级综合素质评价管理平台,多层次、多维度整合、挖掘和分析教育基础数据,多层面、多角度展示全区各学段的学校数据、教职工数据、学生数据等的分析结果。益阳市赫山区重点打造1个统一门户,覆盖4大教育评价平台(学生、教师、学校、家长),建设1个全区大数据中心,由1个创新应用终端进行数据收集。技术赋能使得海量的教育数据得以被收集并合理利用,成为评价的重要内容。

2. 巧用专业评价工具,定制学生专属报告

除了对中小学教育评价发挥了宏观影响外,在教育领域采用技术评价工

具还形成了对学生个体发展的精准报告。长沙市开福区通过对学生的过程性写实记录，为学生成长画像，以技术手段实现无感知采集学生过程性写实数据，通过学分认证、表现性评价等方式，系统自动伴随性采集数据。湘潭市和平小学利用综合素质评价管理平台，每周、每月、每学期形成评价报告，每学期平台跟踪记录学生每一门学科的学习情况以及日常表现，并自动生成学科雷达图，形成学生成长档案，建立学生个人成长电子档案和学校、班级管理数据库；湘钢二校建立一生一档，围绕各项评价指标长期跟踪每个学生的表现，按月、按季度、按学期智能化自动生成学生综合素质评价报告，将所汇集的学生成长大数据化为成长值（积分），搭建学生成长积分及兑换体系。益阳市借助贝壳网、班级优化大师等平台进行过程评价、多元定性评价，采取人工评分和系统自动评分相结合的方式进行学生评价，自动形成学生的专属报告。

总的来看，湖南省的中小学教育评价改革主要体现在：评价方式凸显动态增值与过程表现，评价的标准、内容明确，评价工具智能多样，以及对评价结果积极挖掘探索。在这些举措及成效的背后是新时代教育评价改革的巨大驱动力，中小学教育高质量发展大有可为。

三、存在问题分析

湖南省中小学教育评价改革的试点工作，能够从高位布局，统筹推动，凸显学校、教师、学生评价主体，改革卓有成效，各地在贡献评价智慧的同时，也提出了困惑与问题。

（一）分数升学压力大，观念变革难彻底

习近平总书记在全国教育大会上曾提出，教育的指挥棒在中小学实际上是考试分数和升学率，在中小学的"五唯"突出表现在"唯分数"和"唯升学"。参与座谈访谈的教育工作者中，90%给出了同样的答案。湖南省自实施教育评价改革以来，各地宣传名校率、升学率的现象已经有所好转，但想要彻底根除这"两唯"还是很困难的。

政府的政绩观难更新。"对分数和升学不能放手也不敢放手"是部分地区教育评价改革面临的难题，清北率、中高考成绩、升学率仍旧与评价政府政绩、学校办学质量、教师教学成绩息息相关。51.23%的中小学教师表示，中高考的升学竞争与压力是教育评价改革遇到的最大阻碍（图3）。

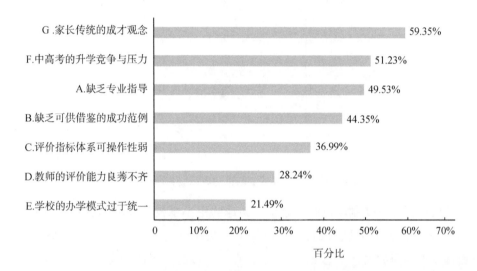

G.家长传统的成才观念　59.35%
F.中高考的升学竞争与压力　51.23%
A.缺乏专业指导　49.53%
B.缺乏可供借鉴的成功范例　44.35%
C.评价指标体系可操作性弱　36.99%
D.教师的评价能力良莠不齐　28.24%
E.学校的办学模式过于统一　21.49%

百分比

图3　开展教育评价改革的最大阻碍（教师问卷）

家长的成才观念难更新。在中小学教师看来，教育评价改革难推进的最大原因还是家长传统的成才观念问题（图3）。在反对开展"双减"政策的家长中，29.40%认为中高考的成绩竞争仍旧激烈（图4），因此在家长看来，教育评价改革首先要改革考试招生制度，其次才是改革政府的政绩观。

当前升学考试、招生制度的存在，使得无论是教育行政部门、中小学校、教师还是家长，都很难对"德智体美劳"做到一视同仁，"唯分数""唯升学"的观念和风气不改变，全面发展、五育并举的观念就难以真正扎根在中小学校。

（二）配套机制待完善，改革整体阻力大

在经过全面的资料分析与实地调研后发现，当前中小学教育评价改革存在诸多问题，而诸多问题的源头在于评价改革推行时间短，配套机制的完善

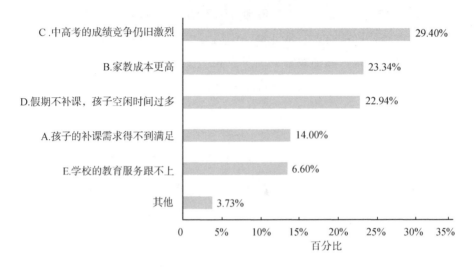

图4 不赞成"双减"政策的原因（家长问卷）

还有待加强。一是制度机制待健全。各地的中小学校长及教师提及最多的困惑就是"新课程标准怎么实施"以及"中高考制度怎么改革"。教育评价是教育发展的重要环节，仅改革评价是远远不够的。当前的课程、办学体制、考试招生制度等多种教育改革未能齐发力，导致教育评价改革的综合配套推进阻力大，基层教育工作者最关心的问题没有明确的制度解答，是中小学教育评价改革难推进的原因。二是协同机制待加强。当前社会公众未形成统一的教育评价改革共识，亟待各部门协同用力。首先部分地区存在部门间权责混乱的现象，"万事皆可进校园"的风气仍旧存在，调研反映巡河、禁毒等社会性事务层层加码，使学校、教师分身乏术，无暇精进教育教学、推进评价改革。同时各地普遍认为当前"教育的事只有教育系统内部热，其他都冷"，评价改革牵扯部门极多，但形成的合力却小，协同配合困难使得教育成为一家之事。

（三）评价结果应用弱，学段成效差异明显

当前湖南省中小学学生评价的结果应用不足，一方面是受限于评价反馈的数据是失真、无价值的，另一方面则是由于学段衔接不足。对于改革任务的落实，小学学段贯彻得最为彻底，成效突出，初高中则不然。19000余份

问卷中，中小学教师、家长一致认为升学压力与招生考试制度使得推行评价改革承担的代价太大。受到中高考制度的影响，除个别地区如长沙市中考会将学生综合素质评价作为硬性要求外，综合素质评价几乎隐身，这也导致教育行政部门、学校管理者的茫然与困惑。综合素质评价的结果如果不能体现在中高考的成绩之中，那么推行综合素质评价的意义是什么？

智能评价系统应用未普及。很多地区的学生综合素质评价数据仅限于当地教育局甚至本校范围内流通，报告也仅是阶段性的结果，多以纸质文本方式呈现。缺少成熟的技术、模型、平台的支撑，就无法形成各区域统一、各学段衔接的数据处理平台，无法使教育数据达到集成、共享、联通的程度，教育评价改革的难关攻克举步维艰。

（四）改革力度不协调，主体评价难全面

重评价体系形成，轻评价反思。改革落实的情况如何界定，不少地区和学校认为呈现一份评价标准、评价流程便万事大吉，殊不知这只是评价改革的基础。以各地风靡的"增值评价"与"过程评价"为例，重视增量、关注过程有助于不同主体的差异评价，但忽视结果的参与会导致评价失真。除此之外，以一套指标体系评价不同岗位的教职人员，以及学校自编的评价量化指标信效度存疑等也都体现了评价过程中重视结果的展示与产出，而反思与创新不足的问题依然存在。

重学生主体评价，轻学校、教师评价。通过调查发现，在三个主体评价中，学校的办学理念与育人观念、教师的师德师风评价，虽然与学生的综合素质评价改革一同排在前列，但教师的教育教学、学生工作参与评价，学校的管理制度、规范招生办学改革却较为靠后（图5），学校与教师的评价改革任务推进得还不够彻底。结合实地调研的情况来看，学生评价是重点突破方向，而学校评价尤其是教师评价的关注度、改革力度、支撑保障都有很大不足。

（五）宣传培训不到位，评价主体素养参差不齐

宣传培训专业性、针对性有待加强。在中小学教师问卷调查中，超过80%的教师表示所在学校组织过教育评价改革的培训活动，但即便如此，还

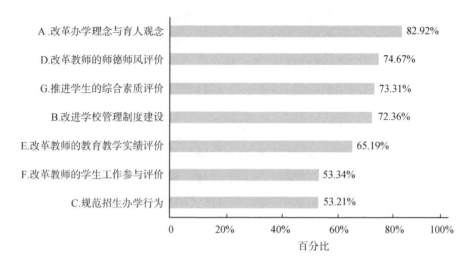

图5 学校教育评价改革重点（教师问卷）

是有超过45%的教师认为推进教育评价改革最需要的是强化教师评价能力的学习培训，以及开发科学有效、简单实用的教育评价工具。参与实地调研的教育工作者中，虽然有39%表示多次参加培训，但仍有78.3%认为下一阶段的教育评价改革还应该持续强化。究其原因，主要是宣传培训不到位，培训内容针对性不足、专业性不强，不能解决主体关心的、迫切需要指导的问题。

家长的评价素养参差不齐。教育评价为避免结果的片面性，不能由单一主体主导评价，但推动多元主体参与教育评价的过程是非常艰难的。

从图6的统计结果可以推测，中小学教育中多元评价主体在参与积极性、评价素养、教育观念上参差不齐。调查显示家长很少经过系统的评价培训，提供的过程材料、给出的评价往往是零散的、主观的，难以提取有价值的信息，这也造成了评价结果在多元主体参与维度上的缺失。

（六）教育资源难保障，城乡评价不公平

推进义务教育优质均衡发展、促进教育资源的分配公平是中小学教育持续性的未完事业。在长久的努力下，区域、城乡教育之间的差距虽不断缩小但仍旧存在。首先是城乡学校评价不公平。农村教师资源的缺乏、基础设施的不完善使得农村教育事业的发展缺少必要保障，这也为开展相关的中小学

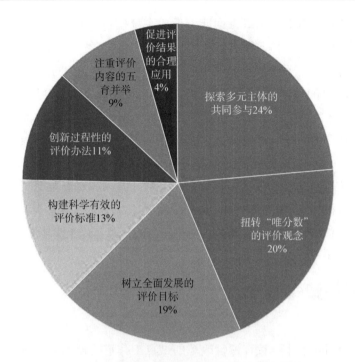

促进评价结果的合理应用4%

注重评价内容的五育并举9%

创新过程性的评价办法11%

构建科学有效的评价标准13%

探索多元主体的共同参与24%

扭转"唯分数"的评价观念20%

树立全面发展的评价目标19%

图6 学生评价改革需重点推进的方面（教师问卷）

教育评价工作增加了难度。倘若以同一套评价体系对教育资源分配、发展情况不同的学校进行评价，在评价标准上就难以达到公平，也无法得出真实准确的结果。在种种因素的阻碍下，农村学校的教育评价改革很难在成效上与城镇学校比肩。其次是城乡教师评价不公平。为缩小城乡差距，多地在职称评审制度中向农村教师、具有农村教学经历教师倾斜。在对各地、各学校的教育管理人员、教师进行访谈时发现，即便如此，农村学校也还是存在重资历轻能力、职称名额少等问题；同时城镇教师由于农村经历要求难达到等问题难晋升，教师的努力难以获得应有的回报使得评价结果失去了激励的效用，严重打击了教师工作的积极性。

（七）评价经验难借鉴，地域推进不均衡

目前中小学教育评价改革呈现出个别市全面推进、成效突出，多数县区以点切入、有待加强的特点。如长沙市、株洲市、湘潭市、益阳市等地的教育评价改革方向统一，力量集中，在智能评价系统、学生综合素质评价体系、

学校教育质量的督导评估等方面能够形成系统模板，而其他地区由于支撑力量不足、条件有限等，改革重点较为分散，大多将学生综合素质评价中的德育、体育、美育、劳动教育之中的一部分作为重点攻克的对象。

缺乏成熟的改革实践借鉴经验。参与实地调研的教育工作者中，有77.8%的人认为当前教育评价改革的探索与实践中，迫切需要解决的是改革实践经验缺乏的问题，这也是为什么试点调研中最常听到"摸着石头过河""不敢冒进""不知从何做起"。自 2020 年的《总体方案》颁布以来，各地均在紧锣密鼓地推进改革事项。湖南省的改革经验颇具创新性，成效排在全国前列，如何将试点地区、项目的成功经验进行普及推广，是当前面临的重要难题。只有总结好经验与教训，才能在已有的改革基础上事半功倍。

四、相关政策建议

在对湖南省中小学教育评价改革的试点工作进行调研后发现，改革过程中存在问题并不可怕，发现问题才能解决问题，才能实现进步，面对这些在系统机制、推进方式、结果应用等方面的问题，既要从宏观出发合理布局，又要从微观出发抓住细节，才能实现调研评价结果的良性循环，推动下一阶段中小学教育评价改革的发展。

（一）落实立德树人根本任务，统整综合改革机制

坚持立德树人，扭转不科学的教育评价导向。党委、政府要高度重视中小学的教育评价改革工作，树立正确的政绩观，坚决破除"唯分数""唯升学"的评价导向，不得以中高考成绩或者升学率来片面地评价学校、校长、教师，而要将考试升学建立在全面发展素质教育的基础之上，推进育人方式、办学模式、管理体制、保障机制改革，促进学生身心健康与全面发展。进一步加强各领域的宣传力度，逐渐形成教育评价改革共识。

理顺教育评价改革的配套措施机制。要协同推进湖南省中小学新课程改革实施方案、湖南省义务教育质量检测实施方案、湖南省中小学教师职务量化推荐考核办法、湖南省中小学教师绩效工作考核办法等改革细则方案的制

定出台及举措落实，建立动态、统整的教育综合评价改革机制。要继续着力推动学校的分级分类评价、教师师德师风评价、学生综合素质评价报告的结果应用，以及教育评价大数据平台的建设等工作。理顺各部门在教育评价工作中的交叉点与衔接处，党政各部门齐抓教育评价改革，打好配合战。只有从上而下地明确教育评价改革的目的、重点、实施路径，才能实现改革的统筹布局。

（二）完善结果应用，重视学段内外评价反馈

加强综合素质评价结果的过程性反馈与奖励。在各学段的培养过程之中，学校可以借鉴典型案例中已形成的学生综合素质评价奖励机制，重视过程性记录、关注学生的进步表现，通过发放积分、红花等即时奖励，定期争章、评优等阶段性奖评的方式加强中小学校内对学生综合素质评价的结果应用。

进一步推进中高考改革。党委、政府要树立正确的政绩观念及教育观念，不以成绩为孩子定性，不将分数视为孩子成长的唯一表现。在命题方式上更加看重问题的解决与知识的整合，在评价结果上进一步强化综合素质评价结果的参考作用，只有不断完善"评价-反馈-改进"的教育系统，才能形成教育长足发展的长效机制。

（三）面向不同内容的评价方式要"动静"搭配

教育评价的重点不只在"评价"更在"教育"。教育系统内部与实施教育评价工作紧密相关的教育部门、教育工作者应牢记学生是完整的个体，教育者必须抓住不同学生的特点，采用多样化的评价方式，用发展的眼光来全面评价学生。培养学生的教育是成人的教育，也是完整的教育，不同的教育内容面对不同的素养目标，自然需要不同的评价方式与发展的重点相匹配。

教育评价要实现静态结果与动态过程的有机统一。破除"唯分数"的风气和改变单一的"终结性评价"的评价导向，不是要抛弃分数、抛弃终结性测验结果，不能谈其色变。开展教育评价的相关部门、学校、教师在对主体进行评价时，要将终结性评价与增值评价、过程性评价结合起来，终结性结果在量化分数外应体现更多的质性评语，增值评价不仅看增量而且要看阶段性成果，过程性评价不能仅采集数据，还要实时总结、实时反馈。

（四）组织分层培训，探索中小学校外部评价

分级分层地开展培训。教育评价改革主体不同，所承担的任务与应具备的素养也不尽相同，因此对于不同评价主体的培训应当具有差异性。党委、政府层面应加大组织学习评价改革的相关文件精神，研读优秀省市的教育评价改革相关制度与实施方案，同时加大对职能部门的精神传达与业务培训，支持不同区域、学校的管理者与教师定期进行经验交流与实地观摩，将工作地点作为培训地点，边演示边学习。

探索实现外部评价的科学化、常态化。中小学教育评价在学校外部同样有发展的空间，各地应积极尝试与大专院校、高等教育研究机构、第三方评价机构等组织建立长期合作，借助专业力量探索科学的评价体系、评价技术及工具应用，对学校、教师、学生进行评价。同时定期组织教育评价改革相关的主题宣讲，邀请专家对社区、家长等外部评价主体进行评价素养的培训。评价只有自内而外、自上而下地全体参与进来，才能实现全面联动的效果。

（五）基于技术赋能实现评价线上线下相结合

评价技术赋能要从"有"开始做起。各地应积极与网络技术公司合作，创建区域教育质量综合评价云平台，用于收集、分析、诊断区域中小学生学业质量与非学业表现的数据，采集学生成长、教师教育教学、学校管理等各类教育信息，形成大规模教育数据库。

在"有"的基础上进一步实现"通"。为实现省域教育数据的可视化分析与纵横向对比，党委、政府应建立系统的教育数据采集与分析平台，通过划定评价标准及内容的范围，允许各地、各校差异性的特色评价。联通不同区域、不同学段的各类数据，以形成动态的跟踪监测机制。

信息技术是手段，绝不能单纯地依赖评价工具。评价工具的使用可以减小教师开展学生评价的任务难度，但不意味着教师能够抽身出来，教师本身评价素养的提升是教育评价改革向前发力的重要因素。在推进教育评价智能化的同时，要利用好一线教育工作者的智慧与经验，发挥好教师的教育判断敏锐性，实现"线上+线下""智能+人工"的评价结合。

（六） 重视形成中小学教育评价改革的参考方案

要注入更多的专业力量。湖南省应尽快组建由一线骨干教师、优秀教育管理者、教育专家构成的"智囊团"，汇聚不同视角的教育智慧，逐步形成系统的全面的教育评价指导理论，并深层次解读《总体方案》。

构建面向中小学教育评价的参考方案。湖南省教育评价队伍应当结合时代发展形势、教育发展规律、个体发展特点，在省情实际的基础上形成具体的中小学教育质量综合评价改革实施指南及系列制度文件作为参考，以便不同区域、学校在标准的基础上进一步探索，形成最为合理的评价实施方案与相关指标体系。在汇集相关教育评价改革成果的基础上还要进一步形成可复制、易操作的评价体系样板，提炼出可供检验的系统教育理论来指导实践。

重视专家的指导培训。教育评价部门、教育评价专家还要切实参与到教育评价改革实践中来，实施对口的帮扶指导，并开展定期的调研与评价，持续关注跟踪改革的效果，从而不断完善中小学教育评价体系。

（七） 推进教育均衡，完善各类主体合理评价

推进城乡、区域的教育资源均衡分配。教育资源是发展教育事业的基础，要进一步提升农村教育的发展质量，为广大农村输送更多的优质人才，就要通过农村教育办学政策倾斜、农村教师待遇吸引、城乡学校结对帮扶等方式实现资源的逐步均衡。例如常德市临澧县的义务教育教学质量采取联盟校捆绑增值性评价办法，组成 8 个初中联盟校，6 大小学校联体，以单位进行评比，有力地促进了城乡互补。

主体评价更注重合理化。鉴于城乡学校的差距是必然存在的，而不同类型学校的发展路径、人才培养目标有所差异，很难用同一套标准评价所有学校，因而各地应大力推进分级分类评价，使不同学校站在同一起跑线上。根据教师的岗位职务、实际教学成就、教学经历特点等制定合理化的评价，通过推动县管校聘的方式促进城乡教师流动，省内应着力解决教师待遇问题，根据实际情况调整教师编制数量及比例分配，改革部分评优评先的考核要求，提供晋升流动的渠道，以激励教师更好地教学育人。

（八）恢复办学自主，促进教育工作减负增质

恢复办学自主，落实党委领导下的校长负责制。不少在中小学教育评价改革中取得成效的学校管理者在访谈时表示，中高考制度的公平性与教育倡导的全面发展理念并不相冲突，倘若校长能够理清两者之间的内在逻辑，将培养完整的人的教育观念纳入教育管理中来，将会取得真正的办学育人成果。因此党委、政府应当将评价权力下放，恢复学校的办学自主权，探索党委领导下的校长负责制。

促进教育工作的减负增质。教育不能只为学生减负，还要为学校、教师、家长减负，还教育一个安静的空间要从减少社会性事务进校园开始。除理顺不同部门的职责机制，不随意派遣任务外，教育部门要充分考虑改革任务的适应性，在全面调研的基础上推进改革，不能想当然、急功近利，改革要有魄力，但更要有耐心，循序渐进才能专心办教育、搞改革。

（九）边改革边推广，扩大"亮点"的辐射效应

推广优秀经验的态度应当是"边改革边推广"。改革是一个不断试错的过程，教育的效果也不是立竿见影的，因此要缩短典型案例汇总整理的时间，对改革成效良好的新经验、新成果，各地教育部门要及时总结、定期上报、经常分享，对待优秀经验各地也要嗅觉敏锐、多加学习，促进不同区域教育评价改革工作成果的交互流通。

加强辐射效应，实现改革区域联动。通过总结本次中小学教育评价改革中颇有成效的各地区的经验，打造湖南省中小学教育评价改革亮点，并进一步根据各地实际分配新的试点任务，制定预期目标，以共同完成"教育评价改革项目"的方式推动区域的捆绑合作，推动"亮点区域"与其他区域的改革经验交流，从而加强"亮点"的辐射效应。

教育评价改革是当前的教育热点问题，吸引了社会的高度关注。在集中力量攻克教育评价难题时应时刻清楚，评价是为了更好的教育，所以对待教育评价改革的宝贵经验更加应该不拘一格进行借鉴吸收，而不是要发展出一套万物皆可的标准。教育者更应该是教育的创造者而不是政策的执行者。教育评价代表教育的阶段性结束，同时也是教育新一轮的起点。

执笔人：王艺霖

职业教育评价改革分报告

引　言

教育是一项民生工程，是国之大计。职业教育作为国民教育体系和人力资源开发的重要组成部分，承担着为国家输送优秀技能人才的重要使命，也承担着经世利民、求是致用的历史重任。职业教育评价，作为职业教育的指挥棒，关系到职业教育的发展方向和人才培养质量。2020 年 10 月《深化新时代教育评价改革总体方案》（以下简称《总体方案》）的出台为职业教育评价指明了新的方向，也提出了新的要求。根据党中央、国务院关于深化新时代教育评价改革的决策部署，湖南省结合实际制定了《湖南省深化新时代教育评价改革实施方案》（以下简称《实施方案》），并在全省开展了教育评价改革试点工作。

为深入了解教育评价改革的推进情况如何、取得的成效怎样、面临哪些问题以及后期如何改进等，湖南省教育厅成立了"湖南省教育评价改革现状调研组"，围绕《总体方案》和《实施方案》涉及的五类改革主体、22 项改革任务，采用文本分析、问卷调查、座谈访谈、实地考察四种方法，对 28 个调研点开展了广泛的实地调研。在统筹把握全省教育评价改革现状的同时，也对我省职业教育评价改革现状方面进行了专项调研。重点调研职业教育评价改革所涉及的各类主体、各项改革任务的具体情况。

为了全面了解与掌握湖南省职业教育评价改革的情况，调研组广泛收集了与各地区以及各高职院校教育评价改革工作相关的资料，深入研读各试点地区以及各高职院校的职业教育评价改革论证方案和总结材料，并进行分析归纳。同时，通过问卷调查来全面了解全省职业教育评价改革现状情况，调查对象涉及教育行政人员、各学校管理人员、职业学校教师、职业学校学生。在实地调研过程中共回收 399 份纸质问卷。通过线上平台问卷星共回收有效问卷 63035 份，其中，与职业教育评价改革相关的问卷共 12660 份，包括高职教师卷 573 份，高职学生卷 3595 份，中职教师卷 1370 份，中职学生卷 7122 份。在全面掌握文字与数据资料的同时，也根据实地调研中的座谈会、个人深度访谈以及实地现场考察，来深入挖掘与职业教育评价改革相关的信息。

本报告以此次调研所收集到的资料、案例以及数据为支撑，重点研究职业教育评价改革的现状情况。总的来说，湖南省职业教育评价改革总体改革态势较好，各市县党委政府、各层次职业学校均充分发挥了主力作用，贡献了许多地方智慧和典型经验，在学校评价改革、教师评价改革和学生评价改革方面都取得了一些成效。但随着职业教育评价改革的持续推进，一些深层次、根本性的问题逐渐显现出来，导致改革的后续乏力。如何克服这些问题，为职业教育评价改革创造必备的改革条件，是解决改革后续乏力问题的有效途径。

一、推进情况

湖南省各级党委与政府在推进职业教育评价改革的试点工作中坚持高位推动，重视职业教育评价改革的顶层设计、宏观把控和实践落实。各职业学校在落实职业教育评价改革过程中，结合自身实际，围绕职业学校评价改革、教师评价改革和学生评价改革的具体任务积极推进。根据各地区、各职业学校所交上来的关于教育评价改革推进情况的总结性材料，以及广泛的实地调研所收集到的资料，调研组对全省开展职业教育评价改革的推进情况进行了初步整理。

（一）坚持高位推动，统筹把握改革全局

各级党委与政府作为职业教育评价改革的重要主体，在职业教育评价改革方面发挥着关键的作用。从各调研单位提交的总结材料、实地调研座谈访谈结果以及问卷数据资料来看，各地区、各高职院校在党委与政府履行教育职责的明确要求上行动迅速，落实高效。一是党委与政府对改革的投入和支持力度较大，对职业教育评价改革较为重视。例如，针对湖南省职业学校教师的调查问卷结果显示（图1），84.81%的教师认为所在地区教育行政部门对职业教育评价改革的支持度很高或较高，13.65%认为支持度一般，只有1.39%和0.15%认为"不太支持"和"很不支持"。由此可见，各级党委与

政府对职业教育评价改革的支持力度较大，较好地发挥了党委与政府的高位推动作用。二是建立党委与政府履行教育职责工作机制，加强党委与政府对整个教育评价的把控力度。例如，株洲市渌口区建立健全区级领导兼任学校"第一校长"制度；邵阳市邵东市、永州市冷水滩区划分督学责任区；娄底市新化县建立了县委主要领导包片蹲点帮扶学校和乡镇联点帮扶学校制度；常德市将教育评价改革写进政府工作报告，作为全市重点改革任务，纳入对县（市、区）真抓实干督查激励范围，同时，加强对县（市、区）党委与政府履行教育职责的督导，督查结果作为县级党政主要领导干部履行教育职责评价结果的重要依据。这些均是党委与政府积极履行教育职责的重要举措，有效压实了党委统一领导、党政齐抓共管、部门各负其责的教育领导体制，既发挥了党委与政府统筹全局的作用，也有力地加强了党委与政府对包括职业学校在内的各类学校的教育评价情况的把控力度，发挥了党委与政府的应有作用。

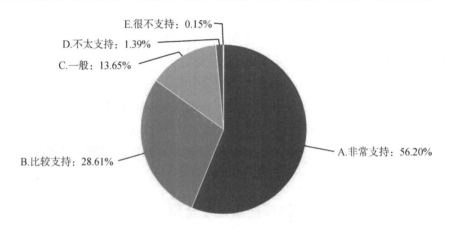

E.很不支持：0.15%
D.不太支持：1.39%
C.一般：13.65%
B.比较支持：28.61%
A.非常支持：56.20%

图1 教师认为教育行政部门对职业教育评价改革的支持度

（二）清除政策障碍，凝聚改革攻坚合力

湖南省教育工作领导小组结合本省实际制定了《总体方案》部门工作安排和部门重点举措清单、负面清单，其中部门重点举措清单共69条，负面清单共27条，明确了落实《总体方案》的改革举措、责任部门和时间要求，各地区和各高职院校根据省厅要求，积极落实方案中的各项举措。一是成立教育评价改革领导小组，将职业教育评价改革工作分解落实到各职能部门。

在各领导小组的带领下，形成内外发力、系统推进的工作格局。例如，湘潭市教育局将"中等职业学校学生综合素质评价"列为 2021 年度"局长开局项目"，并随即制定了项目实施方案，成立编制工作小组，开展相关文件和标准收集整理工作，在充分调研分析的基础上，编制《湘潭市中等职业学校学生综合素质评价方案》。各高职院校也下设学校深化新时代教育评价改革领导小组，成员单位包括各相关二级单位，负责制定贯彻落实教育评价改革的工作方案及各类清单。同时也成立了教育评价改革工作小组，并将改革任务分解落实到各职能部门，统筹组织推进改革工作。二是及时清理、废止与职业教育评价改革内容不相符合的制度文件，出台符合改革要求的文件。各地对标《总体方案》提出的"不得""严禁"事项和负面清单内容开展全面清理。通过严格禁止、克服纠偏与控制限制来净化教育生态，营造良好的改革环境。湖南铁路科技职业技术学院在清理政策障碍的基础上，全面启动学生综合素质评价改革，出台《学生综合素质测评实施办法（试行）》等文件来健全学校评价改革制度体系。

（三）立足学校高地，落实改革重点任务

学校作为教育评价改革的主阵地和第一责任主体，在落实教育评价改革的过程中立足各学校实际积极发挥主观能动性，在改革过程中出实招。职业教育评价改革推行以来，各职业学校围绕《总体方案》中的重点任务积极推进职业教育评价改革落地落实，开展了一系列卓有成效的探索与实践。一是加强顶层设计，高位统筹部署改革工作。例如，针对湖南省职业学校教师的调查问卷结果显示（图2），所调查的各职业学校在推进改革过程中能够从顶层设计出发，通过采取组织学习相关文件精神、成立专门改革小组、组织教育评价改革的培训活动、开展教育评价改革的调研工作、制定任务清单和负面清单等举措，依托学校主阵地，统筹规划改革任务，做好顶层设计，积极推进职业教育评价改革活动的落地落实。二是立足学校主体，落实职业教育评价改革具体任务。针对湖南省职业学校教师的调查问卷结果显示（图3），所调查的各职业学校主要通过改革办学理念与育人观念、推动建设现代学徒制和企业新型学徒制、改革教师的师德师风评价和教育教学实绩评价、推进学生的综合素质评价等举措来具体落实改革任务，贯彻学校改革主体责任。

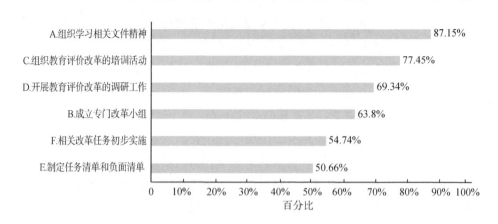

图2 学校推进职业教育评价改革的顶层部署工作

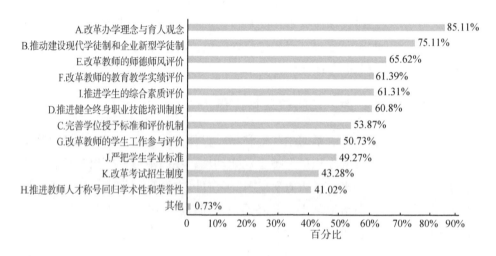

图3 学校在推进职业教育评价改革中的具体举措

（四）聚焦改革核心，推进师生评价改革

　　教师评价改革和学生评价改革是职业教育评价改革的重点任务，作为教育评价改革的纲领性文件，《总体方案》在教师和学生评价改革方面部署了改革任务。各职业学校充分认识到教师和学生评价改革的重要性，围绕重点任务积极推进。一是强化教师队伍，系统推进教师评价改革。例如，针对湖南省职业学校教师的问卷调查结果显示（图4），所调查的职业学校能够积极

落实教师评价改革的相关任务，在突出教师师德师风、教育教学实绩和参与学生工作方面的举措更为突出。其中，在推进师德师风方面注重将党建工作与师德师风建设融合，将师德表现作为业绩考核、职称评聘、评选奖励的首要要求，落实教师职业行为准则等。在突出教师教育教学实绩方面注重将认真履行教育教学职责作为评价教师的基本要求，建立健全"双师型"教师认定、聘用、考核评价办法，突出实践技能和专业教学能力在教师评价中的比重等。在强化教师参与一线工作方面，注重明确教师参与学生工作的具体要求，采取将参与学生工作纳入教师考核指标体系等措施来强化教师参与一线工作。二是立足改革核心，全面推进学生评价改革。例如，针对湖南省职业学校教师和学生的问卷调查结果显示（图5），所调查的职业学校主要采取完善德育评价、树立科学成才观念、强化体育评价、加强劳动教育评价、改进美育评价、严格学业标准和深化考试招生制度改革等措施来推进学生评价改革。其中，各学校通过明确和制定德育课程目标、美育课程目标和劳动教育课程目标，建立健全学生综合素质评价体系，鼓励多元主体参与学生评价等方式来具体落实各项任务。调查结果显示，有76.88%的学生对目前学校实施的学生评价工作总体满意度较高（图6）。由此可见，各职业学校在推进学生评价改革方面获得了多数学生的认可，学生评价改革的推行情况较好。

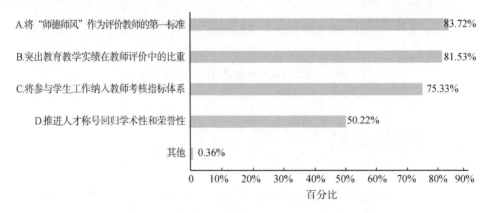

图4　学校在推进教师评价改革中的主要举措

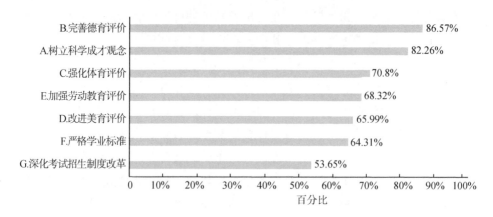

图5　学校在推进学生评价改革中的主要举措

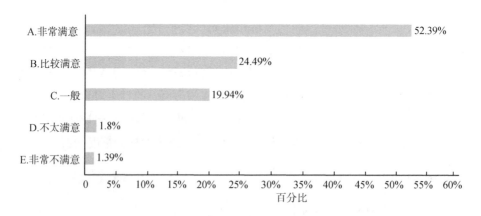

图6　学生对学校学生评价工作的满意度

二、举措及成效

　　在各级党委与政府有效推动和各职业学校的积极落实下，职业教育评价改革得以稳步前行，部分地区、学校针对职业教育评价改革采取的措施颇具创新性且效果初显。湖南省职业教育评价改革试点工作的重要举措与成效具体表现在学校、教师、学生评价的标准、内容、过程、方式等方面。各地区、各学校各有千秋，形成了具有区域特色和学校特色的评价改革经验。

（一）坚持分类分层，以质量提升作为评价目标

坚持分类评价学校，注重学校内部质量提升。益阳市积极构建学校评价一校一方案，创新推动省级示范性普通高中、非省级示范性普通高中、中等职业学校、市级示范性幼儿园进行四年一轮的分类评估，并对每类学校的情况进行对比分析，实现学校教育评价的精细化管理。长沙市长沙县采取一校一策方案，推动教育评价改革创新，出台《长沙县 2021 年初中学业水平考试与高中（中职）招生工作实施方案》等为实现高质量现代化教育强县奠定基础。湖南铁路科技职业技术学院依托 OA 办公系统，在加强外部评价质量保障的同时，探索以"质"优先的内部质量保障，打破了传统的、高度依赖外部管控的评价倾向，内部治理与外部管控同时发力，是评价改革的新思路。湖南现代物流职业技术学院通过构建学校"23313"内部质量保证体系，即强化制度建设和绩效考核"2 个抓手"，推进名专业、名教师、名学生建设"3 项工程"，实施党建、部门业绩、个人业绩"3 项考核"，开发以教学管理为主线、覆盖全校工作管理的"1 项内部质量管理平台"，健全一周一安排、一月一调度、一年一考核"3 段工作机制"，通过学院全员参与、全方位改进、全过程控制，推动学院整体内部质量的提升。

坚持分层评价教师，注重教师个人成长发展。长沙民政职业技术学院通过建立教师分类分层评价标准、教师个人年度发展标准和教师三年聘期考核标准，将发展性评价与奖惩性评价相结合，考虑教师自身优势和主观愿望，不断完善教师分类分层考核评价体系。湖南现代物流职业技术学院通过将教师分成不同的类别，进而根据不同学科、不同专业进行评价，规避了单一标准的弊端。同时，注重对教师教学的关注、培养和多元协同评价，促进教师教学能力的提升和发展。长沙航空职业技术学院在教育部"双师型"教师界定基础上，制定出台初、中、高三级层层递进的"双师"资格评价标准，开展以专业技能为核心的双师资格认定，为专业教师成长开辟新的通道。

（二）坚持面向社会，以实践能力作为评价内容

坚守课程阵地，提升实训课程实践性。湖南省各职业学校普遍实行以实践为主体的教学模式，推动学校实习实训课程与生产劳动、社会实践相结合，

147

按照生产实际和岗位需求设计课程，开发模块化、系统化的综合实训课程体系，重视学生的实践能力的培养。除此之外，各职业学校所开设的实训课程在学生群体中获得了较高的满意度。例如，针对湖南省职业学校学生的问卷调查结果显示（图7），83.42%的学生对学校的实习实训课程总体评价较高，认为学校的实习实训课程实践性很强或较强，对提高学生实践能力非常有帮助或帮助较大，仅有2.24%和1.24%的学生认为学校的实习实训课程"帮助不大"和"没有帮助"。由此可见，湖南省各职业学校普遍重视学校实习实训课程的优化，凸显课程实践性。

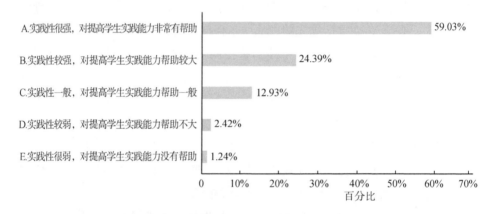

图7　学生对学校实习实训课程的评价

坚持工学结合，评价学生实践能力。湖南省各职业学校普遍实行学中做、做中学，强化教学、学习、实训相融合的教育教学活动，重点培养学生的实践能力。根据湖南省职业学校学生的调查问卷统计结果（图8、图9），影响学生考核评价结果的因素中，专业课实操成绩占比78.4%，仅次于文化课考试成绩。除此之外，在对学生进行考核评价时侧重的形式中，实践操作形式占比较大，仅次于纸笔考试形式。这说明，在统筹把握学生知识培养的同时，采用实践操作形式对学生的实践能力进行考查，也是各职业学校的重点举措，通过考查和评价学生实践操作能力的情况，来促进学生实践能力的提高，以便更好地面向社会培养人才，适应社会的需要。

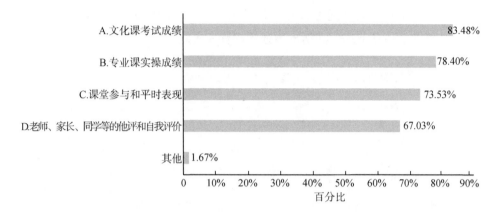

图8 影响学生考核评价结果的因素

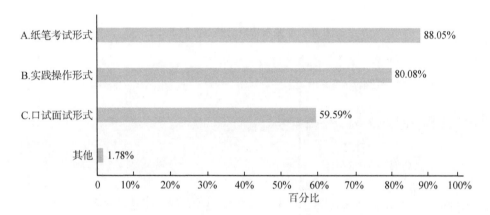

图9 学校进行学生评价时侧重的形式

（三）突出立德树人，以德技并修作为评价重点

坚持以德为先，将德育评价贯穿学生培养的全过程。根据湖南省职业学校学生的问卷调查结果（图10），学校对学生进行考核评价时，"道德品质情况"在学生评价内容中占有很大比重。同时，学校在"完善德育评价"方面，重点通过设计符合学生身心发展特点的德育目标、建立健全法治素养评价体系和标准等措施完善学生德育评价（图11）。长沙财经学校通过实行德育学分管理，将德育量化成学分，将学生入校到就业全过程的常规管理、活动参与、职业素养等德育项目全部计入学分，将德育活动制度化、学分化，

德育目标详细化。同时通过举办"四节一活动",即校园文化艺术节、读书节、技能节、体育节等实践活动增强活动育人实效。

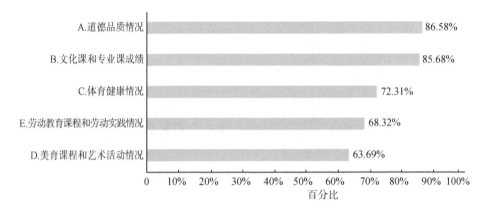

图 10　学生考核评价的各内容占比

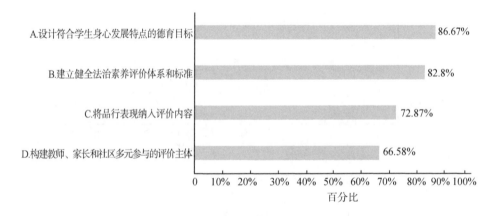

图 11　学校完善学生德育评价的主要举措

　　强调全面发展,将道德培养与技术技能培训相融合。根据湖南省职业学校学生的问卷调查结果(图 12),学校主要通过课堂授课、交流与训练,认知学习、实训实践与顶岗实习,专业性活动、技能大赛,以及非专业性活动等来培养学生的综合素质,促进学生的全面发展,其中实训实践与顶岗实习占比较大,仅次于课堂授课、交流与训练,由此可见,技术技能培训也是学校培养学生综合素质的重要举措。除此之外,各职业学校注重将道德培养与技术技能培训相结合。例如,湖南铁路科技职业技术学院构建以德为先

（40%）、崇能尚技（25%）、军管从严（25%）和文体并进（10%）的包含四个特色板块的学生评价体系，突出培养学生的德技并修。湘潭市工业贸易中等专业学校推动"现代学徒制"创新，通过与世界500强企业德国舍弗勒集团舍弗勒（中国）培训中心合作，构建"双主体"质量评价体系，重视学徒在学习过程中表现出来的综合品质，将职业素养（如职业信念、工匠精神、吃苦耐劳等）贯穿于教学的各个环节，建立了完整的学生职业素养与专业能力的评价模式，结合"3+2"质量评价工作和"双证书"考评双轨制度来突出学生德技并修，形成有时代特征、地方特色的德国双元制本土化"湘潭样板"。

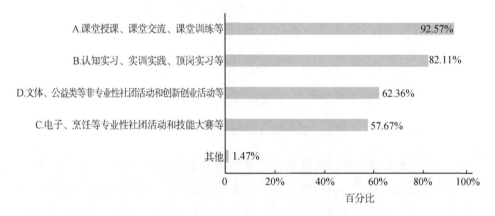

图12　学校培养学生综合素质的主要途径

（四）立足校企合作，以产教融合作为评价路径

深化校企合作，建立学校和企业的合作评价机制。湖南省职业学校学生的问卷调查结果显示（图13），目前学校校企合作的形式较为多样，订单式培养、工学结合、学徒制、工学交替等模式均有涉及，由此可见，深化校企合作模式取得了一定的成效。在深化校企合作的同时，各职业学校积极探索校企合作育人、共同评价学生的新模式。例如，湖南铁路科技职业技术学院以企业招聘条件、岗位需求为导向，将评价结果与学生就业挂钩，学校注重用人单位对毕业生的满意度评价，评价改革的成效体现在用人单位认可度提高、优秀学生典型增多等方面。湖南省体育职业学院牵头组建职教集团，深

入开展校企合作，校企共同修订人才培养方案，共建专业教学团队，企业专家参与专业评价、课程考核、毕业设计和实习实训指导，对专业教师和学生进行客观评价，同时参与毕业生跟踪调查与评价。湘西土家族苗族自治州泸溪县第一职业中学在评价主体上落实多元主体评价，鼓励企业等多元主体都参与学生评价，促进校企合作的深入开展。

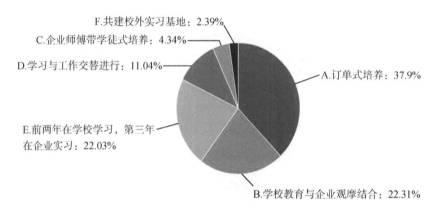

F.共建校外实习基地：2.39%
C.企业师傅带学徒式培养：4.34%
D.学习与工作交替进行：11.04%
A.订单式培养：37.9%
E.前两年在学校学习，第三年在企业实习：22.03%
B.学校教育与企业观摩结合：22.31%

图13　学校现阶段校企合作的主要模式

强化产教融合，促进人才链和产业链的有效衔接。湘潭市工业贸易中等专业学校在探索现代学徒制的过程中，学校不断扩大、创新产教融合。学校、企业与学生三方签订学徒培养协议，创建在校理论学习、在企项目培训，工学交替的"3+4"人才培养模式，即每学期以周为单位轮换学习，在校理论学习和在企项目培训时间各累计约3个月和4个月（寒暑假在企），实现"学生"和"学徒"双重身份的切换。培养过程中，学生在校学习时间约占30%，培训中心学习时间约占40%，生产部门实习时间约占30%。理论教学与培训实践课程交替进行，学习课程与项目培训无缝对接，实训成果与企业产品评价标准一致。学校通过创新产教融合模式，大大缩短了学生进入公司适应岗位的时间。

（五）开发评价平台，以信息技术赋能科学评价

开发教学平台，提高人才培养科学性。湖南铁路科技职业技术学院利用区块链、大数据、云计算和人工智能技术建立完善校本人才培养工作状态数

据管理系统，开展学生各年级学习情况全过程纵向评价、德智体美劳全要素横向评价，开发智慧课堂平台和课程教学诊断改进平台，从终结性评价转向重视教育教学全过程的形成性评价，从课堂教学的周期性评价转向重视教与学的即时评价，推动了教育教学质量和人才培养质量的提升。湖南铁路科技职业技术学院积极引入第三方评价机构麦可思公司为其提供的评价平台，为学生评价的数据提供了可视化图景，既保证了客观性，也提升了科学性，同时也便利了学生评价工作。

开发管理平台，推动师生科学管理。长沙民政职业技术学院携手湖南强智科技发展有限公司，共同开发质量管理平台，为教师分类管理、评价、培养提供智能化服务。对教师开展教师年度目标考核。依托平台数据记录，每年底，教师对照自己年度发展标准开展自我鉴定，学校对照岗位标准进行教师年度考核。平台记录教师发展轨迹，分析存在的问题，提出整改建议，提升教师发展水平。长沙财经学校依托智慧校园建设，搭建了功能完备的学生综合素质评价平台，推进学生管理职能的综合化，落实学生日常管理，对学生日常行为表现、学业成绩管理、寝室文明管理、班级综合考核等数据进行全面采集，实现了学生日常管理信息的适时共享。

三、问题及成因

职业教育的高质量发展离不开职业教育的科学评价，尽管湖南省职业教育评价改革取得了一定的成效，但依然存在着亟待破解的现实难题。职业教育评价指标体系的普教化倾向明显是目前职业教育评价存在的最突出问题；职业教育改革条件的缺乏和不足是阻碍职业教育评价改革的现实因素；职校学历在社会用人评价中的劣势是职业教育评价改革的痛点和难点；"双师型"教师的认定过程缺乏科学性、第三方评价机构发展面临掣肘、职普融通的宽度和广度有待提升等也是职业教育评价发展面临的窘境。目前，亟须寻求相应的解决对策来为职业教育评价改革扫清障碍。

（一）职业教育评价指标体系的普教化倾向明显

职业教育与普通教育是具有同等地位的不同教育类型，评价指标体系应具有区分度。但目前来看，职业教育评价指标体系的普教化倾向比较明显，在评价标准、评价内容和评价指标等方面，普通教育与职业教育并未有明显的区分。一方面表现为职业学校评价指标体系依然沿用了普通学校的评价指标体系。例如高职院校在办学方向、办学规模、办学机制、办学模式、队伍建设等方面都与普通学校没有很大差异，在这样整齐划一的指标体系下，省属高校多占据学科优势，而职业教育的"职业"特色不足，难以适应职业教育作为类型教育定位的办学需要。例如，在实地座谈访谈过程中，多位职业学校校长反映，目前的高等职业教育评价指标体系较多地借鉴了普通高等学校本科教学工作水平评估指标体系的框架和精神，有浓厚的本科痕迹。主要表现为并没有根据高职院校的特色专业分类建立多样化的评价标准，评价内容与职业岗位能力要求不相称，评价实施过程中对学生的品德、知识和技能评价不足，评价过程缺乏规范性和针对性，评价指标与学术性大学评价指标体系重复率高，没有把工学结合思想与其评价制度相结合等。另一方面表现为对职业学校教师的评价依然采取普通学校教师评价标准。针对职业学校教师的问卷调查显示（图14），大多数教师认为教师评价仍存在的问题是"评价主体不够多元""评价标准不够体现职教特色"，但在实地座谈访谈过程中，校长、教师呼声最高的是"评价标准不够体现职教特色"，表现为教师评价标准也与普通学校教师无明显区别，评价内容也趋于同质化。例如根据普通高中文化课教师的标准来评价中职学校文化课教师，依据普通高校通识课教师的标准来评价高职院校通识课教师等，这样的评价标准不公平也不科学，无法体现职业学校教师应有的特色，减弱了职业学校教师的身份认同感和归属感，影响了教师的积极性。

究其原因，一方面是由于职业教育办学定位的"普教化"。根据职业学校教师的问卷调查结果（图15），大多数职业学校教师认为职业教育评价改革最应该注重的方面是"改革学校办学理念"。由此可见，目前各职业学校的办学理念还存在一定的问题，主要表现为职业教育办学定位的"普教化"倾向，即将办学的着力点放在升学上。例如中职的对口单招、高职的专升本。

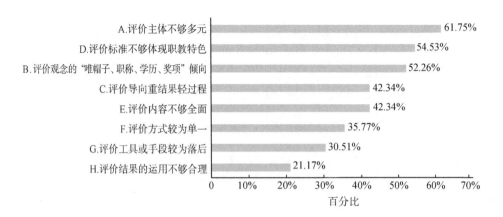

图14 职业学校教师认为教师评价仍存在的问题占比统计

由于一部分社会认可度较高的职业学校，凭借升学考试成绩好和升学率高来吸引生源，也提高了学校的知名度。吸引很多职业学校把教学重点放在对口单招上，教学管理方式与高中类似，在语数外上投入巨大精力，以对口单招成绩作为学校对外宣传的主要业绩，作为吸引生源的亮点。学生虽然上的是职校，但受教育方式与普教没有多少区别。同样，在这种办学模式下学校的评价制度也会趋于"普教化"。另一方面，主要是由于缺乏适用于职业学校的评价指标体系。目前，我国职业教育评价制度的发展还不健全，职业教育缺乏明确的、规范的评价制度体系。由于缺乏专门的评价标准而依然采用普通学校办学标准、专业设置标准和人才培养质量标准，教师评价标准和学生评价标准也是借鉴普通学校，甚至照搬照抄，严重阻碍了职业教育的特色发展。

（二）职业教育改革条件的缺乏与不足

改革是一项长期且艰巨的工程，为保证改革活动的顺利进行，需要提供足够的人力、物力和财力来保障改革活动的有序开展。作为职业教育改革的"龙头"，职业教育评价改革更需要完备的资源和充足的条件。但是，在大力发展职业教育的背景下，职业教育评价改革的资源还是存在短缺现象，具体表现在：一是职业学校投入保障条件的不足。主要表现在职业学校的组织领导、教学条件、师资队伍、经费等都存在不足，职业教育的财政支持力度、

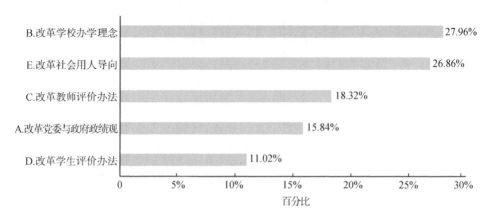

图 15　教师认为职业教育评价改革最应注重的方面

资源投入、办学条件等与普通教育差距还较大，难以支撑职业学校进行有效的改革活动。这主要是因为随着职业教育的发展规模快速扩张，各级政府虽然也加大了对职业教育改革的投入，但要满足每一所职业学校的发展存在一定的困难，而且与普通教育相比，职业学校的教学条件还需要一定的实习场地、训练场地以及各种实训设备，因此需要更高的经费作为支持。除此之外，职业教育的经费构成中政府拨款比例超过一半，社会团体、公民个人办学经费所占比例却很小，社会资金也存在利用不够的情况。从而导致职业学校缺乏一定的保障条件。二是部分职业学校缺乏必要的评价改革自主权。例如，衡阳市衡南县的中职学校领导反映，衡南县的部分中职学校是属于市教育局管理的，县教育局和学校没有进行评价改革的权限，存在管理权力与评价权限不统一的现象。尤其是职业学校，缺少自主权，对于在学校开展评价改革无所适从、无从下手。究其原因，根本在于职业教育治理体系的相对滞后。政府仍然集职业教育的举办者、管理者和评价人的角色于一身，对职业学校实施直接管理的职能始终没有完全转变，职业学校仍缺乏面向社会自主办学的应有权力和自我约束机制，扩大和落实职业学校办学自主权的呼声由来已久，但真正赋予职业学校办学自主权改革的幅度不大。三是部分职业学校存在教师结构性缺编现象。根据多处调研地区的职业学校校长反映，部分职业学校尤其是农村地区职业学校教师招聘困难，尤其是思政教师。除此之外，部分学校教师存在结构性缺编现象，师资队伍以文化课教师为主，缺少音体美劳以及心理教师，难以满足学生日常的学习需求。究其原因，主要原因在于城乡发展不均衡，职业学校教师的薪酬较低且职业发展空间狭窄。由于职业学校教师学历普遍偏低，而目前教师的工资主要根据资历、职称或学历来进行发放，所以职业学校教师的普遍起薪水平就较低，再加上农村发展环境与城市存在差距，学校生源、基础设施与普通学校也存在差距，县城学校和其他优质学校可以利用自身优势，广纳优秀教师，可以为教师提供更多的发展机会，这也导致农村职业学校优秀师资外流，骨干教师扎堆去优质学校。除此之外，有职业学校教师反映，部分学校的管理混乱也是教师流失与招聘困难的原因。主要表现为招聘政策不透明，存在"近亲繁殖"现象，评价机制、绩效考核不够健全，薪酬水平以及发放方式存在严重的不公平现象，有才华的教师得不到生存发展的空间，一系列管理混乱造成职业学校教师的流失以及招聘困难。

（三）职校学历在社会用人评价中的劣势

根据湖南省职业学校学生的问卷调查结果，大多数学生认为"改革社会用人导向"是"职业教育评价改革最应该注重的方面"（图16）。由此可见，尽管我国职业教育评价制度日趋改进，但社会用人导向仍是职业教育评价改革的实践痛点，事实也的确如此。在"学历至上"的就业市场上，职校学历普遍处于竞争力不高的地位，甚至会受人歧视，尤其是在党政机关、事业单位和国有企业中，用人单位常戴有色眼镜，在招聘、录用等环节中对职校学历的应聘者存在一定的学历歧视和身份限制。一方面表现为招聘时对职校学历人才的歧视和偏见。大部分用人单位在选聘人才时普遍不喜欢招用学历较低的职业院校毕业生，且对其能力水平存在偏见，认为其在综合素质方面逊于普通院校毕业生。另一方面表现为入职后对职校学历人才的不公平对待。职业学校毕业生在职前就业、落户与职后职称评聘、收入水平、社会保障、晋升等方面并没有被与普通院校毕业生同等对待，常遭受"双重标准"对待，常出现入职难、晋升难等问题。

究其原因，一方面是受传统文化的深层影响。长期以来我国社会大众的普遍观念是重"知识"轻"技能"，"万般皆下品，唯有读书高"的思想根深蒂固，"考不上好高中和好大学就去上职校"也是大部分家长的观念，导

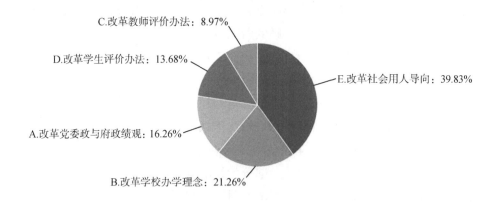

C.改革教师评价办法：8.97%

D.改革学生评价办法：13.68%

E.改革社会用人导向：39.83%

A.改革党委政与府政绩观：16.26%

B.改革学校办学理念：21.26%

图 16 学生认为职业教育评价改革最应该注重的方面

致职业教育一直处在低人一等的地位。职业教育被扣上"末等教育"的帽子，职业学校学生也被扣上了"差生"的帽子。另一方面，学历指标化、显性化是学历歧视偏见的源泉，为歧视行为提供了原始动力。在过去，"第一学历"是为了分清阶级出身或者在一定程度上是身份的象征。过去中国的大中专教育都是精英教育，但随着高等教育的扩招，高等教育进入大众化，接着迈进普及化，大中专院校尤其是本科毕业学历的人越来越多，于是用人单位的门槛抬高到了"211""985"之上。再加上面向高职投放的专升本比例以及从中职招收职教本科学生的比例偏小，职业学校学生的升学通道还不畅通，加剧了"学历市场"上职校学历的劣势。

（四）"双师型"教师的认定过程缺乏科学性

职业教育的类型特征表现在师资队伍上就是"双师型"教师，这是职业教育的一项基本特征，标准建设是师资队伍建设的重点。但是，"双师型"教师认定标准仍然存在一些问题。具体表现在三个方面：一是缺乏省级层面的统一认定标准，地方评价标准缺乏权威性。教育部办公厅于 2022 年 10 月 25 日发布了《关于做好职业教育"双师型"教师认定工作的通知》，明确了国家层面的"双师型"教师认定范围、标准要求、组织实施和监督评价等要求，同时对如何促进"双师型"教师持续发展也做了相关规定。但由于地方教育部门各部门主体间的认知偏差，容易造成对国家标准的了解、领悟不深，甚至出现认知偏差、相互矛盾。因此，国家标准在地方的贯彻落实需要省级教育部门做好"牵引线"，但由于目前省级还没有出台明确的政策文件来统一省内"双师型"教师认定标准，地方教育行政部门和职业学校的认定标准多样，缺乏权威性，在实际操作中也容易出现认识偏差，影响评价的科学性。例如有些职业学校认定中级证书，有些职业学校认定高级证书，认定方式较为混乱，严重影响了"双师型"教师认定的科学性。二是"双师型"教师认定指标的重量轻质。调研过程中，有部分职业学校校长反映，由于证书、项目和荣誉等量化指标简单易操作，便于比较，而教学和实践能力指标比较隐性，不易考核和比较。因此，"双师型"教师认定重视证书等显性评价指标，忽视能力等隐性指标的评价内容，但这容易造成"双师型"教师评价流于形式，忽视教师能力的培养。三是"双师型"教师认定程序不完善。完备的"双师型"教师认定程序需要解决"认定谁""谁来认定""如何认定"的问题。国家层面出台的相关文件标准解决了"认定谁"和"谁来认定"的问题，但"如何认定"还存在模糊不清的现象，认定程序也以传统的审核制为主，导致一些地方虽然开展了"双师型"教师的认定，但是条件简单，认定程序也趋于形式化，严重影响了认定程序的科学性。因此，"双师型"教师认定程序的规范与科学还需省级教育行政部门对认定工作加强顶层设计、组织领导和统筹协调。

（五）职业教育第三方评价机构发展面临掣肘

第三方评价机构或组织作为社会一方，上承政府对社会组织职能发挥的要求和期待，下启人民群众对于职业教育办学质量、人才培养水平的认知渴望，在教育管办评分离中发挥着重要的职业教育质量监控职能，能够有效地协助政府和民众了解宏观职业教育推进的成效、区域职业教育发展的态势、职业院校办学的质量，便于政府根据评价结果进行政策调整，便于家长与学生根据评估情况进行选择。但目前，第三方评价仍然处于探索与发展阶段，且在实践发展过程中面临着诸多掣肘。主要表现在：一是缺乏相关的法律法规和可操作性的实施细则。目前，社会上的第三方评价机构层出不穷，尽管已经对第三方评价做出了政策性、方向性的规定，且重视程度不断加大，但相关的法律法规、实施细则没有完全跟上。由于缺少明确的法律条文对第三方评价机构的地位进行认可，缺乏对第三方评价机构的规范、监督，也缺少操作性、实施性的细则条款，第三方评价明确统一的评价体系，评价方法、实施细则和工作规范，以及专业性、权威性难以得到保证。二是第三方评价机构较少，可持续发展动力不足。当前，具有合法性、独立性、专业性和公正性并代表国家层面的第三方评价组织尚处于缺位状态。虽然大部分具有企业性质的第三方评价机构比较规范，但其业务范围不大、经费来源较少，导致生存困难。同时，专业评价人员缺乏，评价指标体系不健全，直接导致第三方评价机构的专业性水平较低，社会认可度不高，可持续发展动力不足，市场发展方向和前景不清晰。三是缺乏社会大众和各类利益相关者的认可和遵从。相对于第三方评价机构，社会公众更相信、更认可政府组织在教育评价中的权威性，而对社会评价组织的结论往往持"怀疑"态度。而职业学校作为被评价的对象，在实践中主动开展和参与第三方评价的程度并不高，往往是以被动状态消极接受评估，将其看作是上级赋予的任务而不得不进行应对，这样消极的应对方式很容易导致第三方评价机构因评价数据获取不足、评价程序及方法不够公开等原因丧失社会公众信赖。

（六）职普融通的宽度和广度有待提升

教育需要适合学生将来的发展，只有给学生提供更多选择接受不同类型和模式教育的机会，才能拓宽适合学生发展的道路。职普融通通常指的是不同教育类型衔接融通，包括学分互认、相互衔接、相互转学，也包括不同层级教育内容的衔接更新。职普融通的程度越高，为学生提供可选择的教育机会就会越多。现阶段下，职普融通是职业教育与普通教育的共同发展定位，但是目前的评价体系还未与职普融通的发展定位相匹配，职普融通的宽度与广度还有待提升，尤其是普通教育与职业教育在评价制度方面的融通。一方面，表现为目前职普融通的发展定位与职业教育评价体系不相匹配。过去职业教育以培养技能人才为主，主要服务于社会就业，但在职业教育升学与就业并重的新发展定位下，职业教育评价体系的滞后性、延缓性，导致职业教育评价体系与发展定位的不相匹配。例如，调研地区的部分中职学校校长反映，目前学校的办学导向由之前的重就业转变为现在的升学与就业并重，校企合作模式等也发生了变化，但中职教育评价体系还未与这些改变相适应、相匹配。另一方面，表现为职业教育与普通教育在招生考试方面并未完全打通。社会对于职业教育、普通教育地位和类型的认识存在误区，职业教育与普通教育有着不同的培养目标和运行逻辑，所以在培养方式、评价方式上存在较大差异。因此，职业教育与普通教育之间的招生考试通道存在阻塞，职业学校学生参加普通高考的通道尚未完全打通，这是职普融通面临的现实阻碍。虽然职普融通政策要求普通学校和职业学校学分互认，学习者可以通过考试在普通学校和职业学校之间转学、升学，然而在普通学校和职业学校之间转学、升学的考试机制尚未健全，普通高中的学生可以通过春季高考和夏季高考升入职业院校，而同层级普通教育与职业教育之间转学通道的考试制度尚未形成。

四、对策建议

针对职业教育评价改革面临的以上问题，最重要的是要认识到职业教育的重要地位和职业教育的类型特征。基于职业教育的重要地位，应首先立足职教特色，科学构建职业教育评价标准，包括学校、教师和学生评价指标体系。同时，打破职业教育评价改革资源不足的现实困境，加大投入力度，为职业学校提供必备的改革资源，改善技能人才的就业发展环境。除此之外，"双师型"教师作为职业教育特有的底色，应规范"双师型"教师认定程序；对于发挥着重要的职业教育质量监控职能的"第三方评价"，也应为其发展扫清障碍。同时，立足职普融通的职业教育发展定位，打破职业教育与普通教育之间的壁垒，促成职普融通在人才培养和招生考试等方面的深度融合。

（一）立足职教特色，科学构建职业教育评价标准

职业教育作为一种教育类型，应具有类型特色，不应与普通教育趋同而"迷失自己"。职业性是职业教育独特的和根本的属性，是区分职业教育与其他类型教育的基本特征。职业教育评价指标体系的构建也应充分考虑职业教育的特殊属性。针对职业教育评价指标体系的普教化倾向明显的情况，首先，

建议从省级层面出台职业学校办学水平评估办法，基于职业教育类型特征，进一步优化职业学校相关评价指标。组建由职业教育专家、中职学校校长、高职学校校长、中职学校教师、高职学校教师、行业企业等主体组成的"智囊团"，充分征询其意见与建议，汇聚地方经验，考虑到职业学校的实际状况，分级分类制定针对职业学校、体现职业教育特色的评价标准，重点评价职业学校的德技并修、产教融合和校企合作，促进职业教育改革办学体制和育人模式。高等职业教育方面，根据高职学校的特色专业分类建立多样化的评价标准，评价内容应与职业岗位能力要求相称，评价实施过程中重点对学生的品德、知识和技能进行评价，增强评价过程的示范性和针对性，评价指标应体现工学结合思想与评价制度的结合。其次，建议结合职业学校特点修订教师职称评审的省级规范性政策文件，并给学校留足自主探索空间，逐步形成结合各省职教特色的教师评价体系。同时注重职业学校教师实绩评价，职业学校积极探索教师职称评聘的有效办法，突出职业学校特点和质量导向，注重从能力、实绩和贡献维度来评价教师，重视教学和育人实际，实现量化考核和定性考核相结合，形成职业学校教师职称评聘的多元化评价机制。

（二）加大投入力度，为职业学校提供必备的改革资源

职业教育评价改革是一项艰巨的系统工程，只有具备充足的改革条件，才能保障改革活动的顺利开展。针对目前职业学校进行改革的资源条件存在的不足。首先要加大对职业教育评价改革的资源投入，推进社会力量举办职业教育。从省级层面建立健全与职业教育办学规模、培养成本、办学质量等相适应的财政投入制度，统筹现有教育专项资金支持职业教育发展，强化各级人民政府举办职业教育的主体责任，加大公办中职学校办学投入，确保公办中职学校与普通高中在办学条件、师资力量、经费投入、招生规模和办学质量等方面大体相当，办学规模和质量与经济社会发展相适应。尤其加大对民族地区、贫困地区和残疾人职业教育的投入力度，促进教育均衡。除此之外，为了更好地满足职业学校的发展需求，需要多方面筹集社会资金，鼓励社会力量办学，建议从省级层面出台推进社会力量举办高质量职业教育的实施方案、民办职业教育规范办学的实施办法等相关政策文件，明确社会力量和民办职业学校办学的基本条件，建立规范的准入、审批制度。鼓励区域、

行业龙头企业和骨干企业举办职业教育，对符合要求的企业，给予一定的税收优惠政策，同级财政可以采取财政补贴、划拨用地等方式给予适当支持。其次要下放评价改革自主权至基层教育管理部门和职业学校。本调研组在此次调研过程中，见证了各级各类学校在教育评价改革方面的"百花齐放"，有远见、有情怀、有干劲的基层干部和学校校长作为先行者，勇于改革，踔厉奋发，取得了很好的成效。因此，理顺职业教育管理机制，在合理范围内赋予基层教育管理部门和职业学校更多办学自主权，避免管理权力与评价权限不统一的现象，可以更加调动地方职业教育评价改革的积极性，创造出更多的"湖南经验"与"湖南典型"。最后是健全职业学校的师资队伍，改革教师人事管理制度。建议从省级层面对职业学校教师人事管理制度进行改革，落实职业学校教师编制标准和地方政府的"县管"主体责任。改革教师人事制度，严格对选人用人环节的监督，制定客观、透明、公平的绩效考核机制，完善教师激励制度，提供教师发展机会与提升空间。同时，出台职业学校教师人事编制动态管理办法，允许职业学校根据有关规定自主聘请兼职教师，教师招聘由学校自主设置条件，创新完善适合职业教育改革发展需要的动态的、可调整的人事编制管理办法，推动职业学校教师的流动。针对目前职业学校教师薪酬水平不合理、职业发展空间狭窄等问题，建议提高职业学校教师起薪水平，建立健全公平的薪酬制度与分配办法，健全职业学校教师的医疗、保险等社会服务，解除教师的后顾之忧。同时，建议从提高职业学校教师副高编制比例等实际情况入手提高教师社会地位，在"引进来"的同时也能"留得住"教师。

（三）突出能力本位，改善技能人才的生涯发展环境

新修订的《中华人民共和国职业教育法》首次明确，职业教育是与普通教育具有同等重要地位的教育类型。无论是何种类型的教育，都承担着为国家培养人才的重要使命，没有高低贵贱之分，职业教育也应该受到应有的尊重，因为，一个没有工业的国家是无法走上强国之路的，一个没有工匠的国家也是缺乏深度与人情味的。针对目前职校学历在社会评价中的劣势地位，一方面，应从省级层面宣传并落实人社部印发的《关于职业院校毕业生参加事业单位公开招聘有关问题的通知》，切实维护、保障职业学

校毕业生参加事业单位公开招聘的合法权益和平等竞争机会。例如，对于有职业技能等级要求的岗位，可以适当降低学历要求，甚至不设置学历要求。以技能操作或技能指导履行职责任务的岗位，加大实际操作能力测试在考试中的比重。同时，加大省内党政机关、事业单位和国有企业科学用人选人的监督和惩戒力度。规定招聘时各单位应坚持能力本位，遵循"对岗不对人"的原则，打破"身份壁垒"，扭转人才"高消费"的观念，以平等的眼光看待前来应聘的人员。扭转"唯名校""唯学历"的用人导向，营造"崇尚一技之长、不唯学历凭能力"的社会环境。另一方面，应建立健全公平的就业制度，保障技能人才的应有待遇。改善技术技能人才的职业发展环境，破除技术技能人才在党政机关和企事业单位就业招聘、落户、职称评审、职级晋升等领域的不公平待遇，确保职业教育毕业生享有同普通教育毕业生平等的机会和待遇。

（四）明确"双师"标准，规范"双师型"教师认定程序

标准建设是师资队伍建设的重点，对于职业学校来说，"双师型"教师是职业学校教师的标志性符号，是职业教育的一项基本特征。教师通过外部认定和内部认可，能够有效增强职业认同感，教师身份认同感越强，育人成效就越大，职业幸福感也就越高。针对目前"双师型"教师认定过程不科学的情况，首先，应根据教育部出台的《职业教育"双师型"教师基本标准（试行）》，立足我省实际，从省级层面明确"双师型"教师认定的指导性要求和最低标准。《职业教育"双师型"教师基本标准（试行）》的出台，标志着"双师型"教师国家统一认定标准的明确，在此基础上，教育部明确要求各省级教育行政部门应结合本地具体情况，以及不同教育层次、专业大类等，参照制定修订本级"双师型"教师认定标准、实施办法，明确支持举措，实行分类评价，并适时调整完善。除此之外，建议我省在明确湖南省"双师型"教师基本标准的基础上，鼓励地方教育行政部门根据省级标准来制定体现地方特色的标准体系，职业学校也能根据学校实际，设计具有针对性、可操作性的评价指标。其次，应规范"双师型"教师认定标准内容，突出教师师德师风素养、教学和实践能力。建议在编制湖南省"双师型"教师评价内容时，根据教育部《关于做好职业教育"双师型"教师认定工作的通

知》中的具体要求，把师德师风作为衡量"双师型"教师能力素质的第一标准，突出对理论教学和实践教学能力的考查，注重教学改革和专业建设实绩。同时，根据实际情况将专业技术等级证书、指导学生参加技能大赛获奖和企业工作实践经历作为"双师型"教师认定的重要依据。最后，规范"双师型"教师的认定程序，避免简单化和形式化。建议从省级层面明确"双师型"教师认定程序，确定认定对象范围，严格考核和选留环节，着重对教师教学能力和实操能力进行考查。同时，构建统一的认定主体，教育部明确了认定主体应由具备认定条件的学校、第三方机构或专家组织等担任，建议将"双师型"教师分级认定权下放，由职业学校或专家组织作为认定主体，同时引入第三方"双师型"教师认定机构，提升认定标准的针对性、科学性，以及过程的公正性。

（五）加强制度供给，优化职业教育第三方评价

第三方介入职业教育质量评价，是我国现代职教治理体系构建的需要，是激发职业学校办学活力的需要，是推进教育管办评分离的需要，也是客观反映职教办学效益的需要。扶持与发展职业教育第三方评价机构，是加快推进职业教育高质量发展的重要途径。针对职业教育第三方评价机构发展面临掣肘的情况，首先，应完善第三方评价的相关政策和实施细则。建议省教育厅在《国家职业教育改革实施方案》等文件的指引下，重点设计第三方评价的纲领性实施细则，细则要重点解决第三方评价在实践中的具体操作问题。明确政府在评价中向第三方让渡的权力和内容，明确职业学校在第三方评价中应履行的责任和义务，从而为第三方评价提供有效支撑。建立资格准入机制，对第三方评价机构的资格认证标准、进入程序等进行严格规定。其次，应加强对第三方评价机构的管理与监督。建立实施管理机制，对第三方评价过程中的评价原则、评价指标设计、评价方法以及结果应用等问题进行明确规定；建立监督管理机制，对第三方评价进行全程化监督和审核，提升评价质量。最后，应提高第三方评价机构的专业性和社会认同度。通过建立评价人员的筛选机制、完善评价人员的专家库建设、建立周期性评价培训机制等方法不断加强评价队伍的专业化建设。同时，政府要积极利用网络、新媒体、

多样化信息服务平台和各类教育活动等途径向社会公众进行宣传，让他们更深入地了解职业教育第三方评价的内涵、意义、组织和实施、专业性等，在此基础上定期发布第三方机构的运行情况和评价数据，以及评价数据的使用和应用情况等，以此提升社会公众对评价的认同度和信任度，为第三方评价机构的发展创建良好的社会环境。

（六）深化职普融通，搭建职业教育发展"立交桥"

从长远来看，构建与普通教育完全分离的职业教育独立体系并不是一种适当的选择。要从深层次提升职业教育的社会地位，真正建立起现代职业教育体系，走职普融通的职业教育体系构建之路才是正确的选择。针对职普融通宽度与广度有待提升的情况，首先，应敏锐把握职业教育的发展定位，构建合适的评价体系。目前，职业教育已由过去的以就业为重，转变为以升学和就业为重，职业教育评价体系中对于职业学校的各项指标，也应进行相互匹配。一方面要组建类似于国家资历框架委员会的专门机构，在基本思路、实施蓝图和技术路线等方面完善顶层设计；另一方面要充分发挥行业组织和企业的作用，分批次、有步骤地开发和制定能力评价标准。其次，要加强普通教育和职业教育培养过程的融合，打通招生考试通道的壁垒。例如，对于中职学校，应以课程为载体完善职普融通的课程体系，积极增设普通中学的职业课程，提升职业教育课程的质量和水平。对于高职学校，将应用型本科、工程硕士等培养模式与职业教育一体化育人模式相衔接，通过职普融通实现职业学校学生更高层次学历提升的愿望。在职业技术教育学硕士录取比例上出台向本科职业院校相应倾斜条款，注重学生应用能力评价，提升学生的技术能力，从而引导全社会形成科学评价职业教育的良好氛围。同时，加大学习成果认证积累转换力度，通过确定不同课程类型、不同学时与学分的对应关系，制定学时、学分的记录规则，对学历证书和职业技能等级证书所体现的学习成果进行登记和存储。学生在进入相关普通高等院校接受专业学历教育时，可按规定兑换学分，免修相应培养环节。通过课程改革和评价改革，从实施路径上实现普通教育与职业教育的互联互通，搭好职普融通的"立交桥"。

湖南省职业教育评价改革实施以来，在各级党委与政府和各学校的推动下，取得了较好的改革成效，各地区、各学校在推进改革过程中形成了具有借鉴意义的"湖南经验"与"湖南典型"。同时，在取得成绩的基础上也反思了改革过程中的问题与不足，力求在下一阶段的职业教育评价改革中创造更多的成效，为学校、为师生、为整个职业教育事业拓宽发展之路。评价改革，道阻且长。以职业教育评价改革促进职业教育高质量发展，增强职业教育适应性是必由之路。因而更需要行远自迩，笃行不怠，踔厉奋发，踵事增华。教育奠基未来，技术变革生活，在推动社会发展的过程中，职业教育大有可为，湖南省职业教育亦大有可为。

执笔人：赵晴晴

高等教育评价
改革分报告

引 言

为贯彻落实国家《深化新时代教育评价改革总体方案》（以下简称《总体方案》）、《湖南省深化新时代教育评价改革实施方案》（以下简称《实施方案》）以及《湖南省教育评价改革试点工作方案》文件精神，体现高等学校优势特色的现实需求，推动高等学校高质量发展；为深入了解湖南省高等学校评价改革的实际情况，总结试点高校评价改革中的有益探索与成功经验，发现评价改革中存在的问题与困惑，全面提升下一阶段湖南省教育评价改革的科学性和有效性；并为全国高等教育评价改革的深入推进提供"湖南方案"，推出"湖南经验"，受湖南省教育厅委托，湖南省教育评价改革试点现状研究调研工作组于 2022 年 9 月 19 日至 24 日，对湖南省高等教育评价改革现状进行了广泛而深入的调查研究。

本次调研的主要内容包括五类主体 22 项改革任务，凸显学校、教师、学生的评价主体，采取问卷调查、座谈访谈、现场考察及文献调研相结合的方式进行。对高校依据就近、差异和典型的原则，选择湖南师范大学、长沙理工大学、湖南工商大学、长沙学院、湖南女子学院、湖南现代物流职业技术学院、湖南铁路科技职业技术学院、长沙民政职业技术学院、长沙南方职业学院、湖南幼儿师范高等专科学校。据统计，在实地考察过程中，调研组成员与高校的管理人员、教师和学生举行了 10 次座谈，50 次一对一访谈，回收有效教师问卷 1154 份，回收有效学生问卷 11977 份。

一、推进情况

教育评价改革实施以后，湖南省各高校都十分重视教育评价体系的重新构建，尤其是在实施一段时间后，越来越多的高等教育专家、管理人员、教师深切认识到高等教育评价改革的重要性，并积极投入到有关的实践与探索之中。根据湖南省高等学校教师的问卷调查数据（图 1），教师对湖南省高等教育评价改革的总体满意度达58.23%。调查显示在推进过程中，成效与问题并存，仍需要进一步深入持续重视评价改革工作。

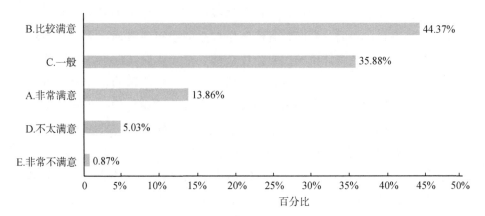

图1　教师对高等教育评价改革的满意程度

在调研组对10所高等学校开展教育评价改革工作的阶段性成果进行评价与验收的过程中，全省开展高等教育评价改革的推进情况整理报告如下。

（一）成立领导小组，开展专题研究

湖南省高等学校坚持顶层设计，成立各类领导小组。成立学校深化新时代教育评价改革领导小组，校党委书记、校长任组长，统筹协调、宣传引导和督促落实教育评价改革工作；下设学校深化新时代教育评价改革工作组，成员单位包括各相关二级单位，负责制定贯彻落实教育评价改革的工作方案及各类清单，组织推进改革工作。为深入推进教育评价改革的落实落地，学校党委行政组织系统调研，多次召开专题会议，研究制定了学校关于深化新时代教育评价改革实施方案，从健全党对学校工作全面领导体制机制、改革学校评价、改革学生评价、改革教师评价、改革用人评价等五个方面部署了重点任务，为系统推进有关工作明确了时间表、路线图。

这些措施有效加强了高校党委对教育评价改革的把控力度，在高校党委的高位布局与统筹推动下，各部门、二级学院、师生等得以协同联动，形成教育评价改革的攻坚力量。

（二）持续学习培训，营造改革氛围

通过调研座谈会和个别访谈，以及对各高校教育评价改革相关资料分析得知，实施方案出台后，湖南省各高等学校立即组织各级领导深入学习领会习近平总书记关于教育评价的重要论述精神，充分认识《深化新时代教育评价改革总体方案》等文件的重大意义，增强教育评价改革的责任感、使命感和紧迫感。多层次全方位开展宣传解读。各高校上下通过传阅文件、大会宣讲、党政班子集体学习、中层干部会、二级单位专题研讨、教职工政治理论学习、党支部"三会一课"、教研组例会等形式多层次、多渠道宣传学习"两个方案"精神，提高了政治站位，形成了思想共识。同时，各大高校都十分重视在教育评价改革方面对教师的培训和指导。各级领导干部、教职工、教师党支部书记的培训活动中，对有关评价问题进行不同程度上的阐述和剖析，并提出相应的建议和指导意见，形成机制，持续推进。

从高校教师参与教育评价改革的培训活动类型来看，79.72%的高校教师表示参与过有关评价改革的主题研讨活动，其中主要集中在教师评价相关的研讨活动（35.79%）、学校教育评价改革研讨活动（18.89%）（图2）。由此可见，湖南省高等院校内教育评价改革氛围浓郁。但从图3和图4可知，教师群体对教育评价改革完全了解和比较了解的占比为57.80%，学生群体对教育评价改革完全了解和比较了解的占比为37.85%，可见教师群体和学生群体对教育评价改革的了解程度还需进一步提升，特别需加大在学生群体中的宣传，营造良好的改革氛围。

（三）加强清单审查，全面清理文件

根据湖南省领导小组下发湖南省贯彻落实《总体方案》部门工作安排和部门重点举措清单、负面清单的通知，湖南省各大高校已对全校（含附属学校）起草、实施的各项规章制度和文件进行了系统清理，对列入《总体方案》负面清单事项的、与《总体方案》规定相抵触或相冲突的、与《总体方案》主要原则和精神不符的规章制度和文件分类进行了研究处理。此后，结合高校教育发展实际出台相关的配套制度政策，持续巩固清理成果，逐步落实相关文件的废、改、立，并加强了对新出台文件的审查，以刚性制度扎牢

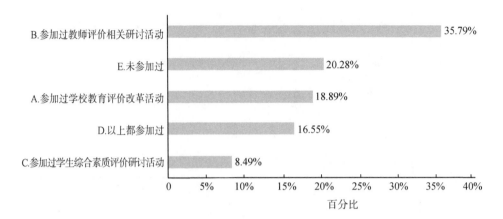

图 2　高校教师参与培训活动情况

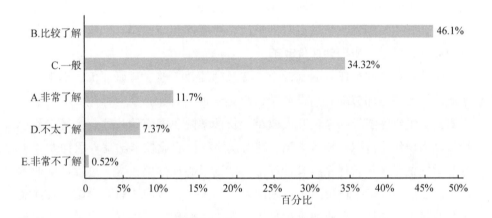

图 3　教师对教育评价改革的了解程度

篱笆，为改革的实质性推进营造了严格稳定的制度环境。

（四）边试边做边改，聚焦重点难点

教育评价改革是一个不断试错的过程，教育的成果也不是立竿见影的。湖南省高等教育评价改革坚持"先行先试，边做边改"，通过先确立一批试点高校和试点项目改革，各高校结合学校实际，积极推动申报评价改革试点校，制定试点工作实施方案，及时总结改革中的好做法、好经验，形成阶段性试点成果，坚持试点先行，为典型经验的地区性推广打好基础。同时，不

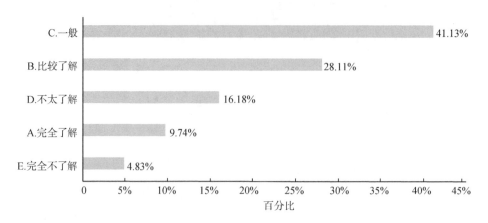

图4 学生对教育评价改革的了解程度

同类型、不同层次的高校及时总结、定期上报、经常分享，适时开展试点工作推进会，主要围绕改革试点进展情况、主要问题与困惑、下步推进思路三方面展开，以进一步推动评价改革。

在聚焦重点改革任务的基础上，在教师绩效考核、科研评价、学生综合素质改革等关键环节率先启动改革，再逐步铺开。如，湖南师范大学、湖南工商大学主要围绕教师考核开展改革；长沙学院、湖南幼儿师范高等专科学校、湖南现代物流职业技术学院、湖南铁路科技职业技术学院着重构建"五育并举"的学生评价体系，长沙理工大学则以心理健康教育、过程性学业考核为出发点探索学生评价改革；湖南女子学院、长沙南方职业学院和长沙民政职业技术学院均以专业评价为抓手，促进学校高质量内涵式发展。各高等学校能够以高等教育评价中的热点、难点为主要工作方向，以点带面，为后续的评价改革形成前期的准备基础与社会共识氛围，以推动高等教育评价改革实践的深入。

总体而言，通过整理调研资料发现，高等教育评价改革主要聚焦于教师职称评价体系、科研评价体系以及学生"五育"体系的构建，针对学校主体，体现在内部质量保障体系构建上，对《总体方案》关于学校评价改革、学生评价改革的内容需深入研究、加大推进力度。

二、举措成效

在各级党委、政府的宏观布局下，高等教育评价改革得以按照一定的轨迹前行，在行进过程中，部分高校针对评价改革采取的措施颇具创新性且效果初显。湖南省高等教育评价改革试点工作的重要举措与成效具体表现在学校、教师、学生评价体系的构建上，各高校各有所长，形成了具有学校特色的评价改革经验。

（一）构建内部质量保障体系，推动高校内涵发展

湖南省内部质量保障体系深入院系、专业层面。高校既基于"统一"原则重视内部质量，保障顶层制度设计和机制建设，还应本着"效能"原则构建多级评价体系，赋予院系、专业更多的自主权，充分发挥教师和学生参与积极性，根据院系、专业发展需要和主要矛盾，调整、调动教学资源，提高内部质量保障的针对性和实效性，形成一个任务明确、职责清楚、相互协调、相互促进的教学质量运行机制。

湖南省高校全面建立内部质量保障体系，促进高校内涵发展。内部质量保障体系是全过程管理、利益相关方全员参与的闭环系统。目前，湖南省地方高校大多建立了内部质量保障体系，自 2016 年湖南省高等职业院校内部质量保证体系诊断与改进工作实施以来，湖南省高等院校内部质量保障体系的范围更广，自 2020 年教育评价改革实施以来，内部质量保障体系的特色更加突出。调研中发现：长沙南方职业学院围绕学校、专业、课程、教师及学生等五个维度的评价改革进行探索，创新了质量评价体系的改革。湖南现代物流职业技术学院按照"五纵五横"的质量体系不断推进和深化学校内部质量保证体系建设和诊改工作，创建"23313"内部质量保证体系，"2"是指强化制度建设和绩效考核两个抓手，第一个"3"是指推进"名专业、名教师、名学生"三项工程建设，打造专业特色和学校品牌，第二个"3"是指实施"党建考核、部门绩效考核、个人业绩考核"三项考核，"1"是指建立质量管理诊改平台，第三个"3"是指执行"一周一安排、一月一调度、一年一

考核"三段工作机制。

（二）推进专业建设评价改革，促进教育质量提升

构建专业评价指标体系，提升专业育人质量。完善专业评价机制是落实新时代教育评价改革的重要内容，关系高校的专业建设发展和人才培养质量。湖南省高等学校学生的问卷调查数据显示（图5、图6），对于学校进行教育评价改革最明显的成效，48.12%的学生认为体现在教育教学质量提升，16.78%的学生认为体现在学校科研水平提升，15.35%的学生认为体现在社会服务效益良好，19.75%的学生认为体现在学校社会声誉和知名度提升。湖南省实施高等教育评价改革以来，高等院校专业建设取得了明显效益，教学质量明显提升，学生对学校教学质量非常满意和比较满意的占69.99%（图6）。通过专业建设评价改革，高校营造了良好的质量文化氛围，教师队伍水平不断提高，专业成果获奖丰硕，人才培养质量保证体系逐步完善，提升了专业内涵发展的加速度。如，长沙民政职业技术学院从专业定位的准确度、资源条件的保障度、培养目标的达成度、专业发展的显示度、社会服务的贡献度等五个维度构建专业评价指标体系，确定了"四依据"的专业量化评价标准，形成了"十级别"的专业评价结果分级，建设了学校院系"两层级"专业评价管理机制。湖南女子学院贯彻"四新"理念，出台《湖南女子学院专业动态调整实施办法》，实施优势（特色）品牌专业培育计划、传统专业预警及淘汰计划。

（三）改进教师综合考核体系，实施分类考核评价

湖南省高校教师评价改革重视综合考核，推进考核评价制度化、规范化的政策设计改革；重视可显示的业绩考核，推进教师考核评价分类实施的体系建构改革；回归人才培养和学术创新，推进教师考核评价"破五唯"的实施。教师评价改革呈现出师德师风为先、立德树人为重、教育教学为本、学术贡献为要等重要特征。

一是师德师风建设体制机制不断完善。湖南省高校普遍建立了学校院系两级师德师风教育机制、宣传机制、考核机制、监督机制、激励机制、问责机制、惩处机制和教师主体权益保障机制，将师德师风纳入年终绩效考核，

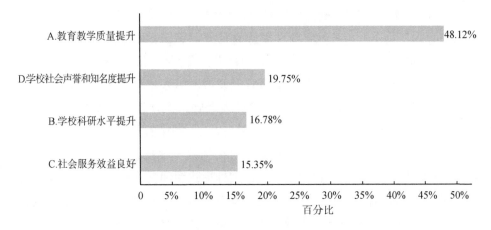

图5 学生认为学校进行教育评价改革最明显的成效

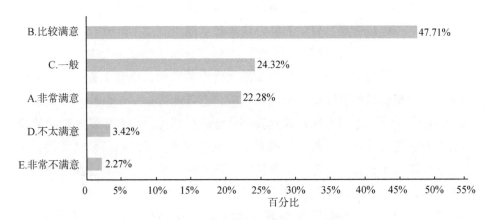

图6 学生对学校教学质量的满意程度

实行师德师风一票否决，出台并落实有关教师师德师风实施办法或处理办法等规章制度，建立教职工荣誉制度、实施负面清单及失范处理办法、修订教师职业行为准则、建立失范行为通报警示制度，实施了一系列师德师风建设工程。如，湖南师范大学以"建立师德师风长效机制，健全教职工荣誉制度体系"项目实施为契机，通过出台制度文件、深入学习教育、选树先进典型、组织主题活动、加强警示监督、完善考核评价等措施，逐步建立起师德师风建设制度体系，选树了一批先进师德典型，在校内营造起尊师重教的良好氛围，工作成绩得到上级部门认可。

二是教育教学实绩在教师考核中的重要性不断凸显。"大学就是应该以'教书育人'为宗旨，考核学校和教师就是要以课堂教学和人才培养的成果为主，因此这绝不是一个短期的行为和结果，需要长期的制度设计和考核理念。"湖南省各高校保障教育教学高质量开展，以人才培养为中心的理念深入人心，教学中心地位更加巩固。"作为老师，上好课就是最好的师德。""把三尺讲台站稳了，才是立德树人的第一步。"湖南省改进教师综合考核体系，将教师教学能力考评结果与教师年度内绩效考核挂钩，并作为下一年度聘用与课酬核算依据。评价制度上，以文件形式明确要求教授为本（专）科生上课；评价内容上，充分认可教师教育教学投入。将参与教研活动、编写教材、指导学生毕业设计、指导学生实习等计入工作量，提高教师教学业绩在校内绩效分配、职称（职务）评聘、岗位晋级考核中的比重；评价方式上，实行多形式相结合的教学质量综合评价，多维度考评教学工作实绩。建立健全教学工作量管理、教学奖励办法等教学激励制度，能充分调动教师教书育人积极性。如，长沙南方职业学院按照"评价—分析—反馈—应用—发展"的评价工作思路，对教学复核结果为优秀的教师，提升工资等级；复核结果为不合格的教师，降低一个工资等级，有效期为一年。长沙理工大学全面推行随堂录课，组织专家对课堂教育质量进行评价，切实加强对教学的全过程监控，有力地促进了教师重视教学、改进教学，不断提高教学质量。湖南女子学院实施教育教学走访巡查校领导值班制，校领导带队巡查教师上课情况。湖南工商大学设立"院士教学奖"，奖励教学质量好、贡献大、成果突出的优秀教师，对获提名奖的教师奖励 3 万元，获教学奖的教师奖励 10 万元。

三是教师职称评审制度日趋科学。湖南省高校贯彻"破五唯"精神，职称评审改革推向纵深。如，湖南师范大学将晋升教师高级职称的教师分为教学科研型、教学为主型、科研为主型三类，同时推行代表性成果评价制度，既减轻教师负担，也让评价更加科学合理；湖南女子学院根据学校教学型、应用型办学实际，思考教师分类分层职称评价，分为教学型、教学科研型、双师双能型等岗位类型，特别是完善专职辅导员职称评审制度，谋划专职辅导员职称评审纳入单列计划、单设标准、单独评审体系；湖南工商大学也积极探索实行代表性成果评价机制和实际贡献为主、同行专家评议的评价制度，对撰写高水平论文的能力有所欠缺但工作实绩和贡献非常突出的教师，敢于突破传统思维给予其职称晋升。

四是绩效考核分类评价持续深入。教师绩效分类评价作为教师选聘、任用、薪酬、奖惩等教师发展关键环节的评价依据，不仅影响到高校教师对职业发展重点方向选择的价值判断、职业发展过程中成就感知与价值实现，也是调动教师工作积极性、主动性的"指挥棒"，同时对于新时期高校推动教学改革、提高教育质量、坚持正确的科研导向、促进科研成果转化、开展创新创业和社会服务具有重要影响。如，湖南工商大学遵循科研规律，探索长周期评价，实行年度考核与教师三年周期考核相结合，将绩效工资中的科研考核与岗位内部等级晋升中的科研考核结合起来，避免重复评价；长沙学院形成教学与科研互通机制，将业绩分为教育教学类和人才培养类、科学研究类和社会服务类、其他成果类，制定教学和科研互通机制，尊重教师个性发展，实现教师分类评价；湖南女子学院探索构建重贡献、差异化的收入分配体系，采取绩效分配定向化，推动"绩效考核"向"绩效管理"转变、"过去导向"向"未来导向"转变，发挥绩效改革的激励导向作用，充分激发教师发展的内生动力，鼓励教师分类发展、尽展其才；湖南现代物流职业技术学院坚持分类考核和分层考核相结合，根据教学类、行政类、教辅类三个工作类别和中层干部、专任教师、管理人员和工勤人员四个身份类别的不同特点分类设置不同的考核指标，避免绩效考核"一把尺子量到底"，推进了绩效考核的层次化、科学化、规范化；长沙民政职业技术学院探索建构了发展导向的教师分类评价"三三模式"。

五是强化一线学生工作在教师考核中的有效落实。如，湖南师范大学把担任辅导员、班主任或班导师等从事学生思想教育、管理的工作经历及指导本科生毕业论文（设计）列入了职称评定的考查范畴；湖南铁路科技职业技术学院党委领导带头上形势与政策课、上党课已成为学校特色；湖南现代物流职业技术学院实施中层以上领导干部联系班级制度，领导干部每月1次到联系班级听课、深入学生宿舍与辅导员、学生沟通交流，关注学生思想动态，引导学生树立正确的人生观、价值观、世界观，将领导干部联系班级的情况纳入年度考核等。

总之，在湖南省高等教育评价改革中，高校教师评价改革取得了良好的成效，形成了良好的师德师风氛围，产生了一批有影响力的优秀教师和教学名师，教师队伍结构明显改善，高层次人才、高级职称和"双师型"教师比例明显提升。

（四）创新综合素质评价体系，完善学业考评模式

一是以德育为先，探索建立"五育并举"全方位评价体系。湖南省各高校在学生评价改革实践中，始终坚持以德为先的发展原则，根据学生不同阶段身心特点，依托地域和校本特色，开发德育资源。挖掘德育元素，引导学生养成良好思想道德、心理素质和行为习惯，探索建立"五育并举"全方位学生评价体系。如，湖南师范大学以湖湘文化和红色革命文化为教育资源，充分利用校内抗战文化园、长沙会战纪念地和校史馆，以及校外周边毛泽东故居、刘少奇故居等，积极开展新生"开学第一课"和大学生爱国主义教育，成立了全国高校首家社会主义核心价值观研究院。学校入选全国首批"三全育人"综合改革试点单位。湖南现代物流职业技术学院结合培养高素质技术技能型人才的培养目标，科学设计德育指标，持续实施"大学生成长'金钥匙'工程"和"大学生成长之锚"项目，探索建立多维立体化社团育人协同评价机制，将传承红色基因贯穿学校教育全过程，通过开展系列红色传承活动推动传统文化、礼仪、艺术、科技、职业精神、工匠精神等思政元素融入人才培养全过程。湖南幼儿师范高等专科学校结合本校师范特色，考虑学生的实际，根据每个阶段学生需求痛点系统规划设计，凸显综合素质评价体系的功能和内涵，确保综合素质评价制度扎实而有效，真正激活学生参与热情，提升学生整体竞争力。湖南铁路科技职业技术学院设置"以德为先、崇能尚技、军管从严、文体并进"四个模块，比重分别是40%、25%、25%、10%。四个模块共对六十一个评价指标进行量化评价，并对每个指标设计目标值、标准值和预警值。

二是完善过程性考核和结果性考核相结合的考评机制。高校不单为学生提供学习的场所，更要注重学生学习的产出和其学习活动本身，不重视学生学习效果的评价很难将教育活动引导到真正能促进教学质量提高的活动上，学业评价是高校内部对学生学习效果评估的主要方式。长沙理工大学开展了"过程性与结果性考核有机结合的学业考评模式"改革，建立健全形成性评

价考核机制；成立主要公共基础课程考评改革领导小组、学院相应课程考评改革小组，校院协同实施；以点带面，同步推进公共基础课与专业课程考评改革，促使教师提升教学理念，关注学生学业成效和学生成长变化这一教育教学本质。湖南现代物流职业技术学院坚持以"关注学生进步的幅度"作为评价理念，在学生德智体美劳五个方面观测学生的成长增量，将学生的进步作为增值评价指标。自学生入学开始，建立学生成长档案，在学生成长的三年周期里，全过程收集保存学生成长发展状况的关键信息，并及时反馈给学生，以帮助其健康成长。

（五）完善科研评价模式改革，聚焦科研成果质量

科研评价作为高校科研管理工作的一项重要内容，对激发高校教师创新活力、提高教师科研水平、提升科技创新能力具有重要意义。科研评价改革既不同于科研管理体制机制改革，也不单指对科学研究或学术成果的评价，它涉及职称评审、人才评价、绩效评价、资源配置等方方面面，解决高等教育评价改革中最为棘手的"唯论文""唯帽子"问题，科研评价改革是关键。资料分析显示：湖南省高校在进行科研评价改革时，创新科研评价改革，取得了一定成效。

湖南省高等学校教师的问卷调查数据显示，超半数的高校教师认为学校科研评价已弱化"科研指挥棒"，65.56%的高校教师表示学校科研评价中成果多元化，给其较大的发展空间。具体包括：出台相关学术评价办法，坚决纠正与国家政策不相符的做法，取消了将论文数、项目数、课题经费等科研量化指标与绩效工资分配、奖励挂钩；淡化学术"GDP"，规范SCI论文相关指标的使用，树立正确评价导向，以破除"SCI至上"为突破口，鼓励科研人员发表高质量论文；根据不同学科、不同岗位特点采取分类评价，突出考察申请人代表性成果的创新贡献，为激发科研人员持续产出高质量创新成果营造了良好生态。如，湖南师范大学基于"四结合"模式的科研评价改革创新，着重聚焦高校科研评价中"唯论文""SCI至上"等突出问题，取得了阶段性成效。湖南铁路科技职业技术学院重点考虑科研成果的质量、科研成果的社会效益等方式获得了上级主管部门及行业领域专家的认可，同时也得到了校内老师们的称赞，值得进一步研究和推广。湖南工商大学按"破五

唯"要求对科研制度全面清理修订，对科研论文不再注重数量，树立科学的科研论文导向。在职称评审中取消了科研成果拼数量的积分方式，改为代表性成果的评价机制，对于撰写高水平论文的能力有所欠缺但工作实绩和贡献非常突出的教师，学校敢于突破传统思维给予其职称晋升。

（六）推进人才称号回归理性，树立正确用人导向

湖南省稳步推进人才称号回归学术性、荣誉性。人才评价规则具有直接的导向功能。但现实中，人才引进看"头衔"、资源配置看"等次"、人才评价看"帽子"、人才工作看"数量"，科技人才评价陷入了片面评价、形式评价的泥潭。目前，湖南省高等学校在正确认识和规范使用人才称号这一举措上已取得一定成效。修订相关人才计划实施办法，人才培养、引进、评价等机制，平等看待各级各类人才，不单纯以人才称号获得者的数量评价人才队伍建设成效；各类评估评价活动中，不再把科研项目负责人、学术组织负责人等作为人才称号使用；进一步正确理解了人才称号的实质内涵，在全校范围内引导树立正确的人才观，破除人才称号获得者的"永久牌"标签。如，湖南师范大学通过强化道德评价、强化综合评价、强化目标评价、强化结果运用，考核中层管理干部。对人才称号获得者和人才计划支持者，坚持分类施策、以岗定薪，通过合同约定促进人才称号获得者树立法治意识、强化履职担当。

三、问题分析

教育评价改革实施以来，高等教育取得了突破性进步，高等教育质量稳步提升。然而，高校落实立德树人根本任务与新时代人才培养需求还存在一定差距。从湖南省教育评价改革实践来看，人民对高等教育的美好愿景与评价现实之间的矛盾，突出表现为以下几个方面。

（一）高校办学理念难摆脱内外部束缚

高等教育评价改革的深入推进，最重要的是观念先行。湖南省高等学校

教师的问卷调查数据显示（图7、图8），67.85%的高校教师表示教育评价改革的观念难转变，76.69%的高校教师表示教育评价改革迫切需要更新评价改革理念，改善评价改革生态。在实地调研中，受访者谈及最多的就是"按业绩分资源、以排名定地位、以成败论英雄"的高校"锦标赛制"评价、"最大阻力来自教育外部"等问题，这是各大高校所面临的共性问题，是由教育系统内外部共同造成的。

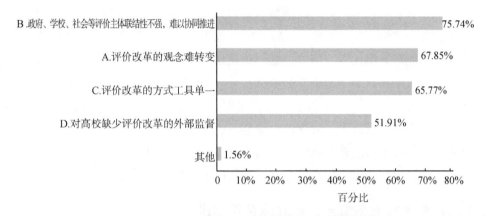

图7　教师认为高等教育评价改革中存在的问题占比

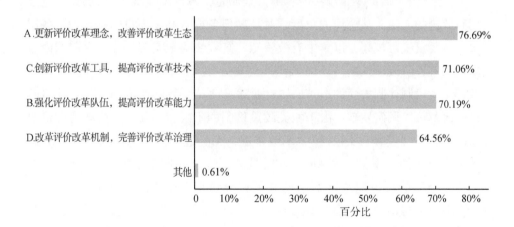

图8　教师认为落实教育评价改革迫切需要加强的方面

从教育系统外部来看，一方面，"五唯"等传统观念难转变。党委和政府政绩观、社会人才质量观、职业就业观等传统观念，致使"唯论文、唯帽子、唯学历"的功利化倾向难以在短时间内彻底改变。另一方面，大学排行榜的捆绑。目前权威大学排行榜几乎没有哪个特别突出教学类指标。现实情况是，无论何种类型何种层次的高校，特别是校领导，很难不关注自己学校在同类型、同层次学校中所处的位次、排名，这直接影响到学校的招生质量、经费划拨、师资人才引进等等。当前学校"重科研轻教学""重教书轻育人"等片面办学行为依旧存在，是教育评价改革难以深入推进的外部思想障碍。

从教育系统内部来看，教书育人的成效难以量化。高校目前面临的困境是不"唯论文"，不"唯帽子"后，唯"成果质量""教学质量"等指标无法量化，能培养出优青、杰青，能引进院士，能发高级别刊物的文章，能拿到国家级重点项目，是目前学校整体办学水平最直观的体现。"五唯"偏向尽管具体表现为基层学校和个人的错误评价偏向，但根本上在于上级单位、部门如何看待学校排名、升学率、文凭、论文及学术头衔等的实际价值。教育评价改革首要难题就是需要通过自上而下的观念扭转和制度重塑，转变整个教育评价生态，才能使高校实现真正的自主办学。

（二）配套机制待健全、破立结合难推进

"不谋万世者，不足谋一时；不谋全局者，不足谋一域。"顶层设计是运用系统论的方法，从全局的角度，对某项任务或者某个项目的各方面、各层次、各要素统筹规划，以集中有效资源，高效快捷地实现目标。目前湖南省高等教育评价改革顶层设计仍未"落到实处"。高校评价改革的许多工作任务都是对机制体制方面的改革，如专业建设改革、教师评价制度、人才培养模式改革等。调研发现：由于相关政策机制的不配套，高校对待教育评价改革的感受是"摸着石头过河""不敢冒进，无所适从""不知从何做起"，出现了"唯文件"现象。改革的实质就是破立结合、破旧立新。当前，高校对于"五唯"的长短期危害都已经有了充分认识，在"两个方案"，尤其是"十不得、一禁止"负面清单的指导下，对于需要"废"哪些也已清楚了解，但如何更有效地推进"改、立"工作，多数院校反映"破"与"立"的界限不清晰。

一是省级统一的评价协调机制缺位。"政府每一个部门都可以来对我们开展评价，都在对我们评价"，高等教育评价内容的这种划分主要还是基于

政府部门内部的分工，高等教育处负责本科教育工作着重评估本科教学；而师范认证挂靠在师范教育组教师组，缺乏统一的组织协调机制带来了内容相似口径不一的重复评价、多头评价、高密度评价、层层加码的评价等多种弊端，严重制约了教育评价改革的减负增效。

二是省级层面相关评价改革政策缺位。改革的顺利推行需要系列与之相适应的政策支持，以规范高等教育评估行为，抑制评估偏好，给高等学校建立和完善质量保障体系和自我约束机制创造空间。省级层面对不同类型学校、不同类别教师的职称评审缺乏政策性的分类标准，职校教师竞聘高级职称和普通学校教师同一赛道，劣势凸显；教学型、科研型、技能型类别划分并没有明确的体现，职校教师在行业协会组织的赛事中所获成绩在职称评审中缺乏政策性承认和保护；要求教师外出调研学生实习实训场地与以教育教学为中心等存在的矛盾对高等教育评价改革造成了一定的阻碍。

三是高校内部协调机制缺位。从调研情况来看，高校教育评价实施中，将不同的板块划分到不同的职能部门，人事处、学工处、科研处、发展规划处等各司其职，但单一的职能部门难以承担起协调其他职能处、院系、教师、学生评价改革的重任，也很难结合学校发展的目标统筹谋划。高校通用问卷调查结果显示，教育评价改革中最容易出现的问题是机械传导、僵硬执行，其占比达到56.6%；教育评价改革实践中迫切需要解决的问题是改革止于文件制定，流于形式，其占比达到59.7%。这些数据都是受访者基于高校教育评价改革实际做出的判断，说明高校教育评价改革的整体步伐迟缓。

（三）主体联动难协同、多元主体形式化

高等学校是一个由政府、市场和社会共同参与的利益相关者的共同体，亦是教育评价主体。每一个评价主体都代表着不同的发展需求，只有击破原始结构壁垒、破除形式化桎梏，基于对话协商导向，尊重每一个评价主体，围绕各评价主体与高校的价值诉求展开协商对话，才能保障评价活动的客观公正、可靠可信。湖南省高等学校教师的问卷调查数据显示（图7），75.74%的教师认为高等教育评价改革中存在的问题是政府、学校、社会等主体联结性不强，难以协同推进。

现阶段高等教育评价改革的多元主体存在表面化、形式化的问题。一是

各评价主体的参与程度有很大差别。在高校内部，学生参与度低。教育评价"似乎更强调专家的专业评判，强调管理人员和专业技术人员等组织内部人员的视角""学生往往没有话语权"，高校学生对教育评价改革比较了解和完全了解的只有37.85%。在高校外部，第三方评价参与力度不够。民间第三方评价机构公信力不足、权威性不强，高校难以严格按照每一节课都邀请政府、企业或行业导师参评。教师在高等教育评价中的地位也需进一步提升。二是多元主体联动难。高校教师对学生评价改革参与度极其有限，高等教育内部各职能部门、二级学院对全校教育评价改革认识、参与、实施力度、贡献度不一。在高校内部层面，不同的评价内容分散到各个职能部门时，缺乏统一协调，以至于学校内部评价改革组织机构混乱，分工不明确、职责模糊。其主导的评价难免形式单一，并缺乏科学性。高校还未树立起构建基于多元主体联动的高等教育评价体系的意识，没有汇聚多方信息判断质量、从多主体视角评价质量、整合多主体评价提升质量的制度举措，涉及评价改革的师生主体联结性不强，多元主体的主观能动性没有调动。

（四）评价体系难操作、分类评价力度小

湖南省高等学校教师的问卷调查数据显示（图9），74.44%的教师认为在学校进行教育评价改革的过程中，存在评价指标过于笼统、难以操作的问题。一是缺少明确的指导制度和标准体系，提升了高等学校内部指标设置难度。调研发现，高校层面践行教育改革实践面临的最现实的问题是缺乏具体的、可操作的改革实施细则，具体的方案设计没有明确的参照标准，对改革进度、力度的把握不一，等等。这也导致一些改革举措在学校管理层面上难以提出明确的改革要求，在指标设计的操作层面上执行和落实的方式、进度参差不齐。如，学生的思想政治素质、价值观念、道德品行等具有鲜明主观性、发展性和不确定性，没有一个可以参照的评价标准；教师师德师风的自我评价的隐蔽性与真实性，以及相应的同事、学生、家长和社会评价存在一定的片面性；教师在教学中隐性投入工作量的量化考核标准；科研长周期评价的标准界定；需要长远的时间积淀才能体现出意义和价值的教书育人如何评价；等等。缺乏可操作性强的评价指标导致基层改革实践的普遍性迷茫。

二是"一把尺子量到底"，学校分类评价力度不够。教育评价是一个系

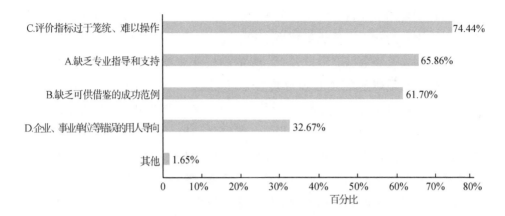

图9 教师认为本校教育评价改革中存在的问题占比

统工程，涉及主体多、牵涉利益广，难以用一套指标体系衡量。调研发现：当前的评价指标对以特色专业群为主的高职院校缺少针对性。如，教师职称评价往往是一套指标体系衡量不同层次、不同类型的高等学校；学校内部又是一套指标体系衡量不同学科、不同专业的专任教师。指标设置不注重职业教育中行业竞赛评价，相关指标较少；以合格考核为主的指标体系，无区分度，无法调动考学积极性；单招考试没有统一的指标，每个学校单独设计本校指标，可能会导致高中学生的无所适从。

总之，如何构建起既适合学校实际，又契合时代之需、国家之需的新评价体系，如何优化评价手段、改进评价方法从而提高评价结果的信度、效度，如何使评价结果的使用更加科学有效，等等，这些都是长期面临的、更难的操作问题，特别是对改革"度"的把握问题。

（五）推进力度不均衡、改革主体难全面

高等教育评价改革实施以来，各高校在体系构建、方案制定上取得了一些成效，一定程度上促进了高等教育的发展。但目前，湖南省高等教育评价改革处于"边试边做边改"的阶段，主要体现在重教师主体评价，轻学校、学生评价。《总体方案》中对高等教育评价系统中学校、教师、学生三个主体都提出了改革要求，但通过调研发现，总体表现出对学校评价改革举措较少，改革内容更多表现为教师评价改革，缺乏对高校整体办学的评价改革，

高校各部门均局限在自己的业务范围内，高等学校的整体办学情况就成为评价中的盲点；对学生评价改革的关注度较低。

通用问卷调查数据显示，有45.0%的高校管理者和教师认为学校教育评价改革中成效最明显的是教师评价改革（图10）。教师问卷调查数据显示（图11），学校开展教育评价改革取得的工作成效主要体现在立德树人根本任务有效落实、师德师风水平显著提升、教育教学质量持续提升、教师队伍结构明显改善等。在实地考察中还发现学生评价改革简单化表现为高校学生综合素质体系的构建和完善方面，且具有高等教育特色的宿舍园区、学生社团等与大学生学习生活息息相关的组织要素并没有在学生评价中充分体现。从纵向上看，自上而下的改革和自下而上的改革并没有很好衔接；从横向看，部门之间的协同，教师和学生评价还没有和学校整体的评价改革一起推进。

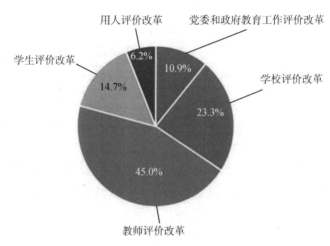

图10 高校管理者和教师认为评价改革最明显的成效

（六）评价活动太频繁、以评促建难实现

教育评价的对象类型多样，大到对整个国家高等教育体系的评价，对某个地区高校教育系统的评价，小到对一所学校办学情况、一位教师教学情况以及一位学生的学习发展情况的评价。现在不管是哪一类评价的对象，都感觉到各种正式的、非正式的教育评价数量太多、频次太密。

目前，高校参与评估的项目繁多，有中央政府的，有地方政府的，也有

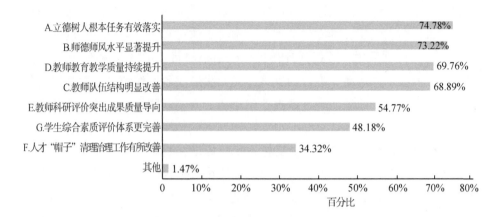

图11 教师认为学校开展教育评价改革的工作成效

学校开展的；有总体的，也有专项的。每次评估都要求填写大量的表格，要求参评学校准备大量的佐证材料，各类内容相似口径不一的重复评价、多头评价、高密度评价、层层加码的评价使得学校"疲于应对"，严重制约了教育评价改革的减负增效，也反映出教育系统内外各个职能部门的联动、沟通、协同不够，造成教育评价改革整体"内热外冷""上热下冷"。如，调查中有学校反映："现在我们的评价活动太多了，政府的每个部门都可以来对我们进行评价。"即使是同一项评价也在不断改革，花样翻新，数量增加。如，教学评价中，以前不重视教学评价，现在重视后则把教学行为的很多方面都纳入评价内容，从一般教学大纲、教材或学习材料到师生互动（留痕）、参加教学培训，再到承担教改项目、获得从校级至国家级的各种教学成果奖等。在这种应接不暇的评价中，个体对学术和教学的真正兴趣、热忱与抱负渐渐弱化了，所在意的就是如何去熟悉新的评价规则，如何准备迎接新的评价以及如何在新的评价中过关或脱颖而出，真正的以评促建功能未能有效发挥。

（七）数据资源缺共享、智能平台难搭建

教育评价改革要求利用人工智能、大数据等现代信息技术，提高教育评价的效度和信度。随着学生综合素质评价、成长记录的过程性评价逐渐深入，教师专业发展、绩效考核、职称评审等评价指标日益细化，传统数据采集和应用效率低、可信度差等弊端日益凸显。智能评价工具的应用还未普及，湖

南省各高校学生综合素质评价数据仅限于本校范围内流通，报告也仅是阶段性的结果，多以纸质文本方式呈现。在调研走访过程中，各校反映的普遍问题有佐证材料难采集，数据处理待优化，结果与目标的吻合度不足，等等。缺少成熟的技术、模型、平台的支撑，就无法形成各区域统一、各学段衔接的数据处理平台，无法使教育数据达到集成、共享、联通的程度，教育评价改革的难关攻克举步维艰。

总体来看，因专业技术人员支撑不足、佐证材料难采集、操作程序过于复杂等，已经开发了大数据信息平台的学校在对平台的优化升级以及数据的处理、反馈、纠偏、运用等方面还有待进一步细化、深化、实化和精准化，距离真正实现以技术赋能优化教育评价管理、创新教育评价工具、提升教育评价质量、拓展教育评价结果应用，还有很长的路要走。

四、政策建议

为贯彻落实新时代教育评价改革的新要求，更好地适应高等教育高质量发展需求，整理调研过程中各类主体针对高等教育评价改革提出的建议可发现，图 12 所示的词云图中占比最大的也是高校教育评价改革亟须的，即"落到实处"。针对当前我省高等教育评价存在的主要问题，需要统筹谋划、科学设计、深化高等教育评价改革。

（一）健全配套机制，加强顶层设计

教育评价改革是一个系统工程，调动各领域评价改革牵头部门协同研究，强化制度设计。如高校同行评价制度，各高校"摸着石头过河"过程中存在诸多困惑，亟须行政管理部门出台配套的制度体系。政府的指挥棒发挥最主要的作用要有科学的评价细则，下属高校才能具体实施。一体化健全完善各项制度、机制和体系。协同推进《湖南省高等教育教师人才职称评价实施方案》《湖南省高等教育教师绩效工作考核办法》等改革细则方案落实落细，对高校教师分类评价、第三方评价、同行评价等做出统一规定。从政策层面对高等教育评价改革推行过程中面临的现实问题予以解决，形成管理机制、

图 12　高校教师和学生反馈建议词云图

运行机制、监督机制、反馈机制、保障机制的完整工作闭环。

（二）扩大高等学校评价改革自主权

　　教育行政部门是高等学校的直接管理者，是学校办学自主权下放的"关键一环"，高校自主权扩大程度直接取决于主管部门的放权程度。省、市级政府是落实高校办学自主权的重点和难点所在，省、市级政府部门对高校的集权管理存在过于宽泛、具体、刚性的问题，且政出多门，多头管理。一方面，主管部门要推动"确权"，进一步厘清政府部门和所属科研单位的权力责任边界，解决几乎所有政府部门都对高校直接行政、发号施令的问题，明确所属高等学校的公共职能定位，切实落实对高等学校履行公共职能的保障和监督机制。另一方面，主管部门要做到"放权"。减少直接行政指令，发挥政策杠杆作用，提高高等教育治理能力。提升管理层次和水平，在省、市级高等教育事业层面进行政策调控、资源调配、评估督导，根据高等教育评价改革不同主体不同领域特点及时做好细化放权谋划。如，主动下放内设机构管理、职称评审、人员招聘与岗位设置等方面的自主权。建议牵头部门研究建立改革落实进展总结评估机制，定期做到改革"回头看"，找准改革堵点并予以针对性解决，常态化组织各主管部门通报交流、集中研究解决重点问题，使主管部门加深对政策规定的理解，做到"能放尽放"。

（三） 减少评价活动，促进减负增效

为化解高等学校评价活动过多、教师负担过重的问题，在新时代教育评价"管办评"分离的背景下，注重高等学校发展的动态性和发展性，一是"非必要不评价"。高等教育评价必须审慎考虑其适用范围或边界，避免滥用评价。高等学校作为一类专业组织，绝非所有的活动都必须接受政府或第三方的评价，更绝非评价越多越好。建议由政府牵头，对各高校高等教育评价改革清单情况进行督查。切实减少非必要的评价和考核活动，扩大学校评价改革自主权，为学校减负，使其专心办教育、搞改革。二是延长现有评价活动的评价周期。"教育评价改革不是一朝一夕的短期行为，也不是光靠哪一个学校就能做好的一个局部行为，是系统性、长期性的工程。"高等教育成果的产出有其自身发展规律，较短的评价周期无法准确评价其成果质量，要适当延长评价周期，给高校足够的发展空间。

（四） 扶持和培育第三方评价组织

当前，湖南省内专门的评估机构较少，大多采用挂靠的形式开展评估工作，从而导致学校与机构之间的工作协调力度不够。而目前民间第三方评估机构尚不成熟，存在公信力不足、社会影响力不强等问题。社会组织的建立要有政策保障，如果没有政策保障，就不能得到政府和公众的认同，更谈不上合法性。

一是给予支持。省政府根据第三方评价机构效益水平的高低，给予物质上的支持，主要包括委托评估费用、启动经费、荣誉奖励、舆论支持以及外部环境的创造等方面。社会各方面为第三方评价机构参与教育评估营造良好的社会氛围和公正、开放的市场环境。如，选择具有代表性和典型性的试点评估对象，总结和积累第三方评价的有效策略和方法。二是引导和规范。第三方评价是独立的社会组织行为或者市场个体的行为，政府要对其在组建、评估、服务过程中以法令形式实现政策性保护和规范，对第三方评价的方向

和标准有总体性和概况性的引导和指向，以法律的形式对第三方评价机构的权利和义务进行规定，充分保证第三方评价组织的客观性、公正性、公平性。三是政府审核和再评估。省级层面对第三方评估机构的资质与绩效展开审核与评估，对出现的问题予以指导或责令整改甚至停业，并构建教育评估人员执业资格认定制度，提高评估机构的专业性。

（五）加大分层分类评价改革力度

分类评价是高等教育评价改革的重难点，但目前反馈，分类力度较小，因校制宜、分层分类的评价改革要加大探索力度。立足湖南省高等教育整体发展，不同层次不同类型高等学校特色发展的特点，考虑兼顾行业、特色等"类型"因素。要根据高校不同主体的发展定位不同采取不同的评估指标体系。

一是结合湖南省高校发展的实际，尽快构建科学的高校分类体系。省域高校分类评价要基于不同学科特性的维度先对高校进行分类，建立同类高校可比较的基础。评价的标准和指标要能区分不同高校的学科特色，设立特色观测点。可考虑对综合类、师范类、理工类、农林类、医药类、艺术类、民族类等进行分类评估，分别考虑反映每类高校特色的观测点和指标。要特别注意高校难以量化评价的城市文化的影响和社区建设的贡献，以进一步鼓励高校特色发展、错位发展，做到分类涵盖省域高校的所有类型和层次，分类标准前后一致、界限明确，分类形式直观、简洁，具有可操作性。二是要加快转换分类评价的方式。高校分类评价的顶层设计要把目标引导作为重要的价值取向，并与高校战略规划紧密绑定。目前需要改进评价方式，从问题导向转向目标导向和学校发展导向。以不同高校设定规划目标的完成情况为主要准则进行评价。将高校预期目标与实际取得的成绩进行比较，结果用以显示高校提升办学水平的相对效能，包括高于预期目标、达到预期目标和低于预期目标表现等。三是强化分类评价的结果应用。建立高校分类评价数据库，强化分类服务，定期向院校和社会发布高校的办学数据和学科专业发展信息，出现异常及时预警。

（六）搭建统一的评价改革操作平台

筹措资金和技术力量，搭建统一的湖南省大数据信息化支撑的评价改革操作平台，运用区块链技术，综合发挥评价结果导向、鉴定、诊断、调控和改进作用，提升教育评价质量，真正让教育评价改革"活起来"。一是推动大数据与教育评价相结合。减少不必要的重复工作，有效发挥质量管理信息平台在学校教育评价改革中的作用。二是打通不同学校之间信息系统的壁垒，实现数据资源的共享。各高校可在此平台上借鉴优秀的评价改革案例，获取有益的资源。

（七）组建专家团队提供改革培训指导

从现有的经验来看，第五轮学科评估在教育部的指导下，组建了专业化的工作团队，通过学习借鉴国内外先进经验、调动全国权威专家的经验智慧，精心科学论证评估方案指标体系，形成了行业内高度认可的评估结果，真正打出了具有中国特色、中国气派的教育评价品牌，经验值得我们学习借鉴。一是从不同类型高校中组建一线教师、专家学者、教育管理人员等在内的专家团队或智囊团。结合各地区的现有经验和问题，为细化顶层设计和出台具体可操作的评价方案建言献策。二是专家团队要积极向省内外交流学习。通过技术引进、合作研究、项目资助等方面的配套政策，开展高等教育评价改革的实践探索，提升评价改革的能力。三是开展专业培训。由专家团队对现有高等教育领域的政府管理者、校长、教师等展开相关评价改革培训工作，首先，实行岗前培训，培训内容主要包括高等教育评价的相关知识，通过对其进行教育评价知识的基础性教育，引导其树立正确的教育评价改革观念，做好知识储备。其次，开展提升型培训，针对高等教育评价改革的特点和出现的问题，就相应的教育评价方法和手段对管理者进行培训，用适当的方法解决问题。最后，实施交流型培训，通过开展教研活动、研讨会、教育评价改革沙龙等形式，对评价改革过程中存在的问题和困惑进行交流与讨论，并对典型性案例进行剖析，从而寻求科学恰当的策略。提高高等教育工作者的评价素养，推动高等教育评价工作进一步发展。四是建立"1+1>2"精准帮扶机制。对口帮扶资源薄弱高校的评价改革工作，向资源薄弱高校派出专业人员，用较先进的评价理念、评价方法等对资源薄弱高校进行指导，通过"专题讲座、主题研讨、远程指导"等活动，从学校评价、校长提升、师生发展、学生发展、资源建设等方面进行立体式全面精准帮扶，力争使这些高校评价改革工作有明显的改进。

（八）加大高等教育评价改革宣传力度

由省委教育工作领导小组秘书组秘书处牵头联合省委教育工委宣传部、高等教育处、教师工作与师范教育处等部门，继续深入研究教育评价改革的文件精神，扩大辐射面、提高影响力。一是要继续通过红网、新湖南（《湖南日报》）、《潇湘晨报》等官方媒体平台，以线上线下相结合的方式，加强各领域的宣传力度。二是在不同高校管理人员、专任教师和学生之间，举办专题讲座和学习研讨，组织教育系统全员学习培训，积极营造全员参与的教育评价改革氛围。三是在湖南教育新闻网、湖南教育快讯上推介教育评价改革典型经验和成功案例，并形成纸质版材料发送至各大高校学习，广泛宣传高等院校教育评价改革的成效和亮点，让教育评价改革的成果"看得见""听得见""学得到"。

结　语

湖南省高等教育评价改革实施以来，取得了较好的改革成效。各高等学校能够以高等教育评价中的热点、难点为主要工作方向，以点带面，为后续的评价改革形成前期的准备基础与社会共识氛围，以推动高等教育评价改革实践的深入。高等教育评价改革是一个复杂的系统工程，在运用评价推动高等教育高质量内涵式发展的过程中，怎么能够让各级政府发挥作用，政府如何把教育履职作为其行政履职重要的方面，如何营造良好的教育生态，将可持续发展的教育理念作为重要内容，可能是比教育系统内部学生怎么改、教师怎么评、技术能够做什么更为重要的事。

道阻且长，行则将至。高等教育评价改革要"落到实处"，与时俱进，需在各赛道上塑造改革新动能，笃行不怠，为培养中国特色社会主义合格建设者和可靠接班人不懈奋斗。

执笔人：易凡

教师评价改革
分报告

引 言

　　教师是立教之本、兴教之源。教师评价对促进教师专业发展、提高专业能力、改善素质结构、改进教育教学工作、促进教育改革和社会发展等方面都有十分重要的作用。《深化新时代教育评价改革总体方案》（以下简称《总体方案》）和《湖南省深化新时代教育评价改革实施方案》（以下简称《实施方案》）指出要"改革教师评价，推进践行教书育人使命"，具体从坚持把师德师风作为第一标准、突出教育教学实绩、强化一线学生工作、改进高校教师科研评价、推进人才称号回归学术性和荣誉性五个方面展开，对于突破当前教师评价中的顽瘴痼疾、促进教师队伍发展、践行立德树人根本任务、培养合格的社会主义事业建设者和接班人有重要作用。

　　2021年12月，湖南省获批为教育部深化新时代教育评价改革试点省，作为中部地区唯一试点，高位推动本省教育评价改革。为了解湖南省教师评价改革现状，调研组在2022年9月至10月通过集体座谈、个别访谈、实地考察和问卷调查的方式深入湖南省对18个地区及10所高校开展深度调研，调研亦获得媒体高度关注。本次调研回收各类调查问卷超6万份，收集各地区或各高校大量的有关于教育评价改革资料。在调研的基础上，形成教师评价改革分报告。教师评价改革分报告旨在了解当前教师评价改革的推进情况、取得的成效、教师评价改革推进中存在的问题，并为下一步继续深入推进教师评价改革提出政策建议。

一、推进及成效

　　根据中共中央、国务院印发的《总体方案》和湖南省委、省政府印发的《实施方案》，2020年以来，全省各地党委和政府按照《总体方案》和《实施方案》有关教师评价改革的具体要求，着力推动全省教师评价改革。经过调研发现，教师评价改革各项任务推进有序，并取得了一定的改革成效。

（一） 加强师德师风评价，第一标准有落实

师德师风是评价教师队伍建设的第一标准，各调研地区、高校落实师德师风评价改革要求，坚持把师德师风作为评价教师的第一标准。在具体落实举措上，对于师德师风评价改革主要体现在如下四个方面。

其一，党建融入师德师风建设。一些地区推进党建工作与师德师风建设深度融合。问卷数据显示（图1），82.48%的职业学校教师指出学校在推进师德师风建设上重视党建工作与师德师风建设的融合。湘潭市坚持以党建引领师德师风建设，召开全市中小学校党建工作会议，表彰先进基层党组织和优秀个人，结合党史学习教育开展全市"师魂映党旗"师德师风演讲比赛。邵阳市邵东市持续实施党建质量巩固工程，推出了"创办支部刊物，弘扬教师美德"案例，并在有关评选活动中获"党建+师德师风"十大融合创新评选优秀案例。

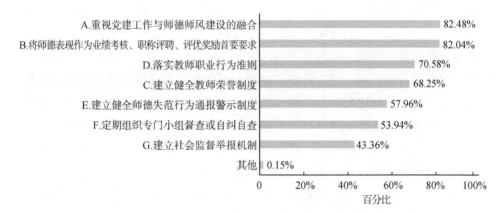

图1　职业学校推进师德师风建设的举措

其二，将师德师风评价置于首要地位。坚决克服重科研轻教学、重教书轻育人等现象，把师德表现作为教师资格定期注册、业绩考核、职称评聘、评优奖励首要要求，强化教师思想政治素质考查。怀化市芷江侗族自治县"141"教师评价体系，共中第一个"1"指坚持师德为先，该体系将政治思想表现、工作态度、学习培养情况、师德评价作为师德考核内容，以新时代教师职业行为十项准则为依据，采取自我评价、学生评价、同事评价和综合

评价的综合考核方式，每学期考核一次。永州市冷水滩区落实师德师风第一标准，每年开展一次师德知识考试和师德考核，将师德表现作为教师考核、聘任（聘用）和评价的首要内容。

其三，建立师德荣誉制度，宣传表彰典型。各地健全教师荣誉制度，并注重典型选树。邵阳市大祥区通过市县媒体、学校网站、展板灯箱等阵地大力宣扬优秀教师典型事迹。邵阳市邵东市培育大批优秀教师典型，开展全方位立体式推介。通过举行优秀教师先进事迹巡回宣讲活动、编印书刊等举措，感染带动全体教师潜心立德树人。长沙市雨花区健全教师荣誉制度，开展"身边的好老师"评选、"师魂映党旗"宣讲等活动，大力宣传先进事迹，近三年表彰教师千余人。涌现出"全国模范教师""全国优秀教师""中国好人""宋庆龄幼儿教育奖"获得者等一大批先进典型。

其四，建立监督惩罚机制，明晰师德红线。通过加强监督和惩罚，使得教师时刻紧绷师德红线，减少师德行为的产生。一方面是注重监督。郴州市桂东县采取选调优秀人员组建工作专班、加强工作调度和暗访督查、畅通信访举报渠道、实行负面清单和年度目标管理、严肃执纪问责等举措，确保了常规工作的落实落地。株洲市禄口区组织开展在职教师家教教养、兼职兼课等专项整治督查行动，设立网络监督举报平台和投诉举报电话，规范教师教育教学行为。及时通报师德师风失范情况，查处多起违反师德师风行为，对多人撤销教师资格证。另一方面是强化惩处。常德市出台中小学教师从教十条禁令和师德师风负面清单，实行师德师风一票否决。长沙民政职业技术学院严把师德师风底线关。实施师德师风负面清单制，守住师德师风底线。清单主要内容包括教师在思想政治、学术道德、工作生活作风等方面的 36 项禁止和限制行为；根据出现负面清单所列举的行为，及时进行批评教育、诫勉谈话、责令检查、通报批评，直至给予行政处分、党纪处分；对严重失德行为、造成严重后果的，撤销教师资格或予以解聘。

（二）重视教育教学实绩，育人实效有增强

各地注重教师教书育人，不断提升教育教学实绩和实效在教师评价中的作用和比重。根据通用问卷调研结果，399 位受访者中超过半数认为履行教育教学职责在教师评价中的地位进一步凸显。总体观之，对于教育教学实绩

的重视主要体现在如下两个方面。

其一，注重"量"的考核，将教育教学实绩纳入评价体系。在评价标准上注重明晰教师的工作量，评价引领教师履行教育教学职责。数据显示（图2），超过半数的高校教师指出学校落实教育教学实绩评价改革中做到了：明确教授承担本（专）科生教学最低课时要求；把参与教研活动、编写教材、指导学生毕业设计等计入工作量；提高教师教学业绩在校内绩效分配、职称（职务）评聘、岗位晋级考核中的比重。邵阳市大祥区将班主任工作经历作为申报评审高一级职称的必备条件，加大教师教育教学一线实践经历评价，在同等情况下，优先考虑长期担任班主任工作和近五年课时量多的教师。常德市武陵区第五小学在教师积分制评价改革实践探索中，突出过程性评价，注重教师教育教学工作量的评价、考勤评价和教学常规评价。湖南现代物流职业技术学院在考核内容上，坚持业绩为导向，注重实绩。在不同类别、不同层级的考核细则制定上，充分注重实绩，如在教学类的考核上，将教师教学竞赛、学生技能竞赛、教学成果、科研成果、重大荣誉等作为绩效考核完成情况的重要指标。

图2 高校落实教育教学实绩评价改革工作的举措

其二，重视质的提升，注重教师育人实效。重视教师教育教学，除了评价中体现"量"的规定性，即注重教师本职工作的履行，还注重教育教学的质量提升，从而助力发挥育人的实际效果。一方面，加强对于教育教学相关工作的监督和评价。问卷数据显示（图2），74.61%的教师认为在教育教学实绩评价中实行了教师自评、学生评价、同行评价等多种形式相结合的教学质量综合评价；72.62%的教师认为教育教学实绩评价能实现多维度考评教学规范、教学运行、课堂教学效果等教学工作实绩。长沙理工大学推出随堂录课评价，组织专家对课堂教育质量进行评价，切实加强对教学的全过程监控，有力地促进了教师重视教学、改进教学，不断提高教学质量。另一方面，评价改革激励教师注重提升教育教学质量。长沙南方职业学院组织开展教师教学能力考核及现场复核，聘请校内外专家审核教师提交的各项教学相关材料，并重点评价每位教师的15分钟现场无生教学，着力提升教师教学能力和教学质量。此外，该校在职称评聘中增加了"直通车"制度，即教学中获得各类国家级项目、成果、竞赛一等奖者，可直接晋升为教授。湖南铁路科技职业技术学院修订了《教师系列职称评审工作实施方案》，在"教学工作质量评价结果"中规定，凡是在申请高级职称评审的前5年、中级职称评审的前4年、初级职称评审的前2年，在学校《督导简报》中被下发过督导函要求整改的教师，在当学期该课程教学评价中"同行评价、督导评价和学校教学测评等级"三个层面不能认定为"优秀"。这也从侧面体现了对于教师教学工作质量的重视。

从成效方面来看，高校学生问卷数据显示，48.13%的受访者认为学校教育评价改革最明显的成效是教育教学质量提升（图3）；62.38%的受访者认为学校教育评价改革给学生学习生活带来的变化是课程质量有所提升（图4）；69.99%（"非常满意"选择比例为22.28%，"比较满意"选择比例为47.71%）的受访者总体上对学校教学质量满意（图5）。湖南工商大学在推进改革后教育教学质量稳步提高，育人效应显著提升，一流本科专业和课程数量增加，并获得国家级教学成果奖、国家级教学竞赛奖、省级教学成果奖，学生获得国家级挑战杯赛"累进创新金奖"。

（三）强化一线学生工作，育人合力有提高

各地按照方案落实注重一线学生工作的要求。通用问卷中，超过半数的受访者认为一线学生工作在干部和教师考核中的重要性进一步提升，间接表明多方主体在学生工作中的参与加深，有利于发挥育人合力。

在"所在学校'强化一线学生工作'评价改革的主要措施"的问题上

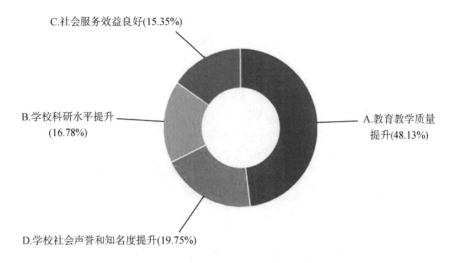

C.社会服务效益良好(15.35%)

B.学校科研水平提升
(16.78%)

A.教育教学质量
提升(48.13%)

D.学校社会声誉和知名度提升(19.75%)

图3 高校学生认为学校教育评价改革最明显的成效

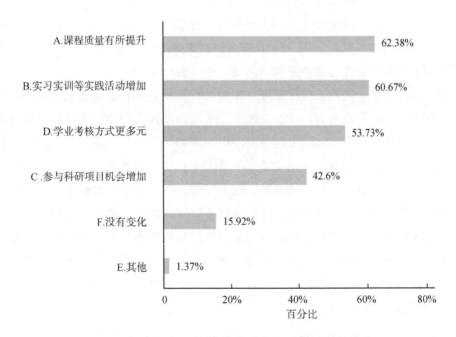

图4 高校教育评价改革对高校学生学习生活带来的变化

（图6），超过60%的高校教师认为学校的举措有：将学生工作经历纳入教师职称晋升/干部选拔任用内容、要求学校领导班子成员每学期至少给学生讲一

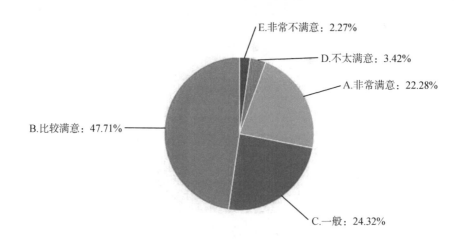

E.非常不满意：2.27%

D.不太满意：3.42%

A.非常满意：22.28%

B.比较满意：47.71%

C.一般：24.32%

图5　高校学生对学校教学质量的总体满意程度

堂思政课、学校机关处/院系负责人和学生常态化联系交流；超过50%的中小学教师指出学校建立了教师家访制度、将家校联系情况纳入工作量、设置工作成效的奖惩机制（图7）。具体案例：株洲市渌口区明确学校管理人员和教师参与学生工作的具体要求，落实中小学教师家访制度，将家校联系情况纳入教师考核。衡南县持续推进"家校共育"试点工作，常态化开展中小学教师家访、校园开放日、"校园恳谈"活动，加强家校沟通联系，凝聚育人合力，打造了可复制推广的家校共育"12345"模式，得到省市高度肯定。湖南铁路科技职业技术学院党委领导带头上形势与政策课、上党课，并在职称评审中将至少一年兼任辅导员、班主任等日常思想政治教育工作经历并考核合格作为青年教师晋升高一级专业技术职称（职务）的必备条件。湖南现代物流职业技术学院实施中层以上领导干部联系班级制度，领导干部每月一次到联系班级听课，深入学生宿舍与辅导员、学生沟通交流，关注学生思想动态，引导学生树立正确的人生观、价值观、世界观，将领导干部联系班级的情况纳入年度考核。

（四）改革高校科研评价，不"唯论文"有推进

　　推进高校科研评价改革意义重大，总体来看，高校在落实科研评价改革工作的举措上（图8），选择超过半数的有：减轻考核指标对教师的过度压

图6　高校落实强化教师参与一线学生工作的举措

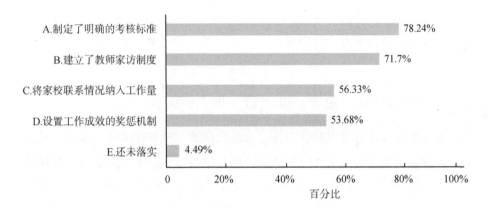

图7　中小学"强化一线学生工作"评价改革的主要措施

力，弱化"科研指挥棒"；提交科研考核的成果形式更加多样化；免考核、延期考核、代表作考核等方法，淡化"学术GDP"。在实践中，各高校着力扭转"唯论文"的评价导向，注重学术成果的质量导向。

湖南工商大学按"破五唯"要求对科研制度全面清理修订，对科研论文不再注重数量，树立科学的科研论文导向。在职称评审中取消了科研成果拼数量的积分方式，改为代表性成果的评价机制，对于撰写高水平论文的能力有所欠缺而工作实绩和贡献非常突出的教师，学校敢于突破传统思维对其给予职称晋升。湖南师范大学构建了多维度成果评价体系，在职称评审、导师评聘等环节中，不把论文作为唯一限制性条件，而是从论文论著、科研项目、

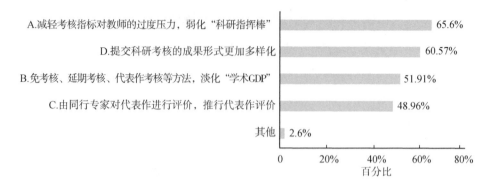

图8 高校落实科研评价改革工作的举措

成果转化与应用、科研与创作成果获奖、个人学术影响力等多方面进行综合评价，尤其是对取得重大理论创新成果、前沿技术突破、解决重大工程技术难题、在经济社会事业发展中做出重大贡献的，申报高级职称时论文不作限制性要求。

（五）推进人才称号治理，以"帽"取人有转变

着力推进人才称号回归学术性、荣誉性在改革中亦有体现。如图9所示，职业学校教师问卷中关于学校推进人才称号回归学术性和荣誉性的举措方面，80.66%的受访者指出学校有规范人才申报和人才称号的使用的举措；71.61%的受访者认为学校开展了人才"帽子"清理治理和人才计划优化整合；57.88%的受访者指出学校采取了依据实际贡献合理确定人才薪酬的举措。具体案例：湖南女子学院淡化人才帽子，健全教师综合评价体系。学校明确以职责任务和履职成效评价教师，推进人才称号回归学术性、荣誉性，开展人才帽子清理治理，规范人才申报、人才称号使用，不把人才称号作为承担科研项目、职称评聘、评优评奖、学位点申报的限制性条件，做到教学和科研、教书和育人并重。例如，学校制定教师教学科研工作业绩核算办法，将学科专业建设、课程、教学改革项目、编写教材、教学竞赛、指导学生参赛、发明专利、成果转化等10余项指标纳入考评体系，破除"唯论文""唯帽子"的单一评价方式。

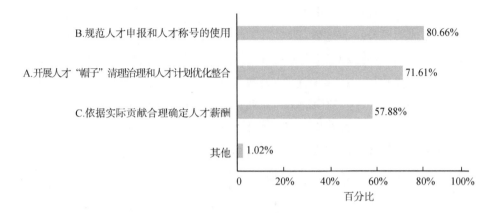

图9 职业学校教师推进人才称号回归学术性和荣誉性的举措

（六）注重教师专业发展，教师成长有力量

除了在改革方案中的规定任务，在推进教师评价改革中，调研单位也十分重视教师的专业发展，这对于提升教师水平与能力、促进教师成长、落实新时代立德树人的要求有重要价值。总体观之，对于教师发展的重视主要体现在如下两个方面。

其一，关注教师能力增值，注重发展性。教师增值性评价体现了发展性的理念，关注教师能力的增长。株洲市芦淞区白关中心小学引导教师根据自己制定的个人成长目标整理成长档案，突出自己与自己的比较，现阶段完成的目标要比上一阶段的目标更上一个台阶，促使自己不断成长。湘潭市采取教师增值评价模式，以教师在校期间教育教学的绩效作为阶段性考核成果，以学生学情反馈、学生成绩绩效、家长反馈等作为阶段性增值评级依据来评价教师。益阳市赫山区基于信息技术建立了包含教师评价在内的应用数据平台，学校管理者围绕赫山区教师发展评价指标模型及评价场景对教师进行评价，两者相结合形成教师个体分析、学校教师群体分析及全区教师群体分析，并可以智能生成教师发展评价报告。

其二，加强教师培训，促进教师成长。实践中，各地区注重加强教师培训。株洲市芦淞区推出"一营三院"骨干教师梯队培育机制。该机制以培育高素质专业化教师为目标，以研赛培一体化活动为平台促进教师快速成长，整体提升芦淞区教师专业素养。怀化市以教师培养为支点，促进当地学校教育教学评价的提升。通过教师大培训（国培、省培、校培等）、教师大考试（检测教师专业素养及具体解题能力）、体能大提升（教师体能测试）、教风大整顿（师风师德、社会关注等）、教书育人楷模奖励金额提升，不断为教师评价奠定基础，注入源源活力。永州市冷水滩区打造了青年教师第一工程。大力引进青年教师，打造青年教师成长平台，实行青年教师"跟老教师学、当副班主任"模式；制订青年教师五年提升计划，入职后学校为其制定成长规划，并将其纳入对教师的考核评价，着力打造青年教师样板，形成正面导向。

二、问题及分析

教师评价改革虽然取得了一定成效，但在实践中还存在着一些现实困境阻碍改革的推行。

（一）评价主体单一，评价素养不足

评价主体在评价活动中起着重要作用。虽然改革中已有案例将多元主体纳入评价中，但是从调研数据等资料来看，在评价主体方面还存在着多元主体参与教师评价尚不充分的现实问题。

其一，评价主体以管理者为主，教师参与有限。61.75%的职业学校教师认为评价主体不够多元是学校教师评价方面仍突出存在的问题（图10）。在管理者思维和行政权力的影响下，在评价方案的设计和执行评价程序的过程中，教师难以在评价中发表个人的意见和观点，并且自身评价主体地位未得到很好保证，存在"失语"状态。教师评价主体以管理者为主，更容易变为管理者的"一言堂"，教师的自评互评利用不够明显，在评价中发挥的效力有限，教师更多的是作为被评价对象而缺乏话语权。

其二，评价素养不足，影响评价实施和结果。首先，管理者评价素养不足，评价制度设计不科学。常德市武陵区第五小学指出目前的教师评价在评价指标上不够系统、不够科学，维度主要是结果评价，缺少条件、过程和增

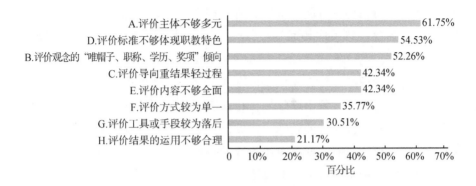

图10 职业学校教师认为教师评价方面仍存在的问题

值评价。湖南铁路科技职业技术学院指出学校文件中关于科研成果质量高低的评价标准还存在值得讨论的地方，需不断改进和完善。常德市教育局指出教师工作量化难。现行以教师评价为代表的制度覆盖了对个体工作量的考查，但工作量化难，而且不同工作周期、难度、特点不同，完成情况也存在较大差异，难以统计评估。其次，评价主体素养不足，评价结果易失真。株洲市芦淞区白关中心小学的有关人员指出：教师评价改革中，一线教师是参与评价的对象，真正评价过程的实施者是学校管理层，而学校管理层在评价方面的素养和专业能力还有欠缺。湘西土家族苗族自治州泸溪县的受访者认为师德考核难度大、绩效考核标准难统一。师德个人自我评价存在隐蔽性，同事、学生、家长和社会参与评价者存在一定片面性，难以全面反映教师真实水平。湖南铁路科技职业技术学院教师科研评价方式中参与的专家及相关人员都会受主观因素的影响，评价的客观性、公平性还有待完善。岳阳市平江县指出当前的过程性评价涉及主体互评、个体自评，不少受访者认为参与评价主体的范围对被评价个体分数受社会人际关系的影响，很难得到最客观、公正、真实的反馈，也就是说评价主观性依旧严重，很难做到准确客观、科学规范。

（二）评价标准同质化，职业教育教师特点体现不足

评价标准是进行评价的重要抓手，然而在实践中还存在着评价标准同质化、职业教育教师特点体现不足的问题。

调研发现，职业教育评价指标体系的普教化倾向比较明显，在评价标准、

评价内容和评价指标等方面，普通教育与职业教育并无明显的区分，对职业学校教师的评价依然采取普通学校教师评价标准，评价内容也趋于同质化。问卷调查数据显示（图10），54.53%的职业学校教师认为评价标准不够体现职教特色是学校教师评价方面仍突出存在的问题。实践中存在根据普通高中文化课教师的标准来评价中职学校文化课教师、依据普通高校通识课教师的标准来评价高职院校通识课教师、指标设置对职业教育中行业竞赛评价关注不足等问题，评价不能体现出职业教育的特点和特色，进而评价既不利于教师的发展，也不利于学校和学生的发展。

（三）教师个性关注不够，分类评价难体现

调研中发现，教师评价当中存在着"一把尺子量到底"的情况，对教师个性关注不够，难以实现分类评价和发展。例如，教师职称评价往往是一套指标体系衡量不同层次、不同类型的高等学校，学校内部又是一套指标体系衡量不同学科、不同专业的专任教师。此外，一些高校表面上进行教师分类评价，而分类评价效果实施并不显著。虽然分类评价在高校如火如荼地开展，教师一般被分为教学科研型、教学型、科研型三种类别，大多数教师是教学科研型，校方也鼓励本校教师成为该种类别。通过仔细查阅相关标准和细则，可以发现其中教师的科研业绩成果仍然占据较大比例，而即使是设置了教学型教授，但是要达到相应的条件难度较大。如图11所示，在关于当前学校在科研评价改革中迫切需要加强的方面，有64.56%的教师选择要简化评价指标、分类分层；56.93%的教师认为要全面准确评价科技成果的科学、技术、经济、社会、文化价值；51.04%的教师认为要建立合理的科研评价周期，由此，可以看出高校科研评价改进空间较大，还要注意突出分类分层、关切并尊重教师劳动的特点，科学合理地设置评价的标准，体现一定的发展性。总之，高校科研评价改革还有较大提升空间，教师分类评价改革效果还有待加强。

（四）评价激励性体现不足，影响工作积极性

教师的工资待遇与其职称直接挂钩，评上职称的教师与没有评上职称的教师工资差距相对较大。职称不仅仅是教师职业价值和职业荣誉的标志，教

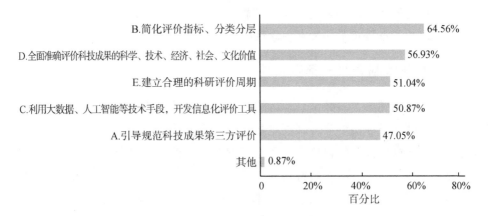

B.简化评价指标、分类分层 64.56%

D.全面准确评价科技成果的科学、技术、经济、社会、文化价值 56.93%

E.建立合理的科研评价周期 51.04%

C.利用大数据、人工智能等技术手段，开发信息化评价工具 50.87%

A.引导规范科技成果第三方评价 47.05%

其他 0.87%

百分比

图11 高校在科研评价改革中迫切需要加强的方面

师的职称与教师的各项待遇也密切相关。现行教师职称评审制度难以实现激励导向。

其一，聘期评价不科学，退出机制不健全。"重资历、轻能力"的评价导向拉大新老教师工资差距，造成已无上升空间和晋升需求的老教师出现职业倦怠，连续多年评不上职称的青年教师自我效能感丧失，备受打击。邵阳市邵东市指出教师评价的激励作用对年长教师"失效"。部分年长教师在教师职称评聘方面已到达"天花板"，教师评价的激励作用存在"失效"现象。怀化市芷江侗族自治县通过深入调查后发现，在编教师"相对躺平"的原因在于，五到十年等到教师达到工作年限自动晋升。

其二，教师工作负担重，工资与工作量不符。在对株洲市渌口区的调研中了解到，很多教师反映教师的工资与教师的工作量不相符，这严重挫伤了年轻教师工作进取心和积极性，容易导致教师职业倦怠感。

此外，非教学工作加压，耗费教师精力。如，邵阳市邵东市指出现实中对教师进行考核的内容有很多来自教育之外。教师往往被迫接受与教学无关的任务，客观上占据了基层教师相当多的精力，拉低了教师的上进心和获得感。再者，评价活动繁复，扰乱教育教学秩序。如，长沙民政职业技术学院指出，上级规定与检查过多，评价表现出形式化倾向，评价相关工作量大，耗时耗力，影响正常教学，增加教师负担。张家界市武陵源区指出在推进改革中教育教学内部环境管理亟待优化。面向义务教育学校的各类审批、检查验收、创建评比等活动频繁，学校和教师社会工作繁重，给教师增加了额外负担，影响了学校正常的教育教学秩序。

（五）教师编制紧张，师资紧缺

在编制问题上，多数调研地区均指出目前学校的教师编制尤为紧张，因此带来教师成长动机萎靡、师资结构不稳定等问题。永州市冷水滩区指出师资方面存在结构性缺编现象。湘西土家族苗族自治州泸溪县指出，县域的义务教育、学前教育、职业教育教职工编制严重不足，导致师资紧张，教师用人质量良莠不齐，难以提升教师的教育教学能力。张家界市武陵源区强调，目前区里的幼儿园队伍建设不稳定、幼儿园教师编制匮乏、工资待遇不够突出。不少幼儿教师易受主观意识与客观环境影响，退出幼儿园教育或幼儿园管理工作。由于"一编难求"，加上相关补贴补助、奖励倾斜不够充分，幼师离职离岗率高，师资队伍萎缩严重。岳阳市平江县同样指出，目前幼儿园教师编制匮乏，幼儿园教师编制数量有限，幼师离职离岗率高，师资队伍萎缩严重。衡阳市衡南县认为，"县管校聘"改革目前在乡镇已经落实，在县级还未有效落实，存在"缺编派不进"现象；师资方面存在不稳定和结构性缺编现象。

三、对策及建议

当前教师评价改革中出现的问题正是推动改革向纵深发展需要解决的重点事项，具体可从以下几方面增进改革动力，进一步推进改革产生实效。

（一）树立科学观念，提升评价素养

理念是行动的先导，推进教师评价改革最应该破除的是观念和思维上面的阻力，科学的观念和思维有助于增添改革的动力和信心、推动各项改革任务的落实、解决改革中出现的问题，推进教师评价改革产生新的更大的成效。

其一，合理设置培训内容，树立科学观念。内容安排上，具体要树立以下四种观念：一是树立科学评价观，转变不合理的政绩观。改革教师评价，

不可忽视政府部门的政绩观，"上级以什么样的标准要求学校和教师，那么下面的评价就会保持一致"，是在调研中常听到的话语。政府部门需要树立科学评价观念，破除不合理的政绩观，必须严格落实"十不得一严禁"的要求。二是树立人本观，注重教师发展。目前的教师评价更多凸显评价的管理性功能，重视对于教师的控制，忽视教师的发展，且对于教师信任不足，评价实践中更多体现出对于教师进行筛选、约束、控制。因而需要注重人本观念的树立，重视评价的发展性功能，而非凸显对于教师的管理和控制。三是树立学习观，提升评价专业能力。教师评价复杂性高、专业性强，评价标准的制定、评价方式的应用、评价制度的实施等方面有待于学习了解，提升评价的素质和能力。例如对于教师教学质量的评价，如何认定一位教师比另一位教师的教学效果更好，并且该评价结果能使得双方认可和信服？这就需要研究学生评教，探索多元主体参与评价或是采取其他措施科学认定教师教学能力。四是树立科学权利观，尊重学术权利。要注重行政权力的合理使用，在教师评价领域要尊重教师的权利和保证教师的地位，减轻行政权力对于学术权利的干扰，让教师评价回归科学性，促进教师评价专业化。

其二，优化培训方式和方法，提供针对性和灵活的培训方式。政府部门组织搭建学习和培训的机会，对政府部门有关人员、学校有关人员、家长等利益相关者提供多种形式的分级分层分类别的评价培训和评价素养提升课程，以期提升各方评价主体的评价素养和能力。一方面，针对不同群体开展针对性培训。对于政府有关管理人员和学校有关人员，可以邀请相关测量专家、人力资源专家等开展针对性培训，在培训中对于政府部门和学校管理者着重讲解科学性的评价的特征、如何科学设计评价指标、如何提升评价科学性和有效性，并注重案例教学的方式；对于教师，需要注重教师评价其他教师和学生的素养，也要培养自我评价的素养；对于家长，可以通过其孩子所在班级的班主任或其他教师进行一定培训；对于学生评价主体，可以通过教师召开主体班会等形式，明晰评价责任和评价要求。另一方面，考虑不同主体学习需求，灵活采取学习方式，建立评价素养相关课程资源库。可以在教育部门网站、学校官网等开发建立评价素养课程资源库，例如，在省教育厅教育评价改革专栏增加评价素养提升栏目，丰富相关课程资源，为各方主体提供灵活的学习方式、充足的学习内容，进而加深对于评价的认识，提升评价素养。

（二）明晰普职有别，注重评价标准特色建构

面对不同类型教育的教师评价标准同质化的问题，要注重加强科学研究，注重建构体现职业教育特征的评价标准。

其一，明晰职业教育和普通教育的差别，指标构建突出学校特色。政府部门在树立科学评价观念的基础上，应注重明晰职业教育和普通教育的差别，要深刻理解职业教育的特殊地位、重要价值和特点，明确职业教育肩负的任务和使命，明晰职业教育和普通教育的界限和差别，进而引导职业学校管理者和教师正确认识和看待职业教育，意识到其特殊性决定了与普通教育的评价标准是有区分的。例如，在教师评价中，除了要把参与教研活动，编写教材、案例，指导学生毕业设计、就业、创新创业、社会实践、社团活动、竞赛展演等计入工作量，在产教融合、校企合作、技术服务、社会培训等方面的业绩也应该纳入教师绩效评价体系。

其二，在统一标准之上，允许学校设置特色指标。职业学校之间也因为办学定位、学校类型、发展水平和发展基础等方面的不同而存在差异，而如果以统一的标准要求各个学校，那么就会抹杀不同学校之间的特殊性，致使不同学校失去特色发展的可能。对于一些项目申报，在基本条件之外，政府部门设置至少一条高校特色发展条件；在操作中，高校则须提交特色发展条件的具体名称、详细情况，并提供代表性成果例证。例如在"双高计划"申报条件中提出学校自主设定特色指标，所选取的指标可以是在立德树人、学生发展、专业建设、教师发展、学校创新发展等多个方面，并提出指标建设成效要求，如要有至少一项标志性成果。

（三）加强研究和指导，分类评价落实落细

高校教师分类评价实施情况还需持续发力，保障分类评价的实施。

其一，加强高校分类指导，引导高校分类发展。要探索建立高校分类体系，积极推进对高校的分类管理和分类指导，通过加强政策指导和资源配置引导，推动高校加快向重特色、重内涵的发展方式转变。一方面，出台文件，加强政策指导。研究制定全省高等学校分类发展和分类管理的指导意见。要

坚持科学分类指导、坚持内涵发展为主、坚持综合统筹管理，进而构建政府、高校、社会新型关系，进一步扩大并落实高校办学自主权，引导并促进各高校依据类型和各自特点差异化、特色化发展，全省高等教育体系更加科学合理，办学质量和水平进一步提升。另一方面，资源配置引导，激励分类。可以坚持强优与扶弱并举的原则，要鼓励办学有优势、有特色的学校和分类评价走在前列的学校率先发展，给予一定资源支持，并强化示范引领和典型宣传；对于特色发展不鲜明的学校或基础相对薄弱的新建院校要大力扶植和指导，促进加快分类发展。

其二，加强研究，科学构建分类评价体系。破了之后立什么的问题是阻碍高校管理者实施分类评价的共性问题，因而有必要从省级政府层面加强对于高校教师分类指标构建的指导。一方面，要加强对于教师分类评价的研究。可以通过课题研究或依靠智库力量，加强对于教师分类评价标准和相关问题的研究，要细化、深化并持续优化湖南省高等学校教师职称评价基本标准。注重坚持以师德为先、教学为要、科研为基、发展为本为基本要求，注重凭能力、实绩和贡献评价教师，克服"唯学历""唯职称""唯论文"等倾向，切实提高师德水平和业务能力，打造高素质专业化教师队伍。例如对于高校教师社会服务方面的考核目前重视不足，可以加强该方面的研究并细化指标建设。此外，针对改革中出现的各类问题和诉求也要加强研究力度。例如强化教师师德评价机制、教师教学的评价体系、信息技术赋能教师评价改革、职业学校特色标准构建、教师分层分类评价标准设置、教学述评制度、"双师型"教师认定与评价等方面的研究。另一方面，要加强对于教师分类评价的指导。操作性不强、难以细化、灵活性不够是教师评价标准设置当中存在的突出问题，75.94%的受访者指出当前教育评价改革的探索与实践中最迫切要解决的问题就是缺乏成熟的改革实践借鉴经验，摸着石头过河。面对高校管理者的迷茫，省级部门可以组建专家团队，进校指导。通过实地调研考察的方式，了解高校教师分类评价改革的现实问题，并给出针对性和可行性的建议。还可以推出教师分类评价改革典型案例以供学习参考。案例选择上坚持三个注重：注重典型案例的代表性，即取得了明显的成效；注重案例的示范性，即案例的学习价值高，可以复制和推广；注重案例的完整性，即体现改革的思路、方法，介绍、呈现案例形成的过程，注重案例的形成性材料的收集，使得其他学习者能够全方位把握和借鉴学习。此外，可以以典型案例为依托，开启参观走访交流渠道和经验传播学习渠道，使得其他单位或高校能够真正学习到、感受到改革的方方面面，进而化为自身改革的动力。

（四）改进职称评价制度，探索建立职称后评价和退出机制

针对现有职称评价当中存在的激励性不足等问题，要注重优化职称评价制度，以期发挥激励功能，通过探索建立职称后评价机制和退出机制激发教师特别是年长教师的工作积极性。

其一，探索建立职称后评价制度。学校结合师资队伍现状，对于已获高级职称的教师的职业道德、业务能力、教学成绩、学生评价等情况开展定期考核，并强化聘任，做到"以岗评聘，人岗匹配"，推动岗位管理、人员聘用、竞聘考核、绩效管理等重要制度在学校内部的良性运转，促进形成"能者上、庸者下"的用人机制和激励先进、鞭策后进的氛围。此外，教育行政部门可以对学校聘后考核管理工作进行监督和抽查，确保评价促进教师潜心育人的作用。

其二，打破职称"一评定终身"现状，探索建立退出机制。对于一些教师"躺平"的现象，需要省级政府层面统筹建立聘期内评价制度，探索解除"终身制"，建立退出机制。通过设置聘期目标，进行聘期中期和聘期末考核。如果考核不合格，未达到相应目标的教师依据目标达成情况将受到低聘、解聘。

（五）关注教师工资实际，完善绩效奖励制度

针对工资与教师工作量不相符以及教师工作负担过重的情况，要注重关注教师工资实际，转变绩效分配的导向，建立符合教师职业特点的绩效分配考核办法，逐步提高奖励性绩效工资占比，完善绩效奖励制度。评价中，聚焦师德师风、教学实绩贡献、学生一线工作、科研成果转化等内容，重点向一线教师、骨干教师、承担重点改革任务的教师、乡村教师和班主任倾斜，激发教师干事创业的动力、活力。在绩效的考核标准制定中，依据本校实际业务开展状况和绩效实际，合理地将教师所承担的工作纳入绩效考核范畴。最终，绩效评价后，在绩效工资分配上要有效体现教师工作量、工作绩效，进而提振教师工作积极性。

（六）优化编制管理，配齐师资

针对上文提及的教师编制存在的问题，参照义务教育评价指南要保障教师编制配备。具体可以采取如下举措。

依照标准足额核定教职工编制，实行动态管理；县级教育部门统筹合理调配各校编制，并向乡村小规模学校和乡镇寄宿制学校倾斜；解决挤占、挪用、截留教职工编制的情况。严格教师资格准入制度，按国家规定课程配足配齐所有学科教师，充分发挥教育部门和学校在教师招聘中的重要作用；完善城乡教师交流轮岗制度，推动城镇优秀教师向乡村学校、薄弱学校流动。

（七）建立协调机制，强化推进落实

推进教师评价改革不是一蹴而就的，而要久久为功。在改革过程中，需要加强省级部门特别是教育行政部门和地方或学校的协调推进机制。具体举措上，注重建立会商机制和帮扶机制。

其一，密切沟通联络，健全定期会商机制。省级部门层面，以省委教育工作领导小组秘书组为牵头单位，组织召集教师评价改革相关责任部门围绕教师评价改革重点话题，每隔半年组织商谈教师评价改革相关问题，针对教师评价改革存在的问题进行通报，落实有关主体改革责任，推进改革实施。在改革方案中涉及的部门有省委教育工委、省教育厅、省委组织部、省委宣传部门等多个政府主体，这些部门部分或全部为教师评价改革的五项任务的责任单位，它们之间的协调联络商谈对于改革推进很有必要。

其二，注重问题导向，建立帮扶机制。创新调研方式，推动线上线下结合调研，直指评价改革现实问题，进而对于地区反映的实际开展点对点帮扶。一方面，开展线上调研和回应。借助已搭建的教育评价改革网站专栏，开辟网络留言板，进而给予改革推进者表达和反馈的渠道；注重安排有关人员对于相关信息进行及时回应，并及时发布和公示，进而了解地区实际诉求并回应解决。另一方面，召开线下会议集中收集问题并回应。省委教育工作领导小组秘书组牵头组织召开评价改革问题反映专题会、阶段推进会等会议，吸纳改革者积极参与，给予参与群体充分的表达、咨询、建议等机会，做到及时回应，事事有回应，及时帮扶解决。

执笔人：仇国伟

学生评价改革分报告

引　言

（一）调研背景与目的

　　湖南省开展教育评价改革试点工作以来，各地区都高度重视学生评价改革，围绕着突出学生的综合素质，在评价体系、评价内容、评价工具、评价反馈等方面做了许多有益探索和尝试，积累了一些成功经验。同时，当前的学生评价改革还存在一些亟待解决的问题。如何在改革实践中深入贯彻落实学生评价改革理念，如何发挥教育评价在学生成长中的重要作用，如何凸显学生评价改革典型地区的示范引领作用，是需要进一步研究的重要课题。因此，本报告全面介绍各地区的学生评价改革现状，力图发现当前学生评价改革中的典型案例以及存在的问题，为深入推进全省学生评价改革工作提出对策建议。

（二）调研对象和方法

　　由于学生评价改革涉及面较广，本次调研涵盖教育系统中的各级各类主体。其中，高等学校和职业学校的学生主体主要通过线上问卷的形式参与，人数为 19099 人；幼儿园和中小学的学生由于受到年龄限制，设置专门的家长问卷，家长参与人数为 34808 人；各地区的教育行政人员 177 人、学校管理人员 161 人、教师 9128 人，且主要通过问卷、访谈相结合的方式参与调研。

　　本次调研主要采用文本分析、问卷调查、座谈访谈、实地考察四种方法。第一，文本分析以《深化新时代教育评价改革总体方案》（以下简称《总体方案》）、《湖南省深化新时代教育评价改革实施方案》（以下简称《实施方案》）等政策文件，以及各地区的上报材料为主要参考依据。第二，问卷调查主体涉及教育行政人员、学校管理人员、各学段教师、幼儿园和中小学家长、中职学生和大学生。其中，在我省共发放通用问卷 399 份、教师问卷 9128 份、学生问卷 19099 份、家长问卷 34808 份。第三，实地调研采取集中座谈和个人深度访谈相结合的方式开展。在实地调研中，共开展集中座谈 60 余次，涉及学生评价改革的个人深度访谈百余次。第四，根据各地区的自主选择，各调研组对调研单位在学生评价改革方面的具体举措进行实地考察，并对评价方案、评价细则、评价实施过程中的相关材料等进行收集。

一、推进情况

学生评价改革是整个教育评价改革稳步推进的关键点。调研组对 18 个地区及 10 所高校开展试点工作的阶段性成果进行评价与验收的过程中，发现各地区高度重视学生评价改革工作，形成了内外发力、系统推进学生评价改革的工作格局。

（一）坚持高位推动，优化教育生态

各地区以及高校都成立了专门的教育工作领导小组或工作专班，将教育评价改革工作列为工作重点，压实教育内部改革任务，逐年分解落实到机关处室、教育局和学校等。此外，各地区还通过专题调研，全面掌握本地区教育评价改革的有关现状，组织专题讲座和学习研讨，举办评价改革培训班，加快推动评价改革落地生效。如怀化市建立党委和政府定期议教制度，市县两级党委主要负责同志年终述职必述教育工作；娄底市新化县建立县委主要领导包片蹲点帮扶学校和乡镇联点帮扶学校制度；株洲市渌口区建立健全区级领导兼任学校"第一校长"制度；等等。

在推进学生评价改革中，各级党委和政府坚决纠正片面追求升学率和"名校"录取率倾向，不再下达升学指标或以中高考升学率考核下一级党委和政府、教育部门、学校和教师，不再通过任何形式以中高考成绩为标准奖励学生，严禁以任何形式公布、宣传、炒作中高考"状元"、升学率和"名校"录取率。如娄底市娄星区建立了责任追究制度，对教育生态问题突出、造成严重社会影响的，依法依规问责追责。公办学校出现违规行为，将追究学校负责人的责任；民办学校出现违规行为，视情况减少次年招生计划人数或取消招生资格；培训机构出现违规行为的，纳入管理黑名单。

（二）制定负面清单，出台具体文件

湖南省教育工作领导小组及时研究审议并下发湖南省贯彻落实《实施方案》部门工作安排和部门重点举措清单、负面清单的通知，明确了省直各相关部门工作责任分工，提出了69条部门举措、27项负面清单，督促各地领导小组、各部门抓好贯彻落实。各地区及高校对标省厅要求，全面梳理现有台账资料和政策文件，及时清理、废止与学生评价改革内容不相符合的制度文件，并出台符合新时代学生评价改革要求的文件。例如，郴州市嘉禾县教育局根据义务教育学校、普通高中和其他学校三种不同类型学校，分类制定学生学业评价办法；常德市教育局出台《常德市中小学德育工作标准化管理体系（试行）》和《初中学生综合素质评价实施方案（试行）》等文件；湖南铁路科技职业技术学院全面启动学生综合素质评价改革，出台《学生综合素质测评实施办法（试行）》等文件。

（三）立足学生评价，推动试点先行

湖南省在全省开展了教育评价改革试点工作，坚持整体推进与试点先行联动，部署各地区及各高校开展全方位试点探索。各地区结合地方实际，积极推动遴选学生评价改革试点校，制定试点工作实施方案，明确时间表、路线图，及时总结改革中的好做法、好经验，形成阶段性试点成果，坚持试点先行，为典型经验的地区性推广打好基础。例如，株洲市芦淞区以整体部署、以点带面的思路，遴选6所学生评价改革试点校，分为两组对应"学生综评改革研究"和"学生德育体育劳育评价研究"，一盘棋布局，一体化推进学校、教师、学生评价改革；郴州市嘉禾县确立城乡14所学校为县试点学校，挂牌开展试点工作，构建了诸多具有特色的学生评价体系；湘潭市雨湖区明确6所学校为教育评价改革先行试点单位，艺体学科为评价改革试点学科，充分发挥试点学校在学生评价改革中的先行作用。

二、取得的成效

（一）总体成效

1. 成才观念得到改善，立德树人有效落实

树立科学成才观念是学生评价改革的重点任务，"唯分数""唯文凭""唯升学"等制约学生成长的落后观念在各学段得到一定的改变。87.95%的职业学校学生认为学校在推进教育评价改革中注重树立科学的成才观念，80.30%的大学生认为学校对学生的发展与成长的关注度显著提高或有所提高。在中小学的学生评价改革中，推动"双减"工作落实落地是推动树立科学成才观念的重要举措。在中小学家长层面，85.39%的家长都赞成"双减"政策中"校外培训机构不得占用国家法定节假日、休息日及寒暑假组织学科类培训"的规定，并有81.30%的家长认为"双减"政策实施后，孩子的课业负担在不同程度上得到减轻（图1）。在"双减"实施后，品德修养、身心健康等非学习成绩因素被中小学家长看作是影响孩子成长和发展的关键（图2）。此外，各地也通过专项督查、治理整改、专题研讨等方式，整治幼儿园办园行为中存在的"小学化倾向"。由此可知，科学成才观念在各学段引起重视，并通过系列举措，得到一定程度的完善。

立德树人的根本任务有效落实。各地区、各级各类学校在学生评价改革实践中，始终坚持以德为先的发展原则，根据学生不同阶段身心特点，依托地域和校本特色，开发德育资源。例如，湖南师范大学以湖湘文化和红色革命文化为教育资源，积极开展新生"开学第一课"和大学生爱国主义教育，成立了全国高校首家社会主义核心价值观研究院，学校入选全国首批"三全育人"综合改革试点单位。许多中小学也积极利用本土思政元素，探索丰富多彩的思政课程和实践活动，推动落实立德树人根本任务，永州市的"向日葵工程"七大行动、湘潭市韶山市的"红色德育"、郴州市嘉禾一中的德育量化考评等，彰显了各地区重视德育，将立德树人作为教育评价的根本任务。

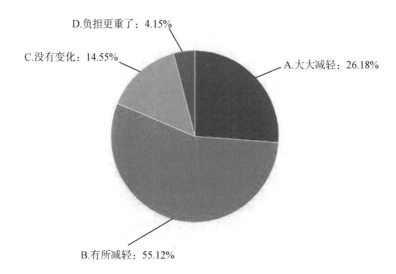

图1 "双减"工作减轻学生课业负担的程度

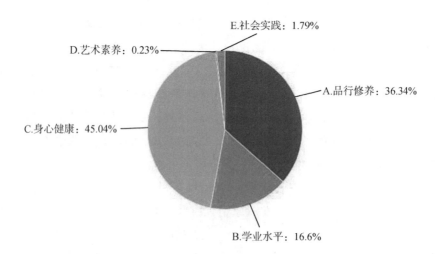

图2 中小学家长最关心孩子哪些方面的发展和成长

2. 丰富学生评价内容，促进学生全面发展

促进学生德智体美劳全面发展是深化新时代教育评价改革的重要抓手。总体来看，87.59%的中小学家长认为当前的综合素质评价完全符合或基本符合孩子的真实水平，60%以上的职业学校学生和普通高等学校学生对综合素质评价持满意的态度，表明综合素质评价改革效果尚可。

在德育评价方面，70%以上的中小学教师认为学校主要通过建立健全学生法制素养评价标准及体系、更加科学合理地设置课程目标、重点评价学生日常品行表现和突出表现来完善学生德育评价（图3）。86.76%的职业学校学生认为学校主要通过设计符合学生身心发展特点的德育目标来完善学生德育评价。如长沙南方职业学院推行德育评价方法改革，建立学生、家长、教师及社区等多元主体参与学生评价的模式。湖南现代物流职业技术学院结合培养高素质技术技能型人才的目标，科学设计德育指标，持续实施"大学生成长'金钥匙'工程"和"大学生成长之锚"项目，探索建立多维立体化社团育人协同评价机制。

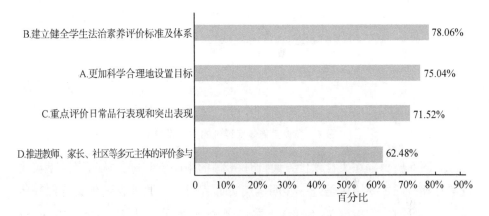

图3　中小学教师认为完善德育评价的主要举措

在智育评价方面，73%的职业学校学生认为当前的"唯分数"的评价倾向在一定程度上得到改善，除文化课成绩和专业课实操成绩外，也更加注重对学生课堂参与和课堂纪律的考查。此外，当前的智育评价改变了机械刷题和死记硬背的考核方式，在评价形式上有所改变，如邵阳市邵东市城区二小积极探索指向学科素养的命题方法，纸笔测试的命题侧重于考查学生的思维和知识习得过程，命题方式指向学生思维训练和综合素质的培养。

在体育评价方面，超过60%的大学生认为当前的学校强化体育评价的举措主要有增设体育课程和体育项目，将日常参与、体质监测和专项运动技能测试相结合，等等（图4）。在具体举措方面，长沙市搭建起包括日常参与体育锻炼情况、体质监测、专项运动技能考核及体育健康知识四个方面的体育评价体系。怀化市芷江侗族自治县推进足球、武术、传统文化进校园，开展"五球一拔一跳一会"、校园体艺节等活动，让读书声、歌声、加油声响彻校园。长沙理工大学把全面提升学生体质健康水平纳入体育育人体系，构建学生体质健康"测试—干预"的"闭环"，推进体测智慧平台建设，全面提升学生体质健康水平。

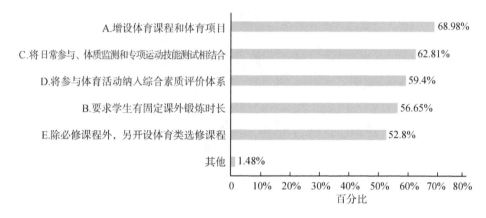

A.增设体育课程和体育项目 68.98%
C.将日常参与、体质监测和专项运动技能测试相结合 62.81%
D.将参与体育活动纳入综合素质评价体系 59.4%
B.要求学生有固定课外锻炼时长 56.65%
E.除必修课程外，另开设体育类选修课程 52.8%
其他 1.48%

百分比

图 4　高校完善体育评价的主要举措

如图 5 所示，在美育评价方面，81.42%的中小学教师都认为当前学校改进美育评价的主要措施是进一步明确美育课程目标。此外，强化美育课程体系不同学段的衔接（74.86%）、重点考查艺术爱好与审美能力的形成（64.24%）、增加艺术类课程及实践活动的考核比重（63.01%）也是中小学完善美育评价的重要举措。在具体措施方面，怀化市芷江侗族自治县芙蓉学校高度重视美育课程的开设，以新实验教育为抓手，进一步完善美育评价制度，注重美育实效；娄底市新化县出台《新化县义务教育学校体育、音乐、美术教学工作考核方案》，建立中小学音体美工作考核指标体系和考核办法，强化音体美评价。

在劳动教育评价方面，81.11%的中小学教师认为学校通过明确不同学段和年级的劳动教育课程目标加强劳动教育评价。如怀化市大汉小学构建了"1+4+N"劳动课程体系，设立专门课程与休闲娱乐活动，打造劳动实践特色品牌；湘西土家族苗族自治州泸溪县思源实验学校结合本土民族特色文化，实施劳动课程多元整合，建立评比制度，并与班主任绩效考评挂钩；株洲市

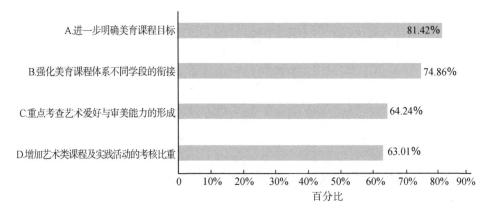

图5　中小学完善美育评价的主要举措

芦淞区根据学段分主题开设六门劳动课程，从态度、参与度、熟练度和进步度四个方面对学生进行评价。此外，许多地区都在探索特色劳动评价体系，如株洲市渌口区"一镇一中心，一校一特色"的劳动教育评价模式、益阳市赫山区沧水镇芙蓉学校的 PBL 劳动课程评价等。

3.改进考试评价方式，过程性考核常态化

充分发挥评价指挥棒对我国教育发展的积极促进和引领作用，是搭建衔接各级各类教育、认可多种学习成果的终身学习立交桥。在评价方式上，改变传统的纸笔测验，采用多元评价方式。职业学校学生认为在日常考核评价中除了采用传统的纸笔测验外，实践操作（80.08%）和口试面试（59.59%）也成为考核评价的重要方式（图6）。例如，湘潭市岳塘区采取纸质试卷测评与面试、人机对话测评、实验操作、现场测试、问卷调查相结合的多元检测方式。如，对于语文、数学学科成绩是期末组织纸质测评，抽样方式进行；英语采用人机对话的形式进行测评，即采用"互联网+"技术手段，利用智慧平台以智能化、多元化的形式对学生英语听说能力进行高智能监测。长沙市则根据不同学段采取不同的评价方式，在小学阶段的一二年级取消传统的纸笔考试形式，采取活动闯关的形式考查学生的学业水平；三至六年级采取学业成绩与德育评价相结合的方式对学生进行评价，在班级内部以等级制的形式呈现。这充分展现了考试评价方式逐渐走向多元化，不再以单一的纸笔测验来评价学生。

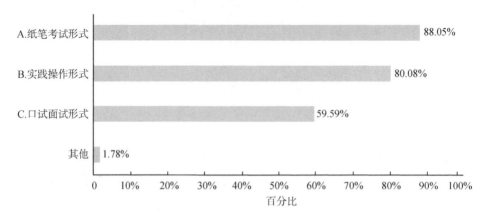

图6 职业学校进行学生评价采取的主要方式

在评价环节上，改变结果导向，强化过程性考核。78.01%的大学生认为学校主要采取期末成绩和平时表现相结合的方式进行评价。在调研中，我们发现教师们更加注重学生日常学习和过程的评价，关注学生在学习过程中的点滴进步和变化；大部分试点地区都落实用成长记录袋来记录学生的成长轨迹，增强学生的自我反省和评价能力；许多学校都在探索将日常评价、阶段评价和期末评价有机结合起来，注重对学生的过程性考核。

在具体举措方面，长沙理工大学注重过程性考核，包括期中考试、期末考试、随堂考试2—3次、第二课堂考核，期中、期末考试采用统一的试题库和机考方式，期评成绩结构为期中考试占25%，期末考试占50%，第二课堂及平时成绩占25%。湖南现代物流职业技术学院实施"五维一体"全方位评价，促进学生全面发展，实施发展性评价，全过程引导学生成长。坚持以"关注学生进步的幅度"作为评价理念，在学生德智体美劳五个方面观测学生的成长增量，将学生的进步作为增值评价指标。自学生入学开始，建立学生成长档案，在学生成长的三年周期里，全过程收集保存学生成长发展状况的关键信息，并及时反馈给学生，以帮助其健康成长。郴州市嘉禾县幼儿园重视对幼儿游戏计划的制订，以及游戏过程中的自主实践与创作、自我评价与反思、主动表达与分享，并结合幼儿口述与绘画、教师观察记录的多元评价形式，生成阶段性游戏故事，对幼儿进行过程性评价。

4. 依托信息技术平台，数据赋能评价变革

信息技术是教育评价数字化转型的重要载体与媒介，也是利用评价大数据推动评价变革的依托。从省内的教育评价改革实践来看，数字化信息技术的应用为教育评价带来崭新面貌，推动教育评价向着主体多元化、工具智能化、方式多样化与功能实效化的方向发展。

搭建市级的学生评价数据平台。如株洲市整体搭建市级综合素质评价管理平台，平台设置市、区、学校、学生四个层级。设计 PC 端、手机端等终端界面，建立仓储式电子档案袋，充分利用大数据技术，适时进行材料收集、数据统计与分析、评价反馈与指导，确保记录真实详尽。长沙市以信息化手段助力数据采集方式创新，开发"长沙市教育质量综合评价结果数据地图"，将数据分类整理、分级储存、分层呈现、分权调取，集成学生数据社区，使评价内容更全面，数据来源更广泛，评价结果更精准。

依托评价技术实现"场景式"评价。益阳市赫山区龙洲小学通过"班级优化大师"APP，通过多跨协同、数据赋能，构建多场景、常态化的智慧评价环境，利用信息化平台实现教育评价的多主体参与点评，值班老师可以基于纪律卫生、阳光体育、食堂宿舍等场景，在手机 APP 上就可实现对班级的评价，初步形成有温度、有价值的评价特色。此外，通过对万源学校学生评价改革试点所形成的典型经验实施应用研究，在全区试点学校及"两型"共同体建设学校范围内共享，达到相互学习运用试点成功经验，形成义务教育学生发展质量评价实施指南及评价指标的"赫山样本"。

（二）特色成效

1. 推广游戏活动，评价促进幼儿发展

幼儿的学习是以直接经验为主，在游戏和日常生活中进行的。要重视游戏的独特价值，创设丰富的教育环境，最大程度地支持和满足幼儿通过直接感知、实际操作和亲身体验获取经验的需要。发挥教育评价在幼儿发展中的作用，采用"以游戏为基本活动"的幼儿发展性评价。如图 7 所示，目前幼儿园教师主要通过改革集体教育活动和游戏活动，贯彻落实教育评价改革中对教师"以游戏为基本活动促进儿童主动学习和全面发展"的教育职责要求，"放手让孩子在游戏中自主学习，做好入学准备"。

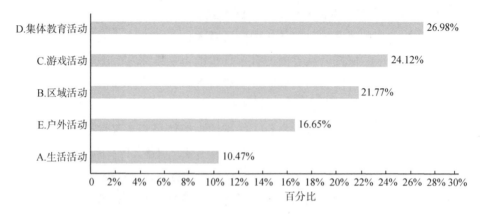

图7 幼儿园在促进幼小衔接方面开展的主要工作

在具体举措方面，常德市临澧县全面落实"以游戏为基本活动，寓教育于各项活动中"的理念，在全县幼儿园开展游戏故事征集活动、优秀班级大型主题表演游戏案例征集活动、自制玩教具比赛以及学前教育研究论文评选活动。怀化市新晃侗族自治县坚持"少花钱、多琢磨、见实效"的原则，做到游戏项目与侗民族文化相结合，与传统玩法相结合，建成"慧玩空间"，一方面，改建游戏场地、墙壁走廊和活动室，扩大沙池、泥土区、水池面积，重新设计玩乐场所等，更新拓展游戏空间；另一方面，制作木工坊、音乐坊、食育坊、侗族民俗布艺坊等，打造本土文化平台。

2. 凸显综合素质，构建多样评价体系

一套行之有效的可操作评价体系是学生评价改革顺利推进的前提，在我省教育评价改革实践中，涌现出许多具有本土特色的学生评价体系。各中小学积极创新评价路径、丰富评价手段、增强评价效果，以正确评价导向促进学生五育并举、全面发展、健康成长。例如，湘潭市湘乡市"七彩花"学生积分制评价体系，积极推动各校设计有特色的学生素质发展成长记录册，形成多样的过程性评价操作模式。株洲市芦淞区形成七彩阳光激励性评价体系、动力少年评价体系、国球少年评价体系等具有区域特色的原创性学生评价体系。该区还将校本化评价机制、全省通用综评机制、少先队雏鹰争章机制有机整合，变"三张皮"为"一张皮"，开发出适合本区实际和多元自主的学生评价体系。张家界市武陵源区围绕学科核心素养实施的"3+1+2"学科评价模式改革，怀仁育人，琢玉成器，让学生乐中求学、学中求乐，"五育"并举成效初显。郴州市嘉禾县广发中学的"满天星"校园之星、长沙市燕山小学的"七色雏燕章"等都是对中小学生综合素质评价体系的个性探索。

3. 重视产教融合，拓宽职教评价之路

强化产教融合，促进人才链和产业链的有效衔接，发挥企业主体在职业教育评价中的关键作用。如图 8 所示，根据湖南省职业学校学生问卷的调查结果，目前学校校企合作的形式较为多样，订单式培养、工学结合、学徒制、工学交替等模式均有涉及。由此可见，深化校企合作模式取得一定成效。湖南体育职业学院还在产教融合的背景下，牵头组建职教集团，深入开展校企合作，校企共同修订人才培养方案，共建专业教学团队，企业专家参与专业评价、课程考核、毕业设计和实习实训指导，对专业教师和学生进行客观评价，同时参与毕业生跟踪调查与评价。湘潭市工业贸易中等专业学校推动"现代学徒制"创新，与世界 500 强企业德国舍弗勒集团舍弗勒（中国）培训中心合作，通过"双主体"质量评价体系、"3+2"质量评价工作和"双证书"考评双轨制度，突出学生德技并修，形成有时代特征、地方特色的德国双元制本土化"湘潭样板"。

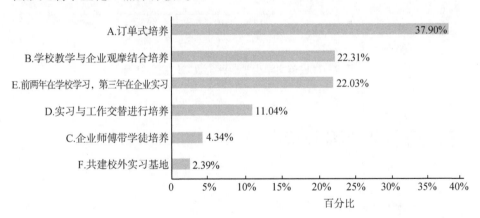

图 8　职业学校现阶段校企合作的主要模式

4. 把控学业标准，提升高校人才质量

培养高质量人才是高等教育的核心任务，严把学业出口关是让即将毕业的学生有危机感、让刚刚入学的学生有压力感、让学校的校长和教师有责任感的重要举措。湖南省高等学校教师问卷的调查结果显示（图9），严肃处理学术不端行为（70.45%），开展学士学位论文（毕业设计）抽检工作（68.98%），严格要求学生足额、真实参加实习实训（67.42%）等措施落实较好，说明调研高校重视开展学生学业评价改革，尤其注重把控学业标准，切实提高人才培养质量。如长沙理工大学围绕学生发展，推动课程考评制度改革，学校成立公共基础课程考评改革领导小组，开展思想政治课、大学英语、高等数学、大学物理等四门公共基础课程考核体系改革，从2018级新生入校第一学期开始，实施过程性考评方式，合理引导学生开展高挑战性学习行为。

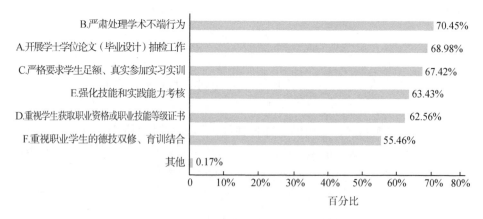

图9 高校落实学生学业评价改革的主要举措

三、问题及成因分析

（一）总体分析

1. 学生评价观念受教育内外部束缚

学生评价改革的深入推进，最重要的是观念先行。在大力禁止宣传中高考"状元"、推行"双减"等一系列举措后，各方观念得到一定转变。然而，在实地调研中，受访者谈及最多的就是"功利化和社会焦虑仍然普遍存在"

"最大阻力来自教育外部"等问题，这是各地区所面临的共性问题，这是由教育系统内外部共同造成的。从教育系统外部来看，家长和社会的不正确教育教学观、人才质量观、职业就业观等传统观念，致使"唯分数""唯升学"的功利化倾向难以短时间内改变，当前学校"重智育轻德育、重分数轻素质"等片面办学行为依旧存在，是学生评价改革难以深入推进的外部思想障碍。从教育系统内部看，教师队伍尤其是校长，以及地方教育行政部门负责人的评价改革理念，会直接影响一所学校或地区的评价改革成效。此次调研中，校长群体的评价改革理念存在两极分化现象。有校长表示，在中高考指挥棒和社会用人导向没有改变的情况下，学生评价改革难以有效落实。也有校长认为，推行以综合素质为核心的学生评价改革与高考录取制度和社会用人导向并不冲突，甚至起到相互促进作用。这说明教育系统内外部有关学生评价改革观念的深刻转变是缓解社会焦虑、摆脱功利化倾向的重要举措，也是改革稳步推进的先决条件。

2. 多元主体流于形式，难以真正落实

多主体参与评价能够从不同角度展现学生的学习和发展情况，使教育评价成为教师、学生、家长等多主体共同协商的过程。目前，虽然许多学校在学生评价实践中都引入了多元主体评价这一改革内容，如湖南省湘西土家族苗族自治州泸溪县第一职业中学注重对学生素质的考查，学校各部门、企业等多元主体都参与到学生评价，落实多元主体评价，但是仍有许多教师和学生认为当前的评价主体较为单一。主要问题有：（1）多元主体评价流于形式。有许多地区的多元主体评价是为了评价而评价，且被理解为简单的学生自我评分和多主体评分，并没有使各方评价主体依据标准和要求进行深入的评价反省，为学生发展提出建设性的改进意见，从而使多元主体评价流于形式。（2）家长主体参与评价存在现实阻碍。当前的学生评价涉及学生、教师、家长、行政部门等各方主体。在实地调研中，我们发现一些学校积极推动家长参与学生评价，有力地提高家长在学生评价中的参与度，帮助家长了解孩子在学校的具体情况，促进家庭教育和学校教育的有效衔接。然而，由于农村地区多留守儿童，父母参与学生评价的难度高，在当前评价实践中处于缺位状态，这是多元主体协同推进难以实现的重要原因。

3. 评价指标大而泛，德育评价难量化

评价指标多元化，是当前学生评价改革的重要特点，正如被访者所说："学生评价是教育评价改革最终目标，要落实到人才培养指标上。"在试点地区，多数学校都在系列文件精神的引领下完善学生评价指标，体现出促进学生全面发展的评价目标取得了系列成效。然而，在具体实践中学生评价标准还存在很多有待讨论和改进的地方：（1）"大而泛"的学生评价标准增添教育负担。教育评价改革需要关注学生的全面发展，但是具体实践中把各种需要培养的智能或素质全部纳入评价体系，显然是不可能的。尤其是随着信息化平台的建设，家长需要配合上传体现学生过程性发展的支撑材料，过于烦琐的评价指标，会给教师和家长增加负担和焦虑，甚至成为学生发展的新束缚。（2）德育评价难以量化，评价指标操作性不强。德育评价标准难以量化也是学生评价标准难以构建的重要原因。在实地调研中，许多受访者都表示"立德树人的评价与成效如何精细化是一个难点"。由于当前教师和研究人员对学生的德育评价标准尚未形成清晰、准确的认识，评价方案中有关"破五唯"的评价导向、重视过程性评价和增值评价的表述比较抽象，基层在开展教育评价改革中缺乏细化的、可操作性强的评价标准，整体处于模糊状态，甚至存在量化不当的问题，致使评价量化精准度不高，改革难以推进。

4. 结果运用不到位，重奖惩轻改进

评价结果的反馈与应用是学生评价改革中非常关键的一环，对于提升教育质量、发挥评价的育人功能具有非常重要的作用。因此，当前评价结果的运用还存在以下问题：（1）综合素质评价的结果运用被忽视。由于中高考仍然以分数评价学生，学生综合素质评价无法得到有效的结果反馈，尤其是高考选拔中的综合素质评价占比较小或无体现，难以发挥评价功能，"两依据一参考"形同虚设。因此，地方在推行综合素质等级评价时，可能会存在等级与分数相矛盾的情况，导致家长难以认可分数外的评价结果，造成综合素质评价结果被忽视。（2）评价结果的运用"重奖惩轻改进"。当前多数试点地区的学生评价结果能够有效运用到评奖评优、选树学生典型等情形中，注重发挥评价结果的激励作用。然而，由于缺乏对评价结果的正确认识，即评价结果不仅是教与学的终点，而且是新一轮教与学的开始，许多学校仍然把学生评价看作是简单的线性过程、封闭模式，把评价结果的公布理解为评价

活动的终结，并以此对学生表现进行界定和奖惩，而较少针对学生的优势与不足给出具体的指导意见，以帮助学生在学习、道德品质等方面获得更大的进步和更好的成长。

5. 数据平台兼容性差，资源分配不均

先进的技术手段为学生评价提供了无限可能，能够激发学生学习兴趣，过程性、形成性的评价也是反馈教学、服务教学的重要手段之一。在问卷调查和实地考察中，过程性材料数据量大、难收集是各地区面临的普遍性问题，开发科学有效、简单实用的教育评价工具是各级各类主体的共同诉求（图10）。当前主要存在以下两方面的问题：（1）数据平台兼容性差，难以共享。在实地考察中，可以看到有些试点地区数据平台的开发和运用已经初显成效，但是各学校根据本校特色开展的信息化数据平台如何与市级统一开发的信息化数据平台相兼容，上传过程性材料操作复杂给家长和教师增添负担，以及小学、初中、高中各学段的信息化数据平台如何有效衔接等问题还需要进一步研究。如长沙市燕山小学的"雏燕争章"学生评价模式难以与长沙市统一推行的学生评价相融合。（2）不同地区间的技术资源不均衡。推进教育资源优质均衡发展，促进教育资源的分配公平是教育的重要内容。由于技术平台的搭建需要坚实的物质、人力等资源保障，而省内资源薄弱地区、乡村地区缺乏相应条件，难以保障学生评价改革中技术手段的运用，与发达地区差异较大，特别是湘西、湘南等社会经济条件相对落后的地区对构建数字化信息平台、改进优化评价工具的需求更为迫切。

6. 改革领域较为局限，缺乏系统推进

教育评价改革是一个系统性工程，需要各个领域协调联动、同向同行。有受访者表示："目前的教育评价改革聚焦于点，未形成系统化的评价体系。"从纵向上看，学生评价改革集中在基础教育。从实地调研和各地区的申报材料来看，学生评价改革主要集中在基础教育领域，尤其体现在义务教育学段。这主要是因为在社会不合理的评价导向、领导干部的错误政绩观等的影响下，高中面临着较大的升学压力，所以学生评价改革在高中的重视度不够，还未实施行之有效的改革措施。从横向上看，德育评价、美育评价和劳动教育评价重视度不够。以德智体美劳为核心的综合素质评价是各学段学生评价改革的重点。总体来看，由于指标体系难量化且都是非高考科目，美

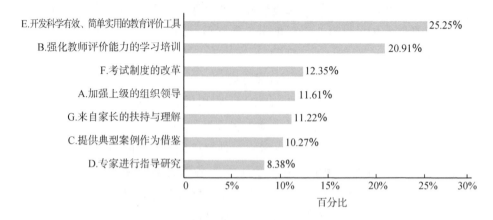

图10　中小学教师在教育评价改革中最迫切需要的支持

育评价、劳动教育评价在实际推行中的重视度和力度有待进一步强化。目前针对大学生的评价改革侧重于综合测评，德育评价、劳育和美育评价也存在概念模糊不清、评价指标体系不全、课程方案设计不足等一系列问题。

（二）各层次分析

1. 深入推进幼小衔接存在现实冲突

深入推进幼小衔接，防止幼儿园办学小学化倾向是遵循儿童身心发展规律和教育规律，推动儿童德智体美劳全面发展和身心健康成长的重要内容。我省各地区在推进幼小衔接中采取了很多重点举措，取得了一定成效，但是在深入推进幼小衔接中还存在现实冲突。具体如下：（1）幼儿园和小学的学生培养存在"脱节"。当前，学前教育更加注重使幼儿"在游戏中学"，采取的是以游戏为主的幼儿培养模式和授课形式，决定了对幼儿的发展性评价更倾向于情感和态度方面，与此相对应的评价更尊重幼儿的心理需求和学习品质，容易带有主观判断；而小学则更注重知识学习，培养学生的专注力和学习能力，培养目标和方式的差别以及幼小学段教学内容、教学模式跨度太大，使得幼小衔接存在现实冲突。（2）家长与幼儿园的观念存在冲突。在实地调研中，许多幼儿园园长表示，幼儿园本身支持办园去小学化倾向，注重以游戏形式促进幼儿成长，在此基础上形成幼儿发展性评价。但是大部分家长更倾向于幼儿园教授孩子拼音、算数、识字等基础知识，这反映出家长对于推进幼小衔接存在焦虑情绪，对于幼升小仍存在认知误区，对孩子如何适应小学的学习方式与适应小学的生活学习作息存在担忧。因此，很多家长通过幼儿是否掌握小学一年级的基础课程，来判断幼儿园教育是否成功，这与幼儿园的办学理念存在冲突，更是深入推进幼小衔接的现实阻力。

2. 基础教育学业述评制度难落实处

建立学业述评制度是中小学学生评价改革的重要举措，《实施方案》中提出"研究制定中小学教师教育教学述评相关制度，将任课教师每学期对每个学生学业述评情况纳入考核内容"，这是收集过程性材料的重要手段，能够有效促进增值评价和过程性评价的开展。在实地调研中，我们发现许多地区都将学业述评制度作为对综合素质评价的补充，有效地弥补了量化数字遮蔽学生发展信息的短板。但是，通过深入查阅学生综合素质评价手册、学生成长手册等一手资料，我们发现当下中小学的学业述评制度的推进难以落到实处，对学生的评语多是"该生能够很好地遵守校规校纪、学业成绩较好、上课能认真听讲"等概括性话语，缺乏对学生表现、如何改进等具体内容的描述，使得学业述评制度还未真正发挥作用。原因主要有：（1）学生数量多，教师任务重。中小学教师往往承担着繁重的授课压力，尤其是副科教师往往要承担多个班级的教学任务，面对的学生群体数量较多，难以细致地对每个学生进行学业述评。（2）教师评价能力有待提高。如何对学生进行科学的学业述评需要有较好的评价能力和素养，而当前中小学教师这方面的能力有待提高。

3. 职业教育学生评价普教色彩浓厚

职业教育与普通教育是具有同等地位的不同教育类型，评价指标体系应具有区分度。但目前来看，职业教育学生评价的普教化倾向比较明显，在评价标准、评价内容和评价指标等方面，普通教育与职业教育并没有明显的区分。主要体现在以下两个方面：（1）高等职业教育的学生评价"职业特色不足"。目前的高等职业教育评价指标体系较多地借鉴了普通本科教学工作水平评估指标体系的框架和精神，有浓厚的本科痕迹，因而在评价实施过程中对学生的品德、知识和技能关注度不够，强调系统的知识，削弱了实践教学，还未建立针对高职学生职业技能、体现高职特色的学生评价体系，评价过程缺乏规范性和针对性，评价指标与普通本科学生评价指标体系重复率高，没有把工学结合思想与职业教育学生评价相结合，不利于学生的技能提高。（2）中等职业教育的学生评价愈发侧重分数和升学。在现行招生考试制度下，中职的办学导向从早期的重就业转变为现在的升学与就业并重。从问卷数据来看，大多数职业学校管理者和教师都表示，体现职业教育学生评价特征的评价指标体系还未真正建立，中职学校同样大力追求分数和升学率，被普通高中教育的学生评价同质化，导致中职学校人才培养定位不清晰，对口负责人员空白，中职层面的学生评价改革没有受到应有重视，还被严重同质化（表1）。

表1　教师认为职业学校在学生评价方面存在的问题（多选题）

选项	小计	比例
A. 评价主体较为单一	824	60.15%
B. 评价观念的"唯分数"倾向	582	42.48%
C. 评价导向重结果经过程	589	42.99%
D. 评价标准不够体现职教特色	699	51.02%
E. 评价内容重职业技能轻职业精神	497	36.28%
F. 评价方式重书面考试轻动手操作	479	34.96%
G. 评价工具或手段较为落后	581	42.41%
H. 评价结果的运用不够合理	417	30.44%
本题有效填写人次：1370		

4. 高校学生美育和劳育评价边缘化

德智体美劳全面发展是实现高校人才培养目标的重要体现，高校的学生评价改革理应把锻造学生综合素质放在首要位置。然而，通过实地调研，可以看出与学业评价、德育评价以及体育评价相比，高校学生的劳育评价和美育评价处于边缘化地位，还未受到应有重视，主要表现在以下方面：（1）美育评价被简化为公共课学分。高等教育阶段应将公共艺术课程与艺术实践纳入学校人才培养方案，实行学分制管理，学生须修满公共艺术课程2个学分方能毕业。因此，各大高校都积极探索将美育评价与公共选修课相结合，落实学分制管理，还未建立起涵盖美育素养、审美情趣等元素的美育评价指标体系，美育评价浮于表面，被简化为公共课学分，难以对促进学生美育发挥真正的作用。（2）劳动教育评价还未真正建立。除与教育评价改革相关的政策文件外，教育部印发的《大中小学劳动教育指导纲要（试行）》中明确提出，要将劳动素养纳入学生综合素质评价体系，并健全和完善学生劳动素养评价标准、程序和方法。然而，在实地调研中发现，高校对劳动教育的重视程度远不及基础教育阶段，开展劳动教育的课程体系、师资队伍等保障体系还未落实，未能将劳动教育与专业教育、创新创业教育、社会实践、科学实验等很好地结合，使得劳动教育在大学阶段还是待充分挖掘的高地。因此，由于高校的劳动教育都还未真正落实，劳动教育评价更是无从谈起。

四、政策建议

（一）出台专门文件，聚焦改革重点

出台面向学生评价改革的专门文件。学生评价改革是整个教育评价改革的先行手，具有"牵一发而动全身"的效果，更是评价改革的重难点。学生评价改革的进展与成效是其他各项改革顺利推进的"助推器"。因此，湖南省应当结合时代发展形势、教育发展规律、个体发展特点，结合省情出台具体的学生综合评价改革实施方案及系列制度文件作参考，该方案要涵盖幼儿园、基础教育、职业教育、高等教育等领域以及德智体美劳等各方面，细致全面地提出学生评价改革的目的、要求、原则等内容，以便不同区域、学校在现有制度文件的基础上进一步探索，形成最为合理的评价实施方案与相关指标体系。同时，还要协同推进湖南省学校评价改革实施方案、湖南省教师评价改革实施方案等改革文件的制定出台及举措落实，建立动态的、统整的学生综合评价改革机制。

（二）组建专家团队，细化顶层设计

当前学生评价改革中出现的诸如评价指标可操作性不强、评价工具落后、多元评价主体参与困难等共性问题，迫切需要更专业的力量提供支持。因此，要组建包括一线教师、专家学者、教育管理人员等在内的专家团队或智囊团，主要可以发挥下列作用：（1）开阔视野，借鉴省外先进经验。专家团队要结合各地区的现有经验和问题，积极同国内外、省内外交流学习，为细化顶层设计和出台具体可操作的评价方案建言献策，加快形成有助于各学段有效衔接的评价体系。（2）理论与实践结合，促进改革落地。多方主体共同促进教育评价改革实证研究的推进，可以有效防止科研与实践脱离，在实践中提高教师能力，将二者更好地结合起来为评价改革工作效率。此外，试点地区的教育工作者们具有非常高的工作热情和创造精神，在各自领域形成了一些很好的经验做法，但是他们也更加迫切地希望得到来自专家团队富有实效的指导，为优化学生评价改革工作提供可操作建议。

（三）线上线下宣传，组织开展培训

学生评价改革能否深入推进，关键在于突破观念层面的束缚，为改革创设宽松的环境。（1）要继续加大宣传力度。各地区要通过各种官方媒体平台，以线上线下相结合的方式，广泛宣传当地学生评价改革的成效和亮点，使学生的成长和发展看得见，打消家长的顾虑。尤其是省级层面继续通过红网、新湖南（《湖南日报》）、《潇湘晨报》等官方媒体平台，加强各领域宣传力度的同时，要继续控制对升学率、名校率的宣传报道，引导全社会树立正确的人才观，破除"唯学历""唯文凭"的价值导向，始终坚持品德和能力本位，为职业教育发声，鼓励所有学生尊重兴趣、学有所长，缓解家长焦虑。（2）要加大对教师和管理人员的培训力度。"教育评价改革的落脚点是学生，核心是教师。"在各地的评价改革实践中，教师的评价能力良莠不齐。因此，可以由政府和高校联合成立专门的培训团队，经过调研和研讨，确定培训内容，针对各地区学生评价改革面临的"急难愁盼"问题，开展针对教师队伍的专业培训，提升教师评价素质，规范评价行为。此外，很多地区的实践说明，如果管理人员对评价改革抱有热情，且对改革工作有较深刻的认识，那么该地区的评价改革工作往往成效明显。因此，要重视抓关键人群，加强对校长群体和教育行政部门负责人的专业培训，提高他们的重视度，为评价改革持续深入推进建立保障机制。

（四）拓宽评价领域，全面开展改革

根据教育内部重点任务清单，围绕改革学生评价主体，在学前教育、基础教育、职业教育和高等教育领域全方位推进改革，有序抓好落实，坚决校正办学治校方面的政策偏差，全面落实立德树人根本任务。（1）引导各地区要加快推进建立各学段相衔接的教育评价体系，推动各学段的学生评价—以贯之。例如，长沙市根据幼小初高各个不同学段特点研制市级评价标准，各区、各学校根据自身特点研制评价标准，共性标准和个性标准相结合进而形成幼小初高一体化的综合素质评价体系。（2）纠正地方偏差，指明改革方向。要肯定各地区在学生评价改革中的智育评价和体育评价方面的效果甚好，但各地区仍要继续推进学生综合素质评价改革中的德育评价、美育评价和劳动教育评价的研究工作，探索评价结果在招生考试中的应用，全面开展改革。此外，要引导各地区加快建立分类评价体系，尤其要建立更加完善的职业教育评价体系，对职业教育学生的评价要体现职业特征，形成符合职校生特点、能够推动职校生可持续发展的增值性评价内容。

（五）搭建数据平台，实现省域互通

一体化、智能化公共数据平台可以实现全省教育评价数据资源集约建设、统筹配置和高质量供给，支撑全方位、各领域的学生评价改革。因此，政府要建立统一的教育评价数据共享平台。（1）政府加强与网络技术公司的合作。通过申请立项、招投标等方式，选定专业技术公司，创建省域教育质量综合评价云平台，包括题库系统、评价进展管理系统、自评系统、分级分类系统等多个子系统，在平台运行以及数据处理、分析和应用方面形成合力。（2）数据平台中融入地方数据，实现省域互通。积极推动地方教育行政部门、学校融入统一的数据平台，利用人工智能、大数据开发新型测验工具，结合大数据分析、数据挖掘，关注不同性别、不同学段、不同地区学生的差异性，从海量数据中挖掘有价值的个性化特征与普遍性规律，创设精准评价模型，使技术赋能全省的学生评价改革。

（六）树立典型地区，强化示范引领

各试点地区的教育工作者在大量的摸索和实践后，形成了本地区的改革亮点和特色，同时也存在一些共性问题。要不断探索试点地区间互动发展新模式，可针对改革实践中的共性问题加强沟通交流，凝聚改革合力。（1）结对帮扶，发挥学生评价改革典型地区的示范辐射作用。从省级层面选出教育评价改革优秀示范地区或示范校，统筹安排"一对一"结队帮扶资源薄弱地区的学生评价改革工作，鼓励示范地区向资源薄弱地区派出专业人员，用较先进的评价理念、评价方法等对资源薄弱地区进行指导，力争使这些地区的

学生评价改革工作有明显的改进。（2）推荐典型经验，并引导各地区正确处理好自主实践与借鉴经验间的关系。要密切结合试点地区的评价改革需要，将一些有关学生评价改革的典型经验系统地介绍给各地区，切实为各地区的学生评价改革提供专业支持，并在交流会、推介会上引导各地区既要积极地吸纳借鉴先进地区的优秀做法，又要立足实际，摆正自我发展的主导地位，发挥本地区教育教学人员的积极性和创造性。

（七）引入督导小组，加强监督检查

（1）引入督导小组，监督改革进展。从省级层面引入由专家、教师、教育行政人员、督学等教育系统内部人员组成的督导小组，对各试点地区的学生评价改革工作进行常态化监督检查，引起地方重视。省级层面应制定学生评价改革监督评价标准，从各试点地区制度文件的出台和落实、专项资金的使用、改革进展与成效等方面进行审核评估，以便积极、有效地对各组织和机构进行监督检查和问责，尤其要明确各级教育行政部门和学校各自的职责和任务。（2）要定期公布监督评价结果，对学生评价改革成效显著或进步地区予以奖励。学生评价改革的成功不是一蹴而就的，在这个过程中，要对涌现出的典型地区予以物质、精神等各种形式的奖励，激发各地区在学生评价改革领域的积极性和创造性，营造"争取进步，争做典型"的评价改革氛围。此外，领导干部对学生评价改革的纵深推进发挥着重要作用，要将改革成效与相关领导干部的职务晋升和政绩考核挂钩，切实推动地方领导履责尽责，树立正确的政绩观。

立德树人、努力提高人才培养质量是新时代教育评价改革的根本任务。改革学生评价、促进学生德智体美劳全面发展既是新时代教育评价改革的重要内容，也是确保改革卓有成效的关键。在湖南省大力推动教育评价改革的实践中，各学段、各领域都涌现出许多学生评价改革的优秀案例，彰显出各地区驰而不息抓改革的执行力，也通过不断查摆问题，为改革的推进指明新的方向。任何一项改革的成功都绝非一日之功，学生评价改革亦是如此，既需要"咬定青山不放松"的坚持，也需要"不破楼兰终不还"的信念，我们坚信学生评价改革终会大有成效，学生既能睁开灵魂的眼睛，诗意地栖居在祖国大地上，又能使潜能得到充分激发，成为担当民族复兴大任的栋梁之材。

执笔人：陈怡然

社会用人评价改革分报告

引 言

2018 年的全国教育大会提出，要扭转不科学的教育评价导向，坚决克服唯分数、唯升学、唯文凭、唯论文、唯帽子的顽瘴痼疾，从根本上解决教育评价指挥棒问题。为落实"破五唯"，2020 年 10 月，中共中央、国务院发布的《深化新时代教育评价改革总体方案》（以下简称《总体方案》）提出，要树立正确用人导向。明确要求党政机关、事业单位、国有企业要带头扭转"唯名校""唯学历"的用人导向，建立以品德和能力为导向、以岗位需求为目标的人才使用机制，改变人才"高消费"状况，形成不拘一格降人才的良好局面。2021 年 10 月 22 日，人力资源社会保障部发布的《人力资源社会保障部关于职业院校毕业生参加事业单位公开招聘有关问题的通知》表示，事业单位公开招聘要树立正确的选人用人理念，破除"唯名校""唯学历"的用人导向。2022 年 10 月 16 日，中国共产党第二十次全国代表大会在北京开幕，习近平总书记在二十大报告中指出："教育、科技、人才是全面建设社会主义现代化国家的基础性、战略性支撑。必须坚持科技是第一生产力、人才是第一资源、创新是第一动力，深入实施科教兴国战略、人才强国战略、创新驱动发展战略，开辟发展新领域新赛道，不断塑造发展新动能新优势。"

可以说，国家层面已经认识到"唯名校""唯学历"的严重问题，于是密集出台破除"唯学历"用人导向的意见，且通过立法的方式，推进把职业教育建设为与普通教育平等的教育类型。湖南省作为教育评价改革试点省份之一，用人评价改革带动教育评价的出口价值判断，制定了合理科学的用人评价制度，真正实现"不拘一格降人才"的用人环境。为全面了解与掌握湖南省教育评价现状并深入推进全省教育评价改革工作，在湖南省教育厅等的统筹协调下，2022 年 9 月，湖南省教育评价改革研究基地课题组组织开展了湖南省教育评价改革试点情况专题调研工作。本调研报告为湖南省教育评价改革试点现状调查研究报告之用人评价篇，旨在全面了解湖南省教育评价改革中用人评价相关的试点现状，分析用人评价改革取得的成效，总结提炼用人评价的典型经验，查找分析用人评价方面存在的问题及其原因，提出解决用人评价相关问题的有效路径和科学方法；为湖南省教育评价改革中用人评价改革的深入推进提供决策建议和咨询服务，全面提升湖南省党政机关、企事业单位用人评价改革的科学性和有效性；挖掘党政机关、企事业单位用人评价的典型案例和成功经验，提炼示范样板，为全国教育评价改革的深入推进提供用人评价方面的"湖南方案"，推出"湖南经验"。

一、进展情况

（一）改革工作有所部署，但社会导向仍待引领

在用人评价改革工作中，各地区、各学校严格落实《总体方案》，在各部门单位的招考条件中，清理和矫正"唯学历"的导向性文件。在对有关人员进行调研后发现，有 40.85% 的人认为目前湖南省的人才"帽子"清理治理工作及各类人才优化整合落实得比较有效（图1）。长沙市督促各直属单位和县（市、区）对有关政策文件进行全面清理，排查并纠治包括人才招聘、高考奖励和教职工绩效工资等方面涉及负面清单的事项，进一步净化了招考环境，使"唯名校"和"唯学历"的选人用人现象得到有效遏制。益阳市、邵阳市邵东市、娄底市新化县党委带头树立正确用人导向，改以往用人导向只注重全日制学历、名校毕业转变为向专业院校倾斜；干部的选拔和任用由重资历转变为重视品行，同时优化干部性别结构，增加女性干部的储备和培养；职称评审与骨干选拔要求有农村工作经历，人才工作全面治理常态长效。湖南现代物流职业技术学院、湖南师范大学、长沙学院、长沙民政职业技术学院等高等学校在选人用人的招聘公告中，不再将毕业院校、第一学历学校、国（境）外学习经历、学习方式等作为前置性条件，坚决杜绝唯学历、唯文凭的倾向，人才引进更侧重考察人才的品德与能力水平，而不将学历设为准入门槛。长沙南方职业学院为加强学院师资队伍建设，修订了相关人才招聘制度，应聘者的毕业院校、国（境）外学习经历、学习方式在招聘公告和实际操作中不作为人才引进的限制性条件，各部门修订完善岗位职责，构建重实绩、重贡献的激励机制。

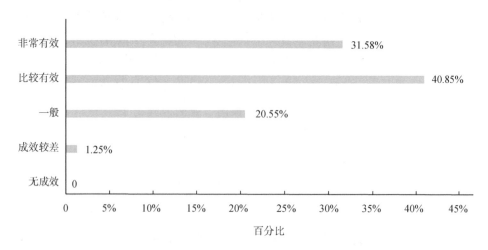

图1 人才"帽子"清理治理工作成效调查结果

（注：已剔除无效问卷数据，故图中数据总和未达到100%）

要树立科学的人才观，从而引领社会正确的用人导向。学校培养人才，社会对人才的评价是教育评价的出口和落脚点。通过舆论宣传引导，湖南省各有关部门加大用人评价改革宣传解读力度，全方位营造教育评价改革的良好氛围，合理引导教职员工的预期，增进社会共识。人才培养与选用，取决于教育部门与其他各个部门的合力。用人导向的改革，直接对标人才培养的价值倾向。湖南省深化新时代教育评价改革试点工作内外发力，多方协同联动，力图营造用人评价的良好氛围。

尽管各部门单位都对用人评价改革在政策层面做了部署与落实，但由于社会导向的改变需要层层深入、循序渐进，因此目前社会舆情对用人评价改革带来的影响还有待规范。调研组了解到，如今在政策文件的压力之下，已经鲜有企业在招聘时直接提出只招"985""211"或者"双一流"高校毕业生，这些企业即使还有"唯名校"用人导向，也只是"隐性歧视"。调研组通过与各教育部门的人事股以及各级各类学校校长的访谈后发现，虽然学历歧视问题颇受关注，但社会舆论支持按学历选人，尤其是党政机关、事业单位、国有企业的学历门槛越来越高。受到"学而优则仕"的社会用人导向影响，用人单位往往设置学历门槛，大环节也默许用人单位按学历筛选的招聘要求。

由此，扭转"唯学历"的用人导向，从社会舆论抓起至关重要。在湖南省教育评价改革中，各教育部门也为扭转"唯学历"的用人导向做出努力，成效初显，但仍需要各部门之间的通力配合，使得全社会对用人导向的公众认知得以矫正与引导。

（二）人才"高消费"有所减轻，但按需选贤仍待重视

首先，选用好人才，是各项事业兴旺发达的重要保证。用人评价需要在发挥效能上狠下功夫。通过建立按需选贤的人才使用机制，达到"人适其位，人尽其才，才尽其能"的效果，最大程度地形成人岗相适，实现同频共振。党政机关、事业单位与国有企业的招聘标准具有很强的示范与导向作用，而高校在自己的定位基础上办出特色与高质量，对于破除"唯学历""唯名校"导向也极为重要。

由此，在用人评价改革中，湖南省各地各校出台一系列方案，率先探索与建立按需选贤的人才使用机制，力图破除人才"高消费"。在教育评价改革调研工作中，对各地"唯名校""唯学历"的用人导向及人才"高消费"现象改进成效的调查结果显示，41.35%的有关人员认为此类现象得到了比较明显的改善（图2）。湖南省各企事业单位按照政府有关部门的要求，及时编制与更新人才引进方案，在人才招聘考核中制定公平公正的选拔方案，只对学历层次和专业进行要求，注重个人能力考察；各政府部门与事业单位实施岗位绩效工资分配制度，以"德能勤绩"为薪酬分配导向。株洲市渌口区夯实顶层设计，通过"第一校长"制度建立五个"一"制度，明确党委和政府科学履职，助推社会齐抓共管合力。娄底市新化县转变教师流动的形式，由教师单一的自主调度转变为教师多形式的城乡交流。出台《新化县校长、教师交流轮岗实施办法》，城镇校长或教师以交流走教形式，去农村进行轮岗实习，农村校长或教师通过进城选调去城镇轮岗实习。以逢进必考、乡镇之间的调度和下乡支教，以及青年教师顶岗交流等形式来推动城乡之间的教师流动，实现科学用人。湖南工商大学在2021年的师资引进中，不以职称、第一学历、年龄和论文等情况论英雄，而是以师德师风、近5年代表性成果和评估结果综合考核人才。湖南师范大学、湖南现代物流职业技术学院、湖南铁路科技职业技术学院、长沙南方职业学院等高校建立了以品德和能力为导向、以岗位需求为目标的人才使用机制，科学合理地制定岗位职责，坚持以

劳定薪，优劳优酬。同时加强对干部的管理监督考察考核，完善干部正常流动和退出机制，做到人尽其才、才尽其用，各展所长。各单位推进正确的用人评价改革，建立了以品德和能力为导向、以岗位需求为目标的人才使用机制。在对教育部门的调研中了解到，各级各类学校坚持立德树人的根本宗旨，严格依照法律政策规定和合同约定招揽和引进师资和人才，严格执行思想政治审查和师德师风考察，确保了用人的正确导向。

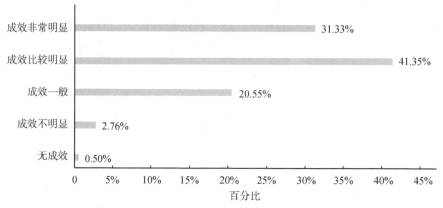

图2 人才"高消费"现象改革成效调查结果

（注：已剔除无效问卷数据，故图表中数据总和未达到100%）

其次，在干部选拔使用上树好导向，让人才"有为有位"。树立干部导向，必须在选人用人上体现讲担当、重实干，大力倡导实干创实绩、有为才有位的鲜明用人导向，而非人才"高消费"。着力打破隐性台阶，大胆选拔使用政治素质好、治理能力强、敢抓敢管、躬身实践、业绩突出的干部，特别是在关键时刻、重大任务、突发事件中豁得出来、冲得上去、能打胜仗的干部，切实让优秀的优先、能干的能上、有为的有位。

目前，湖南省部分企事业单位正在进一步开阔选人用人视野和胸襟，不断改进知事识人方式，深入开展分析与研判，建立比选择优机制。注重在改革发展稳定最前沿、在急难险重任务中拔"尖子"，在一线上了解干部、识别干部，把真干事、能干事、干成事的干部发掘出来、使用起来。长沙市有关部门严格排查评价、用人相关方面的文件，一定程度上改善"五唯"现象，避免人才"高消费"。在调研中，湖南师范大学完善学校党政管理干部选拔任用机制，严守干部选任规则、流程和纪律。干部选拔任用中严格执行工作规程，做到了程序规范。严格落实了干部选任纪实管理要求，确保每一名干部的选任过程经得起历史检验。加强了对干部人事档案管理中干部选拔任用材料的及时归档整理，对"三龄两历"等重要信息的识别和认定。按规定做好了公开公示，对举报信息做好了核查。湖南现代物流职业技术学院在干部选拔任用上，严格按照《党政领导干部选拔任用工作条例》执行，坚持精准科学选人用人，坚持将从严要求贯穿始终，进一步提高了选人用人质量，逐步建立起忠诚、干净、担当的高素质专业化干部队伍。湖南铁路科技职业技术学院在干部选拔中注重德才兼备、以德为先，在2020—2021年骨干教师、国内访问学者、教研室主任、专业带头人、专业群主任等专业人才申报、验收考核中注重实绩，坚持教学水平与师德修养并重、教学能力与教研能力并重、理论素养与实践技能并重的原则。在人才引进中，湖南工商大学突破第一学历限制，引进第一学历为"双非"、三本甚至专科但近5年成果显示度高、有发展潜力的博士。事实证明，博士们来校后确实表现突出。湖南省各单位部门坚决扭转"重业务，轻政治"倾向。政治标准是用人评价的第一标准，只有政治上合格的人，才能成为社会主义现代化建设的有用人才。深化用人评价改革，必须始终坚持把政治标准摆在第一位。

总的来说，在人事管理制度不断深入改革的背景下，各单位领导者逐步厘清"人岗相适"的矛盾，校准角色担当。但目前社会依旧存在的人才"高消费"，其一是由于社会人才的供求失衡，其二是因为不科学的人才观，其三是按需选贤的标准亟待重视。不科学的人才观在用人单位和人才本身均有所表现。人事部门若不考虑招聘岗位的实际所需，盲目聘用博士、硕士等高学历人才，其结果不仅造成人才能级不符、低位高职、类别错位，人才资源得不到优化配置，而且使人才的价值不能充分体现，更严重的是阻碍了劳动生产率的提高，成为单位自身的桎梏。而人才自身若存在不当的价值观，一味追求高薪而忽略其个人价值的体现，则会出现人才的"高消费"。要以人才聘任、干部任用的人事制度改革为契机，建立起竞争择优、按需选贤的人才选拔机制，突出政治及业务标准，在民主推荐、考察考核、选拔任用、能上能下、管理监督等方面多思考，按照岗位需求精准选拔适合的人才，出台相应的措施，保证用好的作风选人、选拔作风好的人。湖南省在教育评价改革中，在选拔招聘、干部任用的改革中都逐步规范体制机制，在改变人才

"高消费"的情况方面颇具成效，但由于选人用人本身之复杂属性，按需选贤的标准仍需各级各类部门单位予以重视。

（三）搭建融通培养体系，但招考条件仍待调整

搭建合理融通的培养体系对树立正确的用人评价导向至关重要，也是用人评价改革的实践之要。近年来，我国大力发展职业教育，提高职业教育质量，建设全民学习、终身学习的职业教育体系。2022年新修订的《中华人民共和国职业教育法》中强调了职普融合，横向要融通，实现职业教育、普通教育、专业教育的横向贯通，为学生发展搭建平台；纵向要畅通，要打通"断头路"，畅通职教的升学渠道，以能力和实践为导向，建立职教高考制度。2022年国务院《政府工作报告》指出，"坚决防止和纠正性别、年龄、学历等就业歧视，大力营造公平就业环境"。2021年10月22日，人力资源和社会保障部网站发布通知，事业单位公开招聘要合理制定公开招聘资格条件要求，不得将毕业院校、国（境）外学习经历、学习方式作为限制性条件，切实维护、保障职业院校毕业生参加事业单位公开招聘的合法权益和平等竞争机会。湖南省各职业院校与用人单位逐渐探索，创新科学的用人政策、发布各类招考政策，有力地保障了用人单位招考的合理性和融通性。

湖南省教育评价改革调研组通过实地调查与走访，对职业教育师生展开大规模问卷调查。其中，在对1370位职业教育一线教师调查后发现，有26.86%的职业教育教师认为职业教育评价中最应该注重改革社会用人导向（图3）；在对湖南省7122位目前正在接受职业教育的学生进行问卷调查后了解到，39.83%的职业教育学生认为改革社会用人导向是职业教育评价中最重要的部分（图4）。由此可见，社会应进一步加强职业教育的社会认可度，通过形成"不拘一格降人才"的舆论导向，建设更加合理融通的招考制度，使得真正的人才在更加宽容自由的社会用人环境中焕发出独特的光彩，而融通的用人招考是丰富人才种类的迫切之需。

2022年5月，湖南省人力资源和社会保障厅开展"厅局长走流程"活动，人社厅领导在职业技能鉴定中心，从评价机构、参评人员等多个方面"走流程"，深入了解技能人才评价改革进展，全力推动技能人才评价流程再造和服务升级；并强调，要充分考虑市场需求，提高评价质量，加强监督管

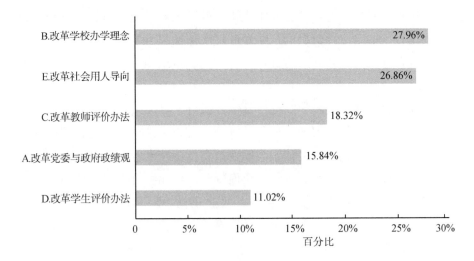

图 3　职业教育教师问卷调查结果

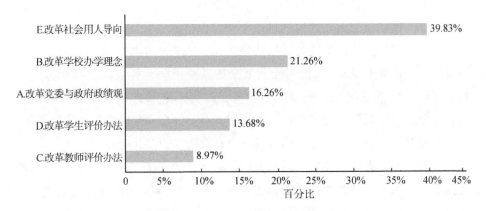

图 4　职业教育学生问卷调查结果

理，全面提升劳动者职业技能水平和就业创业能力，打通发展渠道，为扩大就业容量、提升就业质量助力。2022 年 10 月，中共中央办公厅、国务院办公厅印发《关于加强新时代高技能人才队伍建设的意见》，指出到"十四五"时期末，技能人才占就业人员的比例达到 30% 以上。湖南省各级各类有关单位逐渐探索技能型人才的增值性人才选用与培养路径。长沙市望城区发展和改革局进行政策解读，大力宣传技能人才具有平等就业机会，指出"八级工"制度为大国工匠提待遇畅通道。益阳市人社局积极作为，向规模企业送政策、送服务，对龙头企业进行政策宣讲，鼓励大规模企业申报对本企业技能人才实施评价的自主评价机构。助力企业开展 2022 年职业技能等级自主评价，发挥企业在技能人才评价方面的主体作用，帮助企业育人留人、完善内部人才管理。

湖南铁路科技职业技术学院出台《学分银行学习成果转换试行办法》等文件，对学生各渠道的学习成果进行认证，遵循技术技能人才成长规律，有效推动政府、行业、企业等主体参与职业教育，学校专业课程体系与产业需求匹配度大幅提升，学生就业竞争力全面提升，职业综合素养受到用人单位的高度认可，2021 年应届毕业生初次就业率达 95.77%、专业相关度为 81.31%，获评全国高职院校就业竞争力示范案例。由此可见，合理融通的培养体系，已经逐渐缩小不同类型的教育差距，打通不同培养体系间的壁垒，有益于各类人才的发展。

用人评价是人才发展的核心环节，是培养、吸引、使用、激励的基础和重要依据。推动技能人才评价制度改革，是保持就业稳定、缓解结构性就业矛盾的重要举措。"职业技能等级认定工作，中央有精神，部里有要求，市场有需求，社会有期待。"面对当前复杂的就业形势，各级职业技能鉴定机构务必要强化责任担当，坚持问题导向，落实国家和省"放管服"改革要求，将创新开展职业技能等级认定作为切入点，健全完善国家职业资格评价、职业技能等级认定、专项职业能力考核等有机衔接的多元化评价方式。

目前，湖南省在推动职业教育发展上做了大量的努力，但用人单位仍需要注重规范用人招考条件，及时调整准入门槛，使得接受各级各类教育的人才都能获取公正的选聘机会，真正靠实力说话。要想促进人的成长成才，回应广大人才的关切和期盼，着力填补部分职业资格许可和认定事项被取消后技能人才评价的"断档"和"空白"，就要进一步推动紧缺职业和新兴职业申报，畅通技能人才职业发展通道，激发创新创业创造活力。

（四）评审方式趋于合理，但"重资历轻能力"仍待解决

实行更加积极、开放、有效的职称评审政策，是用人评价的重中之重，而用人激励机制的建立更是用人单位人力资源管理的核心。建立健全求真务实、可行有效的评审与激励机制，对提高人才质量、真正实现用人价值具有

重要意义。对 399 名湖南省各试点地区及高校的有关人员的调查结果显示，有 48.37% 的被调查者认为湖南省重实绩、重贡献的人才激励机制的成效显著，以品德和能力为导向的用人导向得到良好强化（图 5）。

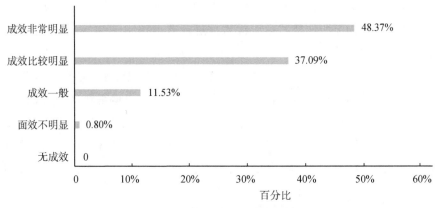

图 5　建立人才激励机制成效的调查结果

（注：剔除无效问卷数据，故图中数据总和未达到 100%）

其一，在职称评审方面，湖南省率先放宽各企事业单位高级职称评审学历要求。株洲市打破常规"找"人才，2022 年 10 月首次举办高级工程师职称评审。湘潭市设计教师增值评价模式，以教师在校期间教育教学的绩效作为阶段性考核成果，按照学生学情反馈、学生学业成绩、家长反馈等作为阶段性增值评价依据来评价教师。湖南现代物流职业技术学院持续深化职称评审改革，出台了《湖南现代物流职业技术学院职称评审方案》和细则，进一步突出以重点核心成果（含教育教学、科研及技能竞赛）为主的人才评价标准，坚决破除唯分数、唯升学、唯文凭、唯论文、唯帽子的用人导向。湖南女子学院的绩效工资分配暂行办法帮助纠正单位的职称评审，消除"教师职业倦怠"现象。明确工作任务并执行计分制度，文件出台之后，根据岗位表现实现教师成长。学校的高层次人才工程实施办法，更是激发了校内的人才活力。学校坚持柔性引进人才，如名誉院长、名誉教授、特聘教授等。长沙理工大学于 2021 年 10 月对原有职称评聘制度进行了修订，出台的《长沙理工大学专业技术职称评聘管理办法》已完全取消将国（境）外学习经历作为人才招聘的条件。

其二，在激励机制方面，郴州市汝城县实现"三抓三强"，激励驻村干部担当作为。怀化市鹤城区、沅陵县等地人民政府召开全县（区）真抓实干督查激励工作调度会，开展真抓实干督查激励工作。全面强化基础数据，全过程调度指挥，全力推进工作汇报，全方位实施激励和追责，全力守住优势指标，全面弥补短板指标，密切关注重点指标，确保人才激励工作实现实绩实效。湖南现代物流职业技术学院深入推进绩效考核制度改革，深入推进分类考核，将绩效考核分为教学类、管理类、科研类等进行考核，着力改进教职工考核方式，激励教职工担当作为。湖南工商大学积极探索职称评价改革，实行分学科、教师分型分类评价，对于在本专业领域取得重要实绩和做出突出贡献者，可通过绿色通道破格评审。建立健全用人激励制度，可以在构建科学、完善和系统的人力资源管理体系方面发挥基础性支撑作用，既能提升企事业单位职工的综合素质，也有利于促进企事业单位长期、稳定、健康发展。

目前，湖南省实施的评审激励趋于科学合理，但由于用人单位种类庞杂，数量繁多，加之各用人单位的职称编制少、晋升名额稀缺等社会环境的影响，人才的资历与能力两者间的矛盾仍待解决。只有坚持服务发展、激励创新，遵循规律、科学评价，以问题为导向，分类推进，以用为本、创新机制的原则，以职业分类为基础，以科学评价为核心，以促进人才开发使用为目的，充分发挥用人评价"指挥棒"作用，建立科学化、规范化、社会化的职称制度，才能"放活""盘活""激活""用活"人才。

二、问题分析

（一）社会公众认知存在"刻板印象"

用人评价改革，内核在改"民心所向"。对湖南省 15004 名中小学生家长进行关于教育评价改革现状的调查发现，有 17.01% 的中小学生家长（2552 人）指向加强社会用人导向改革是首要任务。目前，用人评价存在"学历鄙视链"等"刻板印象"。受教育者深受其困。例如：义务教育阶段的"内卷"，每个学生都为进名校而拼命；中考后的中职分流恐慌；高考后的高分复读；本科教育应试化；职业院校混淆职教定位；考研高考化，80%的学生考研的目的是提高学历以便更好就业。此类现象比比皆是，用人评价发生价值偏移，造成严重的教育浪费和人才浪费，是全社会必须破解的问题。当前用人单位评价人才，为何"唯学历"？访谈中，有受访者表示，一是应聘者多，用人单位用学历标准筛选求职者是最高效的措施。从招聘结果来看，名校毕业的学生也大概率比非名校的毕业生更优秀。二是高等教育已经普及化，学历要求自然"水涨船高"，以前要求本科学历，现在提高到研究生学历，这是大势所趋。如中小学教师招聘，现如今许多学校要求有研究生及以上学历。三是名校高学历毕业生在求职中获得"优待"也是对学生的激励。如果名校高学历毕业生和非名校毕业生同样竞争、被同等对待，那"学习改变命运"岂不是失去效力？基于这样的论调，有不少人认为，"双一流""985""211"高校毕业生就应该获得特殊对待。提及研究生，全日制硕士也应比非全日制硕士"高一等"。这是长期受"学而优则仕"传统观念影响而形成的人才观。

当前，在日趋完善的政策环境中，各单位各部门有意整治用人导向上的"陈年旧疾"，深化落实用人评价改革，坚决破除制约教育发展的机制体制障碍，积极营造"破五唯"的制度环境。但由于用人评价嵌入教育内部，又伫立于教育之外，涉及社会政治经济文化发展的各个方面。若想短时间纠偏，撬动社会用人导向的"刻板印象"，根除"隐性歧视"，仍旧"荆棘载途"。社会公众存在"学历阶层"的刻板印象，其一是认识层面的问题。"破五唯"期待与争夺办学资源、社会地位之间存在两难困境。在过度竞争、过于功利的教育环境下，学校、教师、学生都迫切需要从不必要的"内卷"和焦虑中减负松绑，回归到立德树人、原始创新、内涵建设等核心任务上来。以"业绩分资源、以排名定地位、以成败论英雄"的"锦标赛制"评价更让各单位不得不成为追随者。用人评价改革首要难题就是需要通过自上而下的观念扭转和制度重塑，转变整个评价生态，才能使用人单位"按需选贤"。其二是操作层面的问题，难在"破"后"立"什么？如何"立"？改革的实质就是破旧立新。当前，各地区在"两个方案"，尤其是"十不得""一禁止"负面清单的指导下，已明晰需要"废"哪些"五唯"规则，但对如何更有效地推进"改""立"工作，如何构建起既适合用人单位实际，又契合时代之需、国家之需的用人评价体系，优化评价手段、创新评价方法从而在"破五唯"之下保障人才质量，是更加棘手的操作问题，特别是改革"度"的把握的问题。

究其原因，首先是用人评价改革还未达到一定深度，还未形成社会共识。即便政策上严格落实人才"帽子"等文件的清理工作，但仍旧存在选人用人的"隐性歧视"。其次是"重面子，轻里子"用人倾向亟待扭转。有的用人单位为了追求"面子"，招聘人才任意提高选人用人门槛。虽然更高的学历通常代表更高的知识水平，但更高的学历并不意味着更高的生产力。过分追求"面子"，就会导致人才"高消费"和教育资源浪费。从总体来看，社会评价观念难以解放，不正确的人才质量观、职业就业观依然一定程度地存在。人才难以摆脱"高消费"，用人评价是一场攻坚战。用人观念需要社会舆论引导，只有多元的选人用人标准，才能引领用人评价走向更加健康的发展。选人用人标准有赖于自上而下的协同机制，只有外部联合督导、人社、组织、财政、纪委等相关部门，才能实现多位联动，共同建设正确用人导向，实现教育评价的"破"与"立"。

（二）区域用人结构存在"马太效应"

在用人结构方面，用人评价改革的区域发展均衡性存在"马太效应"。评价的终极目的是推动评价对象科学健康发展，正确的选人用人机制是促进区域均衡发展、稳步向前的必要因素。但目前用人评价方面的均衡发展情况并不理想，无论是教育内部的均衡教育资源背景下的选人用人机制，还是用人单位方面的地方用人差异。查阅分析政府公开的文献资料得知，湖南省经济相对发达的地区各项人事制度已经逐渐成熟，给予多方支持实现用人评价的有关改革工作，并进行规划与落实，但在经济欠发达的区域，往往存在政策落实的滞后性，由于得不到更加科学有效的配套支持，推行用人评价改革阻力重重，步伐缓慢。县域层面上的优质教育均衡发展的水平还有待提高，县域学校的组织领导、教学条件、师资队伍、经费等都存在相对落后的现象。由于发展机会不均衡，优秀的教育资源无法向欠发达地区流动，从而阻碍了整体教育评价改革的速度和深度。就如湖南现代物流职业技术学院认为，学校在产教融合的过程中，工学交替实践教学活动的组织还存在时间与场地方面的重重困难。

当前，从区域层面应当更多激励人才在欠发达地区"生根发芽"，体现出自身的特色和不可替代性，在区域和领域内做出重要贡献。从制度层面需要更多地转向对用人评价制度的区域公平性、合理性的关注，尤其是人才遴选程序、标准和规范的研究，加大后发展区域的选人用人政策扶持力度。从个体层面需要更多地转向人才的成长历程，挖掘人才成长的故事，带动更多人才去除功利性，注重个体事业发展的生成性价值，发达区域应主动承担起用人均衡的责任，为后发展地区提供机会和经验。内外合力，从而破除强者更强、弱者更弱的区域选人用人"马太效应"。

（三）供需关系调整亟待"谋篇布局"

人才供需关系的布局，是用人评价改革的"神经元"。产业结构的优化和升级是社会经济发展的必然趋势。随着产业发展层次的不断提升，人才供求关系也势必调整，这需要人才结构优化来推动产业的发展。产业人才库缺位，会导致部分岗位人才难求；而部分岗位却供不应求的现象。随着湖南省产业结构优化步伐的加快，促进人才结构与产业结构相适应就显得尤为重要，这关系到湖南省产业发展的质量与潜力。教育与人才培养具有滞后性，而产业对人才的需求具有紧迫性。根据产业需求，建立有效的人才预警机制，及时调整人才的培养战略，建立人才培养储蓄机制。部分产业的劳动力缺乏素质培训制度，难以缓解用人的结构性矛盾，部门产业趋向空心化发展。

当前，数据赋能仍缺乏"由表及里"，企事业单位亟待调整人才的供求关系。通过利用多种政策工具吸引优秀人才加盟，激励创新创业，从而实现人才结构的优化和发展。"重资历、轻能力"的评价导向拉大了人才岗位的工资差距，造成已无上升空间和晋升需求的员工出现职业倦怠。以教育行业为例，在师资结构方面，调研组了解到，目前用人评价改革还存在文化课教师充足，体育、美育、劳动教育及心理健康教育的师资力量相对薄弱；新老教师的资历与能力之间存在矛盾；学前教育师资水平良莠不齐、结构不稳定；教师培训只针对部分骨干教师或优秀教师，教师整体素质有待提升；等等。由此，只有及时调整产业与人才的供求关系，适时补齐人才短板，实现良好的谋篇布局，才能发挥人力资本的最大功用，带动区域经济发展。

（四）职业资格认证缺乏评估效力

职业资格认证是保障人才专业性的重中之重。职业资格评价、职业技能等级认定和专项职业能力考核工作，影响对人才专业技能的鉴定。用人单位若想把好人才"入口关"，实现用人评价的客观性与公平性，就要重视各类职业的资格认证工作。目前，湖南省人力资源和社会保障厅着力填补部分职业资格许可和认定事项被取消后技能人才评价的"断档"和"空白"，紧缺职业和新兴职业申报等认证工作初见成效，但职业资格认证评估方面还缺乏一定的评估效力，认证评估仍需通力配合。建立资源整合联动机制，持续改进涉及资源的调动和调配，硬性资源缩小教育差距，软性资源壮大专业实力，有能力获取资源是专业建设的优势，建立资源整合联动机制是专业能够持续改进并见效的必要条件，但这还未引起各级各类教育部门的重视。

除此之外，建立政策联动机制。专业持续改进涉及人、财、物的合理配置和组织运行。完善的相关配套政策是保障，特别是在学校层面，如果相关政策不完善或政策之间不协调（不相容），那么人员和资源就调动不起来，其结果是，轻则给教育教学工作造成一定的障碍，重则可使教育教学工作完全搁置。不同教育部门间的"质量文化"不同，职业资格认证的人才质量参差不齐，高质量的人才培养反映理念认知、价值取向、态度行为及形象的总和。质量文化对持续改进专业资格认证的效力具有价值统合和引领作用，既是持续改进的目标向度，也是持续改进的精神动力。用人评价改革步入初步探索期，政策联动机制仍有所缺位，亟待完善。

从师范专业认证的实践看，在选人用人方面，存在社会标准与学校标准间的矛盾、教育行政管理工作实绩与教育教学能力之间混淆不清、职称岗位设置造成的交流轮岗体制机制障碍、校与校之间专业技术岗位等级指标不统一、部门之间疏于配合致使影响部分顶岗交流等问题。湖南女子学院提出，现在师范生的归口问题在如何将专业认证结果运用在用人评价中。以师范生的专业认证为例，同样的认证流程，由于普通学校的学生基础薄弱，因此在分数表现上有所欠缺，但所有的学校均实施专业认证，就会出现学校间的认证水平存在差异等问题。用人单位如何使用认证结果，又存在一定的问题。

（五） 编制职称紧张影响人才稳定

人才的编制与职称是人才选用的基本保障。湖南省深入学习贯彻习近平总书记关于做好新时代机构编制工作的重要论述，从自身工作角度助力全面深化改革向纵深推进。推动地方政府职能转变、行政审批制度改革、事业单位分类改革、综合行政执法改革、新一轮党政群机构改革等一系列艰巨繁重的改革任务。但由于编制职称的调控相对复杂，总有"照顾不周"之处。在编制需求方面，多数调研地区均指出工作岗位的编制紧张，带来人才成长动机萎靡、人才结构不稳定等问题。

以教育行业为例，多地教育部门指出，"县管校聘"改革目前在乡镇已经落实，在县级还未有效落实，存在"缺编派不进"现象；师资方面存在不稳定和结构性缺编现象。县域的义务教育、学前教育、职业教育教职工编制严重不足，导致师资紧张，教师用人质量良莠不齐，难以提升教师的教育教学能力。尤其在幼儿教育中，由于"一编难求"，加上相关补贴补助、奖励倾斜不够充分，"无编制"幼儿教师离岗离职率高，师资队伍萎缩。地方教育部门深入调查后发现，在编教师"相对躺平"的原因在于，五到十年达到工作年限便能自动晋升。而"县管校聘"政策在基层落实虽然可以有一定幅度的流动，但收效甚微。

见微知著，编制与职称的管理会影响高质量人才队伍的建设与系统组织的用人稳定性。由于编制与职称等部分问题，难免会阻碍用人评价改革。机构编制部门可以积极适应机构编制工作新形势，主动跟进、超前服务，坚决做到"市委有部署、体制机制有保障、编制资源供得上"，更好地服务经济社会发展大局。

三、对策建议

（一） 用人工作多管齐下，加强舆论宣传引导

在对湖南省各地党委和政府教育有关部门的调研中了解到，15.9%的教

育工作者认为教育评价改革应该在改革社会用人导向方面着重发力。由此可见，改变社会用人导向是教育评价改革的关键一环，是教育内部乃至社会各界的重点关切。

其一，落实"破五唯"，必须强化党政机关、事业单位与国有企业的责任，对教育生态与人才发展生态进行科学评估，清理"唯名校"的用人评价标准，去除学历歧视的做法，并予以追责。其二，所有用人单位都需要履行应当履行的社会责任。用人单位要意识到，"崇尚学历、学历至上"对用人单位获得高素质的人力资源、建设高质量的团队是不利的。一味追逐学历会造成人才培养质量下降。要破除这一导向，需要用人单位联合政府部门和教育部门相向而行。其三，教育内部应保障人才培养质量。相对于名校来说，普通高校的招生门槛更低，如果对培养质量把关不严，学历的含金量就会遭遇质疑。长此以往，学历鄙视链就一直会存在。教育内部要同人事部门、宣传部门通力配合，在教育质量和教育公平上下功夫，使人才有机会"人人出彩"。其四，政府还应注重第三方用人评价机制的构建。政府逐步向有关部门下放权力，向社会转移权力是构建现代治理体系的一项重要内容。通过修订政策法规，健全准入机制，加强过程监管机制，赋予第三方用人评估机构开展教育评估的独立性与合法性，能够从制度层面保障评价的公平公正性，建议从源头上规范评价机构与评价流程。

由此，各部门通力配合，推动选用人才工作兼程并进。而加强社会舆论的宣传引导，是从本质上实现用人评价改革的第一要务。建议政府有关部门加大宣传力度，营造正确的用人评价改革氛围，改革社会用人导向，建立系统科学的综合评价理念，凝聚社会、学校、家长、学生的多方共识。

（二）建构协同评价制度，实现多维选用人才

若想实现用人评价的高质量发展，真正落实评价人才的科学性、有效性及准确性。其一，要改革学校层面的各类评估。学校评价，尤其是高等学校评价经常受到各类评估，如教学评估、学科评估、专业评估、各类排行榜等的制约，层出不穷的学校排行榜对教育"分等级、量好坏"。重视学校评价问题，即可有效疏解学校功利化办学等问题，要在学校的评价指标上下功夫，进行分类评估与优化调整，时刻把握立德树人的根本任务。其二，要重构各

级各类单位人才评判标准。如何评价人才，同样对学校教育有着引导功能。分类推进人才培养体制机制改革。其三，要改革编制与职称评审，综合考察人才的发展性因素，而非人才"帽子"，重视事业单位的职称评审与选拔提干，发扬对企业等的辐射引领作用。其四，注重人才的真抓实干激励工作，引导人才自我成长，发扬光大。

建议政府有关部门加强顶层设计，高位联动，突破衔接壁垒，建立健全多维协同用人评价制度，选用人才的标准与要求在整体上保持内在一致性。应突出选人用人目标，在用人评价、教师评价、学生评价、学校评价及职称评审等各类社会评价中保持目标的一致性。注重个体评价与团队评价相结合，建立考核评价结果分级反馈机制，建立教育内外部评价联动机制，从而实现评价一致性建构。每一类评价应具有内在逻辑一致性。在用人评价中，组织与个体层面应保持激励相容，从制度上使追求个人利益的行为与组织实现集体价值最大化的目标相吻合，使个人价值与集体价值的两个目标实现一致化，在激励服务岗位的同时实现个体的成长与进步。

对党政领导人才，要坚持"群众公认"；对企业经营管理人才，要坚持"市场公认"；对专业技术人才，要坚持"学术公认"。要将市场对人才资源配置的基础性作用与党委和政府的宏观调控职能有机结合起来，在把住进口的同时，畅通出口，为优秀人才脱颖而出开辟"快车道"，实现各类人才在机关、企事业单位之间，在各种所有制经济之间合理交流、合理使用，促进人才结构合理调整，从而有效地避免人才"高消费"，实现多维选用人才。

（三）拒绝身份头衔"内耗"，重视评价工作实绩

目前，人才"高消费"的痛点深刻影响着用人单位内部人才选用的评价标准制定，唯有主动拒绝身份头衔的"内耗"，跳出"五唯"怪圈，重视评价人才的工作实绩，才能实现产业与人才的高质量可持续发展。常模参照评价是以个体业绩与同一团体的平均业绩或常模做比较从而确定其业绩的适当等级的评价方法，用以衡量个体在团体中的相对位置和名次。从双因素理论视角来看，类似人才称号、职称等级等不应作为激励因素。超越常模参照评价，将会跳出对人才的片面化评估，加大对工作实绩的记录、反馈与评估结果运用。

摒弃以往的常模参照评价方式，采用标准参照评价模式评估人才。即设定人才晋升的客观标准，细化条例，考查人才是否达到标准及达标程度如何，让用人评价、职称评审充分发挥认证功能。这有利于用人评价客观地考查人才的素养和能力，整体上发挥评价的引导功能，提高用人评价的科学性、专业性、客观性，注重工作实绩。

修订与优化绩效工资文件，根据工作实绩和贡献制定更加完善合理的分配方案；在实施岗位聘任的基础上，建立以岗位职责为核心、以贡献大小为导向的绩效工资体系，形成更加有效的激励机制，充分调动各类各级岗位人员的积极性。各级各类有关部门应主动拒绝陷入对人才身份头衔的追逐与"内耗"，全方位搭建可持续发展的人才培养与激励平台，聚焦人才的工作实绩，实现用人评价的公平与公正。

（四）优化人才编制结构，突破区域发展壁垒

推动人才一体化发展是深入实施新时代人才强国战略的有力举措，如何吸引与聚集各类优秀人才，实现城市、产业、人才的融合发展，整体提升区域竞争力，充分发挥人才增长对周边地区的辐射作用和带动效应，是实现人才一体化的关键所在。

第一，在选人用人评价方面，首先要解放思想、简政放权。政府有关部门要把放权、监管和服务有机统一起来，确保权限下得去、接得住、用得好、见实效。其次是加快建立以创新价值、能力、质量、实效、贡献为导向的用人评价体系。优化编制结构与人才结构，科学设置用人评价周期，在对人才进行评价时重点推行聘期评价、长周期评价。对取得原创性、引领性成果，在经济社会发展中做出重要贡献并得到社会广泛认可的，实行"一票肯定"。对技术技能型人才，注重评价实际操作能力和解决关键生产技术难题的能力和贡献；对知识技能型人才，注重评价运用理论知识指导生产实践和推动科技成果转化应用的能力。最后是严格把控选人用人评审过程，建立评审专家信誉记录查询制度，营造风清气正的评审环境。

第二，在人才流动机制方面，首先要打破户籍、身份、学历、人事关系等制约，促进城乡、区域、行业和不同所有制之间人才资源合理有序流动，提高社会对技术技能人才的认可度，畅通人才跨所有制流动渠道。其次要建

设专家评估团队对人才进行特色化、专业化的评估，建设区域人才库。支持用人单位采取柔性方式引才用才，促进区域流动激活用人活力。建议市教育局协同有关人事部门联合发文，组织召开区域协调推进会议，从体制机制层面改革社会用人评价。

第三，在人才成果转化制度方面，不仅要按照"前端聚集、中间协同、后端转化"的思路，推动人才链与产业链、创新链有机衔接，加强产学研深度融合，促进科技成果向现实生产力转化，而且要鼓励人才以技术转让、服务等形式加盟企业、直接服务企业，形成"人才紧跟产业走，产业依靠用人兴"的高强势联动。设立成果转化引导资金，支持企业与各级各类学校共建创新联盟、企业工程技术中心、科技成果转化和技术孵化基地，培育示范基地。要将成果转化率和技术合同成交额纳入教育评价体系，考评结果与干部评价、绩效考评、招生计划、人才引育、科研项目等挂钩，推动教育更好地服务经济主战场。

总体来说，人才体制机制驱动是人才一体化的运行保障，表现为实现政策层面上推动城市与人才发展相融合、推动教育与人才培养相融合、推动人才与国际化相融合，推进人才一体化向更健康的水平发展。人才一体化可通过构建人才一体化发展的顶层规划，降低有碍于区域城市与人才发展相融合的地方性人才政策影响，提升区域内人才政策的协同性；通过推动教育与人才培养相融合、推动人才与国际化相融合，构建区域间城市产业、教育与人才融合发展机制，促进人才政策一体化发展。

突破区域发展壁垒，在于从整体上把握和解决人才自然和生活环境一体化改善、人才经济一体化发展、人才科研创新一体化建设、人才教育文化一体化完善与人才政策一体化保障之间协调发展的问题。促进人才环境服务的最佳化、人才规模效益的共享化、人才资源结构的联动化、人才产出价值的充分化、人才投入活力的最优化，实现人才环境服务一体化、区域产业人才融合一体化、人才资源结构一体化、科技创新合作一体化与人才体制机制协调一体化的共生发展。在选人用人方面，优化编制管理、人才结构、区域发展是一项复杂的系统工程，要在用人环境服务最佳化、用人规模效益共享化、用人资源结构联动化、用人产出价值充分化、用人投入活力最优化等方面下功夫，真正实现"天生我材必有用""不拘一格降人才"等愿景。

结　语

用人评价是教育评价改革的"指挥棒"，若想实现用人评价改革，需要方方面面通力配合、协同推进。用人单位是经济社会发展的细胞，往往比教育更快更灵敏地感知经济发展与科技进步等的变化及对人才的影响。由此，用人评价应该获得更多重视，更大权重。但用人评价本身就是动态发展的，用人评价的结果会反作用于教育行为，影响教育教学活动，甚至会影响教育管理部门的行动。用人单位百花齐放、数量众多，如果用人单位精准表达用人需求，使人才得到合理配置和使用，人才各尽所能、各得其所，人人出彩，那就会有斑斓多样的用人评价体系，并必将引导学校教育优势特色、多元发展，避免重智育轻德育、重分数轻素养等片面办学行为，从而实现人才的全面发展。

用人导向不科学，如"唯学历""唯帽子"，就可能误导学校教育发展方向，人才也只能片面发展，从而偏离教育高质量发展的航道。学校作为教育系统的人才蓄水池和创新策源地，推出一揽子人才评价改革举措，对国家深化教育评价改革意义重大，用人单位是人才的教育归口和施展才干的平台。用人评价的改革，需要人力资源和社会保障部门、教育部门等共同发力。唯有教育内部和用人单位各美其美，才能美美与共。用人评价改革牵动深化新时代教育评价改革之心弦，是教育评价改革的重中之重。

深化新时代教育评价改革的出口是形成全社会良好的选人用人风气，真正实现广开贤路，举贤任能，坚决破除"隐性歧视"。正如二十大报告中强调："我们要坚持教育优先发展、科技自立自强、人才引领驱动，加快建设教育强国、科技强国、人才强国，坚持为党育人、为国育才，全面提高人才自主培养质量，着力造就拔尖创新人才，聚天下英才而用之。"

执笔人：秦煜萱

后　记

党的二十大报告从全面建设社会主义现代化国家的战略全局出发，对教育、科技、人才做出了一体部署，强调要加快建设教育强国、办好人民满意的教育，更加凸显了教育的基础性、先导性、全局性地位和作用，明确了新时代教育工作的方向和要求。改革是教育事业发展的根本动力，教育评价事关教育发展方向，教育评价改革理论和实践研究的现实意义进一步凸显。

本书是我主持的国家社科基金重点项目"提升教育治理能力的教育评价制度改革研究"（教科规办函〔2020〕8号，批准号：AFA200009）的阶段性成果和湖南省教育科学研究重大决策咨询专项课题——"湖南省教育评价改革试点现状研究"（湘教科规通〔2022〕5号，批准号：XJK22JCZD10）的最终研究成果。作为湖南省教育评价改革研究基地的首席专家，我负责主持了本次"湖南省教育评价改革试点现状研究"的方案设计和组织策划工作，带领调研组实地考察了全省28个调研单位，圆满完成了全部调研任务。

实地考察调研完成后，我们组织专门力量全面整理调研收集到的数据材料和典型案例，分工撰写调研报告。本书各章节分工如下：张欢欢负责《湖南省教育评价改革试点现状调研总报告》的撰写，熊乐天负责《党委与政府教育工作评价改革分报告》的撰写，廖婧琳负责《幼儿园教育评价改革分报告》的撰写，王艺霖负责《中小学教育评价改革分报告》的撰写，赵晴晴负责《职业教育评价改革分报告》的撰写，易凡负责《高等教育评价改革分报告》的撰写，仇国伟负责《教师评价改革分报告》的撰写，陈怡然负责《学生评价改革分报告》的撰写，秦煜萱负责《社会用人评价改革分报告》的撰写。书稿的文字整理和校对工作由张欢欢负责；最后，我负责全书的统稿和审定。

本次课题调研任务的圆满完成及本研究报告的成稿，离不开相关领导、老师、同学们的帮助与支持。在此，特别感谢中共湖南省委教育工作领导小组和省教育厅对本次调研的高度重视！感谢各地教育主管部门及相关学校的全力配合！感谢湖南大学教育科学研究院的大力支持！感谢参与调研活动的十八位老师和同学为调研工作尽职出力。

余小波

2023 年 2 月 28 日